김덕준의
사회복지 사상과
사회복지 교육

김덕준의
사회복지 사상과 사회복지 교육

초판 인쇄   2021년 2월 24일
초판 발행   2021년 3월 2일

지 은 이   이준우
펴 낸 곳   미래복지경영 · 코람데오
등   록   제300-2009-169호
주   소   서울시 종로구 세종대로 23길 54, 1006호
전   화   02)2264-3650, 010-5415-3650
          FAX. 02)2264-3652
E-mail   soho3650@naver.com

ISBN | 978-89-97456-91-8 03230

값 13,000원

김덕준의
사회복지 사상과
사회복지 교육

이준우 지음

사회복지 인물사 1

미래복지경영   코람데오

사회복지의 큰 스승인 김덕준 교수

최 성 균

(사)미래복지경영 이사장·회장
한국사회복지사협회 제15대 회장

중앙신학교(현 강남대학교)는 내 모교이자 한국 사회복지 교육의 효시
다. 1946년 8월 중앙신학교를 설립한 우원 이호빈 목사는 일본 동지사
대학교에서 사회사업학을 전공한 김덕준 교수와 함께 중앙신학교에 사
회사업 교육을 위한 사회사업학과를 설치하였다. 이로써 1953년에 한국
최초로 대학에 사회사업학과가 개설되었다. 중앙신학교의 교육이념이
며 목표인 '경천애인(敬天愛人)'은 김덕준 교수를 비롯해 초기 설립자들
이 바라보는 사회복지에 관한 꿈이며 비전이었다. 그러한 꿈과 비전을
갖고 수많은 전문 사회복지사들을 배출해낸 중앙신학교는 1989년 10월
강남대학교로 개편한 뒤에도 그 정신을 이어받고 있다.

특히 4년간 스승으로 모셨던 김덕준 교수는 내게 특별한 존재였다.
그는 사회복지에 대한 철학과 복지에 관한 선진적인 생각을 내게 심어
주고 나를 변화시켜 준 은인과 같은 분이다. 내가 학교를 졸업하고 교회
사회사업가로 첫발을 디딜 수 있게 추천한 분도 김덕준 교수다. 김덕준
교수는 학장으로 있을 때 많은 후학을 미국의 플로리다 대학이나 일본
의 동지사 대학으로 유학을 보내주었다. 그 덕분으로 그들로 하여금 오

늘날 한국 사회복지계의 기틀을 세우는 데 크게 기여할 수 있도록 했다.

김덕준 교수는 제자인 우리에게 사회사업가의 자질을 강조하며 사회복지사는 전문인임을 늘 강조하였다. 목사이기도 한 그는 수업시간에 항상 사회사업가가 되려면 예수의 마음과 같은 이웃사랑의 마음을 갖고 출발하라고 강조하였다. 그는 퍽 인자한 사람이었다. 늘 웃는 모습으로 제자들을 대하였고 인생 선배로서 우리를 자상하게 격려해 주었다. 학교를 졸업할 무렵이 되자, 김덕준 교수는 나를 특별히 따로 불렀다. 그리고 내게 해 주신 말씀이 '수신제가치국평천하(修身齊家治國平天下)'였다. 이 말씀을 주시면서 누구에게든 부끄럽지 않은 사회사업가가 되어야 한다고 강조하였다. 그것은 평생 사회복지사로 살아온 나를 이끌어 준 말씀이었다. 나는 지금도 여전히 이 말씀을 잊지 않고 살아간다. 김덕준 교수를 통해 나의 신앙관은 성숙해졌다. 그리고 그 분의 사회복지 교육을 통해 세상을 보는 눈은 한층 더 넓어졌다.

이제 나도 나이가 들었다. 내 제자들에게, 내 후배들에게 진정한 사회복지의 정신과 가치를 전해줘야 할 책임을 짊어져야할 때가 되었다는 생각이 든다. 하여 〈사회복지 인물사〉를 기획하게 된 것이다. 내 힘이 닿는 데까지 배워야 할 사회복지 스승들을 연구하여 세상에 펼쳐내려고 한다. 그 첫 번째 책으로 이렇게 〈김덕준의 사회복지 사상과 사회복지 교육〉을 펴낸다.

이 책의 집필을 맡아 준 이준우 교수에게 큰 감사를 드린다. 작년 4월에 책을 써 달라고 부탁했는데 이 교수가 흔쾌히 그리 하겠노라고 해서 기뻤다. 이준우 교수도 내 스승인 김덕준 교수와 같이 목사다. 그러니까 목사이면서 교수이고 동시에 사회복지사인 것이다. 더욱이 김덕준이 그토록 지향하고 애썼던 '기독교사회복지'를 연구하며 현장에서 실천하는 학자이기에 이 책을 집필하는 데에는 적임자라 할 수 있다. 이준우 교수가 강남대학교에서 김덕준의 사회복지 사상을 계승해 나아가길 간절한 마음으로 성원한다.

그리고 이 책의 발간을 뒷받침할 수 있게 해 주신 하나님께 감사드린다. 미래복지경영을 통해 참되고 전문적인 사회복지를 국내외에서 일궈 나가는 일을 도울 수 있음에도 그저 고마울 따름이다. 만사가 감사다. 바라기는 이 책이 많은 예비 사회복지사들과 현직 사회복지사들, 원로 사회복지사들을 사회복지의 가치와 철학으로 묶어내어 다시금 진정한 사회복지를 성찰하고 그와 같은 사회복지를 세상에 구현하는 계기가 되었으면 한다.

한국 사회복지의 선각자

유 재 건

변호사, 제15·16·17대 국회의원
세계유네스코협회연맹 회장

이 책을 발간하는 미래복지경영 최성균 이사장으로부터 책의 추천사를 부탁받았다. 나의 대학시절 전공은 정치외교학이었고, 미국에서는 법학을 전공하여 변호사가 되었지만 최성균 이사장과의 오랜 인연 덕분에 '준 사회복지전문가'가 되었다고 자부한다. 덕분에 국회의원 시절 국회 역사상 처음으로 복지포럼을 만들어 활동하기도 했다.

최성균 이사장이 50년 이상 사회복지를 위해 헌신하는 모습을 보면서 참으로 대단하다는 생각을 하곤 했는데 김덕준 교수에 대한 책을 읽고 나니 최 이사장의 저력이 어디에서 나오는지를 알 수 있었다. 옛 성현의 가르침에 청출어람(靑出於藍)이라는 말이 있다. 김덕준 교수와 같은 이가 앞서 불을 밝히고 길을 터놓았기에 최성균 이사장을 비롯하여 현재 한국의 사회복지계가 수많은 인재들을 배출할 수 있었던 것이다.

김덕준 교수는 한국 사회복지의 선각자이며 선구자였다. 기독교적 신념에서 비롯한 불같은 열정과 헌신으로 푯대를 붙잡고 나아갔던 그는 분명 비전의 사람이었다. 아직 한국에 사회복지가 태동하기 전 이웃사랑을 실천하겠다는 마음으로 일본에 건너가 사회복지를 공부하고 한국에 돌아와 대학 최초로 당시 사회사업학과를 설치하고 가르치기 시작했던 그의 모습에서는 한 치의 망설임도 보이지 않는 단호함이 보인다. 그러나 이 책에서 그려지는 김덕준 교수는 다양한 면모를 가지고 있기도 하다. 이웃 사랑을 몸소 실천하는 따뜻한 사회복지사, 제자들을 인자한 미소로 가르치는 어버이 같은 스승, 자녀들에게는 한없이 사랑스러운 아버지의 모습도 볼 수 있다. 그런 면에서 이 책은 한 인간이 가지고 있는 다양한 측면을 흥미롭게 묘사하고 있으며, 인간 김덕준을 잘 이해할 수 있도록 돕는다.

그러나 무엇보다 이 책이 가진 미덕은 교육자로서의 김덕준, 교육사상가로서의 김덕준을 잘 그리고 있다는 점이다. 한국 사회복지의 효시라고도 할 수 있는 김덕준의 사회복지 사상과 사회복지 교육을 이해하는 데 이보다 좋은 출발점은 없을 것 같다는 생각이다.

미래복지경영 사회복지 인물사의 첫 번째 도서로 발간되는 〈김덕준의 사회복지 사상과 사회복지 교육〉의 출간을 축하하며, 이 책의 출간을 기획한 미래복지경영과 최성균 이사장, 뜻깊은 책의 원고를 집필해준 이준우 교수에게 감사를 전한다. 사회복지를 전공하는 후학들과 사회복지를 실천하는 사회복지사들이 이 책을 통해 김덕준 교수에 대해 알게 되길 바라며, 그 분의 뜻을 좇아 비전과 사명을 붙잡고 걸어가길 기대한다.

사회복지 교육의 생애사이자
한국 사회복지의 역사서

김 신 일

전 교육부총리
서울대학교 교육학과 명예교수

한국 최초로 현대적 사회복지의 철학과 이론 및 실천원리의 기초를 제시하고 발전시킨 김덕준 선생의 생애와 사상의 전모를 그리면서도 세밀하게 정리한 책이다. 김덕준 선생은 1919년생으로 당시에는 낯설었던 현대적 사회복지학을 전공하고, 현 강남대학교의 전신 중앙신학교에 국내 어느 대학보다도 앞서서 한국 최초로 당시의 용어로 사회사업학과를 설립하여 우리나라에 전문화된 사회복지의 길을 열었다. 강남대학교 출신들이 한국 사회복지계에 널리 퍼져서 이 분야를 선도하며 공헌하고 있는 것은 김덕준 선생의 선구적 노력의 결과이다.

그는 계속하여 한국사회사업학회(현 한국사회복지학회), 한국사회복지교육협의회를 창설하여 발전시키고, 국제적으로도 사회복지계의 지도자로서 다양한 활동과 업적을 쌓는다. 뿐만 아니라 그의 제자들은 대학의 교수로, 사회복지 현장의 지도자로, 국제기구의 전문가로 많은 곳에서 활약하고 있다. 이처럼, 그의 생애와 행적을 따라가다 보면 한국 사회복지의 성장과정이 그대로 재현된다. 그런 의미에서 이 책은 한 사회복지 선구자에 대한 연구서인 동시에 사회복지교육을 위한 실제 사례이자 한국 사회복지의 역사서이기도 하다.

책 내용은 김덕준의 생애와 행적을 뼈대로 삼고, 그의 사회복지 사상과 이론, 교육실천원리, 강남대의 사회복지교육을 정리하였다. "사회복지사는 사람과 사회를 변화시키는 전문가다. 그러므로 사회복지활동가는 자신을 먼저 변화시켜야 한다."는 그의 철학이 이 책 전체를 관통하고 있다.

저자인 이준우 교수는 강남대 사회복지전문대학원 원장과 사회복지대학 학장을 역임하였고, 이미 김덕준 선생에 관한 체계적 연구를 진행한 바탕위에 가족들로부터 전달 받은 풍부한 자료를 활용하여 흥미롭고도 교훈적인 책을 집필할 수 있었다. 이 책은 최성균 회장이 운영하는 '미래복지경영'이 기획한 〈사회복지 인물사〉 시리즈의 첫 번째 책이다. 이 시리즈에 대한 기대도 크다.

한국 사회복지계의 선구자

차 경 애

전 한국YWCA연합회 회장
전 YWCA복지사업단 이사장

평생을 사회복지 교육자로서 후학 양성을 위해 매진하셨던 김덕준 교수의 삶을 〈김덕준의 사회복지 사상과 사회복지 교육〉이라는 책으로 발간하게 된 것을 진심으로 축하드린다.

김덕준 박사 앞에는 '최초'라는 수식어가 많이 붙는다. 1953년 한국 대학에 사회사업학과를 최초로 개설하였고, 같은 해 한국기독교사회사업학생연합회를 처음으로 만들었다. 이후 1957년 한국사회사업학회의 초대 회장이 되었으며, 1981년 한국기독교사회복지학회의 초대 회장을 맡기도 했다. 한국 사회복지계의 선구자로서의 삶을 살았고, 비전과 열정이 컸던 만큼 고뇌와 고난도 컸으리라 생각한다.

이번에 발간되는 책은 인간 김덕준의 삶과 사회복지 교육자로서의 김덕준의 모습이 균형 있게 그려져 있어 읽는 이로 하여금 김덕준의 생애와 김덕준의 교육사상에 대해 치우침 없이 이해할 수 있게 한다. 김덕준 교수가 사회복지를 마음에 품게 된 배경, 그 당시 사회복지를 필요로 했던 사회적 현실, 미국과 일본에서 유입된 사회복지 지식과 기술을 국내 실정에 맞게 체계화하려 했던 노력, 기독교가 그의 철학과 사상에 미친 영향 등은 그 맥락적인 면에서 따로 떼어놓고 볼 수 없다.

이 책에는 김덕준 교수의 사회복지를 향한 열정과 헌신, 교육자로서의 철학과 사상이 잘 정리되어 있으며, 다양한 자료들에 의해 뒷받침되고 있어 독자로 하여금 김덕준 교수에 대해 친근하게 다가갈 수 있게 해준다. 멀리서나마 존경해왔던 김덕준 교수를 이 책을 통해 만나게 된 것을 기쁘게 생각하며, 귀한 책을 출간하게 된 미래복지경영과 최성균 이사장님께 감사드린다. 그리고 한 인물을 생생하게 그려내고 그의 사상을 잘 요약해서 보여준 이준우 교수의 노고에도 감사의 마음을 전한다.

이 책을 읽는 후학들과 실천가들이 코로나19로 힘겨운 이 시대에 자신의 자리에서 소명과 비전을 되새기며 희망의 불꽃으로 살아가길 바란다.

김덕준 선생님 그립습니다

김 성 이

전 보건복지부 장관
전 한국사회복지학회 회장

"그가 빛 가운데 계신 것 같이 우리도 빛 가운데 행하면
우리가 서로 사귐이 있고 그 아들 예수의 피가
우리를 모든 죄에서 깨끗하게 하실 것이요."

요한일서 1장 7절

김덕준 선생님의 미소가 그립다.

선생님의 차분하면서도 사랑이 넘치는 말씀을 듣고 싶다.

선생님은 우리를 행복하게 해주셨다.

김덕준 선생님은 연구실에 들르실 때면 항상 잔잔한 미소와 사랑이 넘치는 말씀을 해주셨다. 그러나 그 잔잔한 미소와 사랑의 말씀이 선생님의 철저한 기독교적 사랑에서 나오는 것임을 뒤늦게 깨달았다.

선생님은 일찍이 1985년 그러니까 지금으로부터 35년 전에 이미 우리에게 사회복지의 길을 제시해 주셨다.

"십자가의 사랑은 예수님이 달리신 십자가의 형틀을 상징하는 것보다도 창조된 인간, 가족부터, 바로 이 시간까지 대대손손 면면하게 혈통

으로 이어져 내려온 절대적인 세로의 사랑을 가로의 사랑으로 승화하여 세로와 가로의 결합으로 이루어지는 십자가의 사랑을 창조하신 데에 그 역사적 위대성이 있다고 확신한다."는 선생님의 말씀은 아직도 우리 귀에 쟁쟁하게 메아리친다.

"십자가의 사랑이 초대교회에 이어지고, 지난 2000년 동안 유럽과 북미 지역에 이어져 사회사업의 성장과 발전을 촉진케 하였으며, 끝내는 100년 전에 복음 선교와 함께 우리나라에 전해졌다"는 것은 하나님의 은혜라고 감격하셨던 모습이 그립다.

"세로의 사랑에서 가로의 사랑으로 옮기는 데는 희생이 따른다. 예수님의 십자가 피의 공로가 그것을 여지없이 상징한다. 예수님의 뒤를 따르는 우리도 이와 같은 아픔과 마찰과 투쟁에서 예외가 될 수 없다."는 말씀은 사랑이 메말라가는 현시대를 살아가는 우리 사회복지사들에게 큰 경종을 울린다.

사랑의 정신으로 이 시대의 아픔을 직시하며 투쟁하는 사회복지사가 되기를 맹세하게 한다.

김덕준 선생님의 귀한 말씀을 찾아내 글로 쓴 이준우 교수의 수고와 김덕준 선생님의 교육과 정신을 후학들에게 전하려는 최성균 회장과 강남대학교 동문들에게 하나님의 은총이 영원하리라 믿는다.

스승 사랑과 사회복지 사랑의 정신이 밝은 빛이 되어 이 사회를 밝혀주기를 기도드린다.

모교의 자랑스러운 교수이자
한국 사회복지의 지도자

김 만 두

전 강남대학교 사회복지대학원장
전 한국사회복지교육협의회 회장

얼마 전 나의 사랑하는 제자 최성균 이사장으로부터 연락을 받았다. 김덕준 교수에 대한 사회복지 인물사를 출판한다는 반가운 소식이었다.

사회복지 불모지였던 한국에 사회복지 학문의 싹을 틔우고 사회복지 실천가를 양성하는 데 초석이 돼주셨던 김덕준 교수가 미래복지경영에서 발간하는 〈사회복지 인물사〉에서 첫 번째로 소개하는 인물로 선정된 것에 이의를 제기할 사람은 없을 것으로 본다.

나는 1954년에 중앙신학교(현 강남대학교)에 입학하여 1958년에 졸업하였다. 졸업 후에는 한노병원 의료사회복지사로 활동하다가 캐나다유니테리언봉사회로 옮겨 근무하게 되었다. 그리고 이후 일본으로 건너가 사회복지 석사과정을 마치고 돌아와 강남대학교에서 후학 양성에 매진하였다. 내가 이렇게 나의 젊은 시절을 회고하는 것은 이 모든 과정에 김덕준 교수께서 함께해 주셨기 때문이다.

김덕준 교수는 내가 대학에서 실천가로서의 자질을 발견하고 전문성을 키울 수 있도록 지도해 주셨고, 훗날 일본 유학길에 오를 수 있도록 권유 지원해 주셨다. 내가 일본 유학에서 돌아와 모교인 강남대학교에 자리 잡을 수 있도록 이끌어 주시고, 연구자로서 그리고 교육자로서 끊임없이 노력하게끔 지켜봐 주셨다. 그의 존경스러운 점은 나뿐만 아니라 수많은 제자들이 앞으로 나아갈 수 있도록 길을 열어주셨다는 점이다.

김덕준 교수는 내 모교의 자랑스러운 교수이기도 했지만 한국 사회복지를 통틀어 앞서 불을 밝힌 지도자였다. 이웃사랑을 실천하겠다는 평생의 다짐을 온 생애에 걸쳐 몸소 실천하셨고, 한국 사회복지의 초석을 세우고 자신을 불태워 밑거름이 되어 주셨다.

새해가 시작되는 이 시기에 미래복지경영에서 〈김덕준의 사회복지 사상과 사회복지 교육〉을 발간하게 됨을 축하하며, 책을 기획하고 펴내느라 수고한 미래복지경영과 최성균 이사장의 노고를 치하하며 감사의 마음을 전한다. 이와 더불어 김덕준 교수에 대한 자료를 잘 정리하고 집필해준 이준우 강남대 교수에게도 고맙다는 인사를 전한다. 부디 이 뜻 깊은 책이 후학들에게 널리 읽혀 김덕준 교수의 철학과 사상을 많은 이들이 알게 되길 바란다.

한국 사회복지교육계의
자랑스런 원로

노 상 학

전 강남대학교 대학원장
강남대학교 명예교수

한 인간의 업적과 공로를 기리는 행사에 참여하는 것은 그 영광의 가치를 나누는 것이다. 김덕준의 공적을 기리며 그 연구학문을 발췌 출간하여 많은 후학들에게 큰 도움을 주는 기회가 마련됨은 늦은 감 있으나 기쁘게 환영하며 감사를 드리는 바이다.

김덕준 교수님은, 한국의 사회복지교육계의 원로이시며 우리나라 최초로 4년제 대학과정 사회사업 전문과정을 창설하신 역사적 업적을 보이신 공로의 주인공이시다. 이 어른의 수고와 노력으로 1953년도에 한국에는 처음으로 전문사회사업 4년 과정이 중앙신학 내에 그 학문 출발의 첫 발걸음을 내딛게 된 것이다. 역사 초유의 과감한 사회사업학 전공 신설학과 출발이다.

당시의 한국사회현상은 6·25 전란의 불안정과 극심한 생활고와 사회문제로 미래를 이상적 대학 기획을 꿈꾸는 현실이 아니었다. 일류대학 입학지원율도 이른바 인기학과 즉 생활경제 활동 수업 중심이었으며, 안정감 없는 비인기학과의 인문사회, 더욱이 사회사업 Social Welfare 교육에 대하여는 기획교육 정책의 실현추진은 우선순위 과정에 밀리는 것이 당연지사였다.

어려운 사회여건 환경 속에서 온갖 미시안적 난관에 도전하며 꾸준히, 굳건히 교육기관 목회의 빛을 보이신 김 박사님의 학문업적의 전달이 오늘의 후학동료들에게 많은 도움 되기를 기원한다.

추
천
사

한국 사회복지 전문교육의 창안자

이 부 덕

한국기독교사회복지실천학회 명예이사장
시카고 로욜라대학교 명예교수

김덕준의 소천(1992년 9월 6일)이 어언 30년이 되어가는 즈음, 국내외로
많은 사회복지 영역의 변화가 전개되어 왔으나 그가 심고 남긴 생의 사회
적 행적과 특히 그가 일생 전념하였던 사회복지 전문교육의 도입 및 육성
의 노력은 학계, 교계, 정계 및 실천현장에 아직도 귀한 묘종의 씨앗으로
그 생명력은 추수의 열매를 위해 계속 양지와 단비를 기다리고 있었다.

본 저서의 저자인 이준우 교수는 고인이 창안한 한국의 사회복지교
육의 전당인 현 강남대학교에서 그분의 사상과 기독교의 핵심적 가치에
기반을 둔 현시대에 걸맞은 선교사회복지교육모델을 구상하며 지구촌
의 가난과 무지와 편견과 반목에 도전하는 일선 현장에 시급한 전문인
력의 필요성과 교육적 적용방향을 제시하는 차세대의 길을 트는 작업장
에 팔을 걷고 나서는 행보를 지켜보면서 고인의 제자 또한 사위된 자로
서 뜨거운 감사의 찬사를 하게 된다. 비단 기독교사회복지 영역에서뿐
만 아니라 공민사회복지의 광범위한 영역에 이르기까지 본 저서의 유용
성이 필히 관철되어 인성이 피폐해지고 있는 현세에 새로운 희망과 비
전을 얻을 수 있는 자양분으로 삶의 의미, 신앙의 새로운 다짐, 이웃을
향한 열정, 전문교육의 필요성, 사명의식의 고찰과 실천의 보람이 되길
바라며 본서를 이에 응하는 모든 이들에게 추천하는 바이다.

차
례

제1부

김덕준 연구가
필요한 이유

내가 김덕준 교수님에 대한 연구를 하게 된 계기는 2005년 8월 말에 강남대학교 사회복지학부에 부임하면서부터다. 강남대학교에 오기 전 나는 다른 대학에서 교편을 잡고 있었는데 '한국 사회복지학의 뿌리'라고 할 수 있는 '강남대학교 사회복지학부'를 설립하신 고 김덕준 교수님에 대해서는 이미 큰 호감과 관심을 갖고 있었다.

나는 학부에서 기독교교육학을 전공한 후, 신학대학원에 진학함과 동시에 장애인 목회를 본격적으로 시작했다. 신학대학원에서 목회학을 공부한 후에 '장애인을 대상으로 하는 사회복지실천의 필요'를 강하게 느끼고, 숭실대학교 사회사업학과(현 사회복지학과)에 학사 편입을 하여 1년을 수학한 뒤에 같은 학교 대학원에서 석사과정과 박사과정을 마쳤다. 감사하게도 학부부터 박사과정까지 지도해 주신 박종삼 교수님이 목사님이시기도 하셨고, 기독교사회복지학을 연구하시며 가르치셨기에 기독교적인 관점에서 사회복지를 심도 있게 공부할 수 있었다. 내 입장에서 보면 이는 하나님의 크신 축복이었다.

그런데 숭실대학교와 대학원에서 공부하는 내내 기독교사회복지를 말할 때면 으레 회자되었던 분이 김덕준 교수님이셨다. 아울러 기독교와 관련된 사회복지실천 논문들이며 저서들, 이런저런 학술 자료들도 거의 대부분 강남대학교 내지 부설 한국사회복지연구소와 우원사상연구소 등에서 발간된 것들이었다. 그와 같은 자료들을 통해서 강남대학교 사회복지학부와 신학부 교수님들을 지면으로 자주 접했기 때문인지 강남대학교는 내게 무척 친숙한 학교였다. 솔직히 임용지원 서류를 제출하고, 면접 보고, 임용되어 부임하기 전까지는 한 번도 캠퍼스에 온 적이 없었음에도 마치 모교인 양 익숙했었다. 마냥 강남대학교가 좋았다.

세월이 흘러 내가 강남대학교 교수가 되었다. 믿음의 대학이요 사회복지의 산실인 이곳 강남대학교에 재직하게 된 것이다. 전적으로 하나님의 은혜다.

강남대학교에서 일하게 된 첫날, 단 한 시의 망설임도 없이 나는 김덕준 교수님의 저서 《기독교사회복지: 사상, 역사, 운동》을 정독했다. 이전에 두 번 정도 읽었으나 모두 박종삼 교수님의 수업 때, 과제로 주어졌던 '리포트'를 작성하려고 읽었던 것이다. 이번에는 타의(?)가 아닌 자의(!)였다. 때마침 정년퇴임을 하시고 당시에 석좌교수로 계셨던 고양곤 교수님과 자주 식사를 하면서 김 교수님에 관해 여쭤보았고, 그럴 때마다 고 교수님은 신이 나셔서 김덕준 교수님은 물론이고, 덤으로(?) 강남대 출신의 사회복지실천가들과 원로 교수님들의 근황과 과거 그들의 화려했던 활동과 거의 무용담 내지, 신화 수준이라 할 수 있는 일화들까지 아주 재미있고 흥미롭게 들려주셨다.

몇 년 후 나는 학교로부터 사회복지전문대학원장과 사회복지대학장을 보직으로 임명받았다. 또 몇 년이 지난 뒤 2013년이 되었다. 나는 강남대학교 사회복지학부 설립 60주년을 기념하는 행사를 책임지게 되었다. 원장과 학장이라는 막중한 임무를 수행하는 중에 '60주년 기념 학술대회'와 '장학금 모금', '60년사 책자 발간' 등 이런저런 일들을 정신없이 감당해야만 했다. 다행히도 선배 교수님들과 동료 및 후배 교수님들의 적극적인 지원에 힘입어 강남대학교 출신의 저명한 동문들을 많이 만날 수 있었고, 모금과 여러 행사들을 성공적으로 수행할 수 있었다. 무엇보다도 노상학 교수님, 김만두 교수님, 김영호 교수님, 함세남 교수님, 조규환 회장님, 최성균 이사장님, 김범수 교수님 등

대략 80여 명의 한국 사회복지의 어른들과 지도자들을 만날 수 있었다.

한편 60주년 기념 학술대회 속에 김덕준 교수님의 20주기를 추모하는 심포지엄을 추가해서 두 행사를 함께하기로 하면서 60주년 행사의 수준과 규모는 엄청나게 확대되었다. 실제로 그날 '고 김덕준 교수 20주기 추모 심포지엄'과 '강남 사회복지 교육 60주년 기념 학술대회'는 성황리에 진행되었다. 90세 가까운 고령의 동문 선배로부터 이제 20대 초반인 학부생들과 20대에서 60대까지의 대학원 석사·박사과정 학생들, 교수들, 보건복지부 장관과 한국사회복지사협회 회장, 강남대학교 사회복지 총동문회장을 비롯하여 많은 내외 귀빈 여러분들이 총 집결된 대규모 행사가 되었다. 그때 처음으로 나는 김덕준 교수님의 장녀이신 김경자 사모님과 사위이신 이부덕 교수님, 대한적십자사 총재를 지내셨던 이윤구 교수님, 미국과 일본에서 뛰어난 학자로 인정받았던 부성래 교수님, 그리고 상지대학교 송정부 교수님과 서울신학대학교 전광현 교수님을 비롯하여 중앙대학교에서 사사 받은 제자들까지 인사하게 되었다.

모두들 너무도 좋아했고 감격하였으며, 기뻐하며 자랑스러워했다. '김덕준'에 의해 시작된 사회복지 교육의 반듯한 물길 하나가 이토록 거대한 물결의 흐름으로 퍼져나갔다는 사실을 풍성하게 느낄 수 있었다. 우리 모두에게 따라가야 할 푯대와도 같은 큰 스승이 계심에 행복했다.

그날 모든 일정이 다 끝나고 연구실에 왔다. 책상 앞에 앉았는데 왈칵 눈물이 쏟아졌다. 가슴에서부터 뜨겁고 묵직한 열기가 올라와서 눈으로 다 터져 나오는 것 같았다. 감사한 마음과 애틋한 마음이 동시에 뒤섞이는 독특한 경험을 했다. 그 어려운 시기에 열악한 교육환경 속에서, 때론 학력조차 인정되지 못하고, 사회사업가(사회복지사)에 대한 인식도 부족했던 그때 스승의 가르침 따라 참 많이 애쓰고 노력했을 원로 동문들의 애환이 내 가슴에 사무쳤다. 낮에는 사회복지시설을 운영하고, 또 소외되고 취약한 사람들을 돌보고 밤에는 장사동 절터에 세워진 학교에서 공부했던 그 시절, 날마다 불렀던 교가가 '부름 받아 나선 이 몸'이었단다.

 "1. 부름 받아 나선 이 몸 어디든지 가오리다 괴로우나 즐거우나 주만 따라 가오리니
 어느 누가 막으리까 죽음인들 막으리까 어느 누가 막으리까 죽음인들 막으리까
 2. 아골골짝 빈들에도 복음 들고 가오리다 소돔 같은 거리에도 사랑 안고 찾아가서
 종의 몸에 지닌 것도 아낌없이 드리리다 종의 몸에 지닌 것도 아낌없이 드리리다
 3. 존귀 영광 모든 권세 주님 홀로 받으소서 멸시 천대 십자가는 제가 지고 가오리다
 이름 없이 빛도 없이 감사하며 섬기리다 이름 없이 빛도 없이 감사하며 섬기리다"

 김덕준 교수님이 강의하시다가 잠시 멈추고는 물끄러미 학생들을 바라보시면 누구랄 것도 없이 모두가 다 불렀던 교가가 '부름 받아 나선 이 몸'이었다는 거다. 1절 후반부인 "어느 누가 막으리까 죽음인들 막으리까"에 이르면서부터 몇몇 학우들이 울먹거리며 부르면 이내 3절에 와서는 모든 학생들이 감격하며 눈물 흘리며 불렀다고 한다. 스승도 울고, 학생도 울었단다. 그러다가 으레 다음 찬송은 '나의 갈 길 다 가도록'으로 넘어갔단다.

 "1. 나의 갈 길 다 가도록 예수 인도하시니 내 주 안에 있는 궁휼 어찌 의심하리오

믿음으로 사는 자는 하늘 위로받겠네

무슨 일을 만나든지 만사형통하리라 무슨 일을 만나든지 만사형통하리라

2. 나의 갈 길 다 가도록 예수 인도하시니 어려운 일 당한 때도 족한 은혜 주시네

나는 심히 고단하고 영혼 매우 갈하나

나의 앞의 반석에서 샘물 나게 하시네 나의 앞의 반석에서 샘물 나게 하시네

3. 나의 갈 길 다 가도록 예수 인도하시니 그의 사랑 어찌 큰지 말로 할 수 없도다

성령 감화받은 영혼 하늘나라 갈 때에 영영 부를 나의 찬송 예수 인도하셨네

영영 부를 나의 찬송 예수 인도하셨네 영영 부를 나의 찬송 예수 인도하셨네"

이렇게 한바탕 부흥회 아닌 부흥회를 하고 나면 또다시 언제 그랬냐는 듯이 스승과 제자들은 열심히 수업을 했다고 한다. '강남 사회복지 교육 60주년' 행사를 감당하면서 들었던 그 많은 이야기들, 스승과 제자들이 뜨겁게 토론하며 밤새워 공부하고 미래를 꿈꾸었던 바로 그 시절의 강남대학교와 연결된 추억들을 접하면서 받았던 느낌과 생각들이 한참을 울고 나니 개운하게 정리가 되었다.

나도 김덕준 교수님처럼 참된 교육자로서, 성실한 연구자로서의 사명과 책임을 최선을 다해 감당해야겠다고 굳게 결심했다.

시간이 지났다.

학생 수 감소로 인한 대학들의 치열한 경쟁이 폭발하듯 일어나고, 교육부로부터 대학들이 강하게(?) 평가받으면서 살벌해진 캠퍼스에서 교수로 살아남기 위해 몸부림쳤다. 각종 연구 프로젝트들과 강의와 논문지도 그리고 개인 연구실적을 위한 논문 작성 등 그야말로 눈코 뜰 새 없이 보낸 시간들이었다.

　나도 모르게 기독교사회복지에 대한 연구와 강남대학교의 사회복지 교육의 정체성에 대한 관심과 열의는 거의 사라져갔다.

　그런데 놀라운 일이 벌어졌다.

　김덕준 교수님이 1981년에 설립한 '한국기독교사회복지학회'와 내 스승이신 숭실대학교 박종삼 교수님이 2002년에 설립한 '한국교회사회사업학회'가 제각기 맡은 바 사명대로 열심히 달려왔는데 '한국기독교사회복지학회' 회장이셨던 이부덕 교수님과 '한국교회사회사업학회' 이사장이셨던 박종삼 교수님이 두 학회의 통합에 뜻을 모으시고 3년 가까이 준비하신 후에 마침내 양학회의 '이사회 및 임원회'의 의결을 거쳐 아름다운 통합의 결실을 맺어내셨던 것이다.

　두 학회가 통합되어 2016년 10월 28일에 출범한 '한국기독교사회복지실천학회'의 초대 학회장을 내가 맡게 되었다. 하나님의 섭리였다고 밖에는 설명할 길이 없는 일이었다. 강남대학교로부터 시작된 '한국기독교사회복지학회'와 숭실대학교를 모태로 하여 탄생한 '한국교회사회사업학회'가 하나가 될 때, 양 학회 모두로부터 동의와 양해, 축하와 격려를 받을 수 있는 위치에 딱 내가 있었던 것이다. 공부는 '숭실'에서 했고, 일은 '강남'에서 하는 내가 가장 적임자였던 것이다. 내 능력과 헌신으로 회장이 된 게 아닌 것이다. 벌써부터 이미 모든 것을 계획하시고 인도하셨던 하나님의 뜻이 있었던 것이다.

통합된 학회에서 회장직을 수행하면서 나는 보다 더 심도 있게 '고 김덕준 교수님의 생애와 그분이 사회복지 분야에 공헌한 사실들'을 들여다볼 수 있었다. '한국기독교사회복지학회'의 과거 자료들을 인수인계 받으면서 이전에 학회를 통해서 발간된 학술지들과 회의록 등을 통해 김덕준 교수님의 사회복지 사상이 후배들과 제자들에게 면면히 이어져 옴을 발견할 수 있었다. 특히 나는 통합학회 태동을 준비했던 이부덕 교수님과 박종삼 교수님으로부터 향후 학회 운영에 대한 조언과 지도를 받으려고 자주 찾아뵈었다. 지도교수이신 박종삼 교수님이야 말할 것도 없지만 이부덕 교수님은 학회장이라는 핑계를 대면서라도 가능한 한 빈번하게 만나 뵈려고 애썼다. 갈 때마다 '김덕준 교수님과 초창기 강남대학교의 사회복지 교육'에 대해 질문을 많이 했었는데 언제나 넉넉한 미소로 상세하게 대답해주셨다.

2017년 강남대학교에서 '한국기독교사회복지실천학회' 춘계 학술대회가 개최되었고, 학술대회가 다 끝난 후 이부덕 교수님이 장인이신 김덕준 교수님의 유품 가운데에 저서와 논문집, 육필 원고 및 자필 메모, 제자들과 가족들이 보낸 편지(서간문) 등을 내게 주겠다고 하셨다. 아마도 내가 한결같이 꾸준하게 김덕준 교수님에 대해 크게 관심을 갖고 연구하려는 것을 기특하게 보셨던 것 같다. 아직 젊은 교수이니 제대로 살펴보라고 격려하시고 용기를 주셨다. 얼마 후 이부덕 교수님과 사모님은 미국으로 가셨고, 여동생 권사님과 남편 되시는 장로님을 통해 약속하신 유품들을 수령하게 되었다. 오래되어 거의 삭기 일보 직전인 수천 장의 육필 원고지 묶음 다발들과 지금은 거의 색이 누렇게 변했지만 아마도 처음에는 깨끗한 흰색이었을 종이에 정갈한 글씨로 정성껏 작성하신 자필 메모 묶음들, 이윤구, 강만춘, 부성래, 노상학, 안상기 등 사랑했던 제자들의 편지들, 아버지에 대한 절절한 마음을 담아 보낸 세 딸과 사위들의 편지며 카드들, 그리고 출간한 저서들과 논문집 및 논문 자료들이었다.

　가슴이 벅찼다. 몇 날 며칠을 두근거리는 마음을 안고, 그 모든 자료들을 분류하고 정리해가며 읽기 시작했다. 그런데 1950년대부터 1980년대 초까지 쓰신 글들에는 한자들이 너무 많아서 읽는 데에 속도가 나지 않았다. 더욱이 하도 오래된 자료들이라 부분적으로 손실되었거나 파손된 경우도 적지 않았다. 아주 조심스럽게 자료들을 다루면서 꽤 오랜 시간에 걸쳐 탐독하였다.

　품이 많이 드는 지난한 과정을 거쳐서 마침내 나는 김덕준 교수님에 대한 첫 번째 논문을 연구의 결과물로 산출했다. 2019년 1월 28일에 발간된 《한국 콘텐츠학회 논문지 Vol. 19 No. 1》에 '김덕준의 사회복지 사상과 사회복지 교육 실천 원리를 통해 본 현재의 한국 사회복지 교육'이라는 내 논문이 게재되었던 것이다. 그런 후 2019년 4월 30일에 발간된 한국기독교사회복지실천학회 학술지 《기독교사회복지》 창간호의 기획주제였던 '한국 기독교사회복지 연구의 선구자들 제1편 고 김덕준 교수'의 일환으로 '김덕준의 사회복지 사상과 한국 사회복지 교육'이라는 논문이 실렸다. 이 두 번째 논문은 사실상 첫 번째 논문을 수정 보완한 것이다. 지면 관계와 심사자들의 심사평에 따라 상당 부분을 덜어내어야만 했던 첫 번째 논문에서 아쉬웠던 부분을 두 번째 논문에서는 어느 정도 채울 수 있었다.

　시간이 또 지났다.

　사는 게 바빠서(?) 잊고 살았다. 논문을 쓰고 나니 김덕준 교수님에 대한 애착과 의욕이 또다시 약해졌다. 이 정도면 된 것 같은 마음이 들기도 했다. 그런데 2020년 4월 중순에 미래복지경영 최성균 이사장님으로부터 만나자는 연락이 왔다. 《사회복지 인물사》를 시리즈로 출간할 계획인데 이 교수가 김덕준 편을 집필해 달라는 것이었다. 최 회장님은 강남대학교 사회사업학과의 정통성과 학문적·실천적 정체성을 보존하고, 발전 계승해 나가려고 참으로 큰 수고를 하시는 한국 사회복지 분야의 어른이시다.

정신이 번쩍 났다. 아직은 김덕준 교수님에 대한 연구가 매듭을 짓지 못했다는 생각이 들었다. 부족하지만 최성균 이사장님께 하겠노라고 흔쾌히 말씀드렸다. 기뻤다. 느슨해졌던 마음이 다시 바짝 조여지는 듯했다. 다만 시간이 문제였다. 출판 계약서를 4월 27일에 작성했는데 원고 마감이 9월 10일이었다. 촉박했다. 그래도 해야만 했다. 근데 막상 하려고 보니 정말 만만치 않은 작업이었다.

논문을 작성하는 것과 책을 집필하는 것은 전혀 다른 일이었다. 20-30쪽가량의 학술지 논문과 240-270쪽에 달하는 책의 원고를 쓰는 것은 차원이 달랐다. 꼼짝없이 저서나 논문으로 나온 자료들 이외에도 아직 전혀 발표되지 않았거나 혹은 알려지지 않았던 글들을 모두 읽어야만 했다. 부담감이 커져갔다. 점점 더 책을 낸다는 것은 거의 불가능해 보였다. 괜한 객기를 부린 것 같아 물리고 싶었지만, 최성균 이사장님과 출판사 대표님께 송구하기도 하고, 또 민망해서 어쨌든 계속해서 자료 탐독에 매진하였다.

와! 근데, 이게 무슨 일인가? 천지개벽하는 일이 일어났다. 온 세상이 "코로나바이러스 19" 사태로 멈춰서는 일들이 발생했다. 모든 일정이 취소되거나 축소되는 일들이 빈번하게 일어났다. 각종 회의며 모임도 마찬가지였다. 자연히 시간의 여백이 생겨났다. 차분하게 한자 사전을 검색하며 원고지 한 장한 장을 조신하게(?) 넘기며 읽는 시간을 확보할 수 있었다. 그리고 보니 정말 코로나 덕분에 이 책이 완성될 수 있었던 거다.

하여간 행여 자료들이 부스러질까 봐 마음을 졸이면서 읽었다. 심지어는 의료용 장갑을 낀 채 볼펜으로 핵심 내용들을 메모지에 적은 후 어느 정도 정리가 되면 그다음에 필요한 자료들만 책상 위에 놓고, '애인(?) 다루듯' 하면서 그 내용을 컴퓨터 하드웨어에 입력하였다. 아마도 고고학자가 고대 유물을 발굴하면서 느끼는 심정이 바로 이런 게 아니었을까 싶었다. 자판을 두들기며 한 문장 한 문장을 발굴(!)해 나가면서 읽을 수 있는 '글 자료'로 만들었다. 마치 녹취록을 만들고, 그 녹취한 내용을 분석하듯이 '원 자료'의 내용을 토대로 '재구성한 내가 만든 자료'가 형성되어 갔다.

그런데 전혀 지루하지가 않았다. 김덕준 교수님 당시에는 참고할 책이나 자료들이 많지 않았을 것인데도 교수님의 글은 매우 논리 정연했다. 또한 지금 시점으로 읽어도 참신했다. 어떤 부분들은 곧바로 우리의 실천현장에 적용해도 충분하리만큼 대단히 현실적이며 실용적인 내용들이었다. 또 어떤 내용들은 파격적일 정도로 혁신적이어서 앞으로 한국 사회복지학이 나아가야 할 방향을 제시해 주는 것 같기도 했다. 절로 감탄이 터져 나왔다. 감탄과 감탄의 연속이 지속되는 신기한 경험을 하였다. 아하! 아하! 하며 탄성을 참 여러 번도 질렀던 것 같다.

그래서였을까?

1960년대에서 1980년대까지 영국과 미국, 일본에서 유학했던 제자들 즉, 강만춘, 김만두, 이윤구, 부성래, 노상학, 안상기, 이은식, 권도용, 이부덕, 고양곤, 함세남, 김영호 등이 유학하면서 혹은 미국의 대학에서 교수로 일하면서 스승에게 보낸 편지들의 내용 가운데 공통되는 고백이 꼭 있었다.

"스승이 제시하신 대로 그 길을 갔더니 오늘의 제가 여기 있습니다!"

기독교적 인간관과 하나님의 드넓은 사랑의 시각에서 '현실을 면밀히 들여다보고, 미래를 내다보는 통찰과 안목이 있었기에 가질 수 있었던 지혜'가 '성실한 연구에 기초하여 형성된 지식'과 합해져서 놀라운 가르침이 되어 제자들에게 전달되었던 것이리라. 남들이 보지 못하던 것들을 볼 수 있게 하고, 깨닫지 못하던 것을 깨닫게 하고 알게 했던 스승의 모습이 그려진다.

아하! 그랬구나! 강남대학교의 사회복지 교육의 힘이 바로 여기에 있었구나. 그래서 강남대학교 출신들이 한국의 사회복지실천을 일구어 올 수 있었겠다는 생각이 들었다. 1956년에 출간된 교수님의 저서 《사회사업의 기술》과 1955년에 그 책의 초안으로 작성해 놓으신 '자필 메모 묶음'에 나오는 내용은

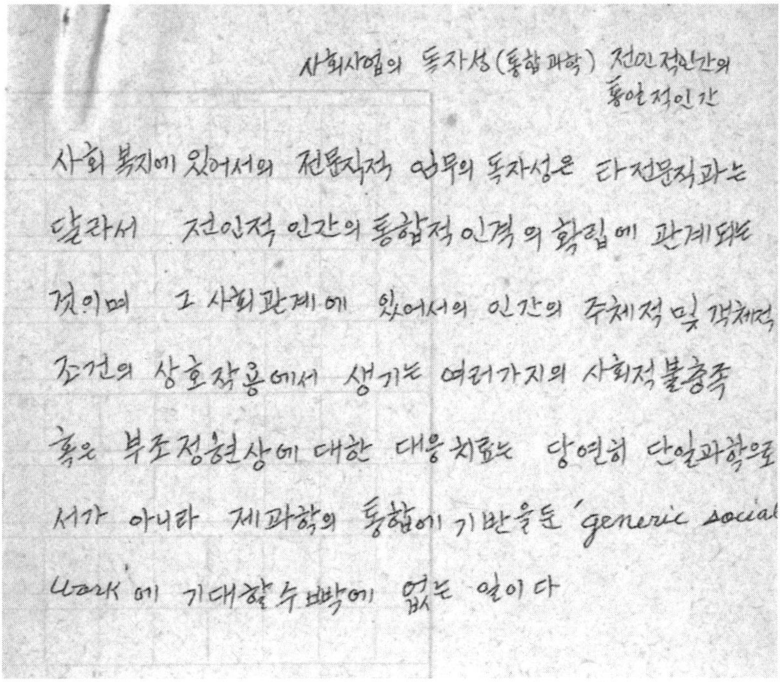
사회사업의 독자성(통합과학) 전인적인간의 통일적인간

사회복지에 있어서의 전문직적 임무의 독자성은 타전문직과는 달라서 전인적 인간의 통합적 인격의 확립에 관계되는 것이며 그 사회관계에 있어서의 인간의 주체적 및 객체적 조건의 상호작용에서 생기는 여러가지의 사회적 불충족 혹은 부조정현상에 대한 대응치료는 당연히 단일과학으로서가 아니라 제과학의 통합에 기반을 둔 'generic social work'에 기대할 수 밖에 없는 일이다

[사진 1] 자필 메모 묶음(1955년) 중 '사회사업의 독자성' 메모

거의 65-66년 전인데도 지금 바로 사회복지실천 현장에 적용해도 무방할 것으로 판단된다. “사회사업의 독자성은 통합과학이라는 데에 있고, 전인적 인간의 통일적 문제해결 방식이 중요하다”라는 주장은 통합과 융합을 지향하는 현대 사회복지실천의 방법 및 기술과도 일맥상통하는 접근이다.

또한 “사회사업이 그 효과적 실천을 위해 필요로 하고 있는 것은 심리적, 육체적, 사회적, 문화적 제 요인의 상호관계의 이론개발이다.”라고 하는 교수님의 입장은, 내가 요즘도 깊게 고민하고, 치열하게 연구하는 이론적 작업들 중

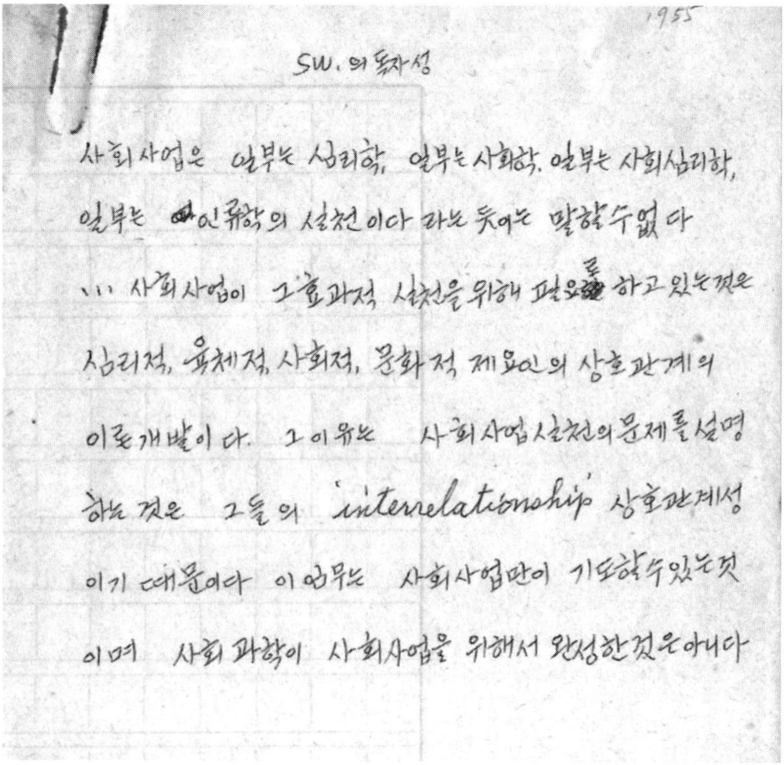
1955

SW.의 독자성

사회사업은 일부는 심리학, 일부는 사회학, 일부는 사회심리학,
일부는 인류학의 실천이다 라는 뜻에는 말할수없다
... 사회사업이 그 효과적 실천을 위해 필요로 하고 있는것은
심리적, 육체적, 사회적, 문화적 제요인의 상호관계의
이론개발이다. 그 이유는 사회사업실천의 문제를 설명
하는 것은 그들의 'interrelationship' 상호관계성
이기 때문이다 이 임무는 사회사업만이 기도할수있는것
이며 사회과학이 사회사업을 위해서 완성한것은아니다

[사진 2] 자필 메모 묶음(1955년) 중 ‘SW의 독자성’ 메모

하나다.

　자! 이제부터 김덕준의 생애부터 시작해서 '차근차근 하나씩 하나씩' 그가
지향하고 꿈꾸었던 사회복지 사상과 사회복지 교육의 실천적인 원리들을 세
밀하게 살펴보도록 하자.

제1장

이 책의 목적과 배경

이 책은 김덕준(1919-1992)의 사회복지 사상과 사회복지 교육의 실천 원리를 고찰하는 데 목적을 둔다. 김덕준은 한국 사회복지와 사회복지 교육의 선구자였다(한국사회복지학회, 2007).

[사진 3] 1964년 김덕준 학장 　　[사진 4] 1960년대 강남대 교문

그는 1938년 한국인 최초로 해외(일본)에서 사회사업학을 공부하였다. 1953년 설립된 중앙신학교(현 강남대학교) 초대 사회사업학과 학과장과 1957년 창설된 한국사회사업학회 초대 회장[1], 그리고 1981년 창설된 한국기독교사회복지학회 초대 회장 등 한국의 사회사업, 사회복지 학계에서 여러 개의 '초대'라는 수식어를 갖고 있는 인물이다(한국사회복지사협

---

1 김덕준은 중앙신학교(현 강남대학교) 사회사업학과를 한국 최초의 대학 과정 독립학과로 만들어 가며 당시 미국 대학의 사회사업학과 커리큘럼을 도입하여 체계적이고 전문적인 복지서비스를 실시하였다. 신입생과 재학생들은 이론 수업은 물론, 외국 원조 기관과 현장의 사회사업시설을 방문하여 봉사활동에 적극 참여했다. 그러던 중 김덕준은 일본에서 함께 공부한 선후배들로부터 1954년 일본사회사업학회의 창립 소식을 전해 듣고 한국에서도 사회사업 학문이 전문 학문으로 인정받으려면 학회가 필요하다는 것을 인식하고, 1957년 한국사회사업학회(현 한국사회복지학회)를 창립하여 초대 회장에 취임했다.

회 50년사 편찬위원회, 2017).[2]

[사진 5] 《한국기독교사회복
지》 창간호(1983년)

[사진 6] 《한국기독교사회복
지》 2호(1984년)

[사진 7] 한국기독교사회복지
학회 창립 1주년 기념 강연회
및 세미나 자료집(1982년)

특히 김덕준이 중앙신학교(현 강남대학교, 이하 강남대학교로 지칭) 설립
자인 이호빈 목사와 의기투합하여 개설한 사회사업학과는 국내 최초의
단독 학과였을 뿐만 아니라 당시로서는 혁신적인 사회사업(현재의 용어
로는 '사회복지실천') 교과과정을 구성하고 사회복지 교육을 실시했다(강남
대학교 사회복지학부 50년사 편찬위원회, 2003). 그 결과 졸업생들이 사회사

---

2 한국 사회복지계에 미친 김덕준의 공적에 대한 구체적인 내용은 한국사회복지사협회 50년사 편찬
위원회(2017)에서 발간한 《한국사회복지사협회 50년사》, 고 김덕준 교수 10주기 추모집 간행위원회
(2003)에서 강남대학교 부설 한국사회복지연구소와 함께 편찬한 《한국사회복지 제8집 2003 고 김덕
준 교수 10주기 추모 및 강남대학교 사회복지학부 50주년 기념 특집 "기독교사회복지의 사상과 실천
모델"》, 강남사회복지교육 60주년 기념사업추진위원회가 주최하고 강남대학교 한국사회복지연구소
가 주관(2013)한 '강남사회복지교육 60주년 기념 학술대회' 자료집 《한국의 사회복지를 개척한 강남
사회복지 교육》, 한국사회복지협의회에서 펴낸 《복지저널 2013년 12월호》에 김범수(2013)가 기고한
'부산 피난길에서도 학생모집 사회사업학과를 독립학과로 만들다-김덕준 초대 한국사회사업학회장,
후학 양성에 매진한 1세대 사회복지학자-'에 개략적으로 기술되어 있다.

업가(현재는 '사회복지사')로서 정부(현재 보건복지부)나 사회복지시설에 고
용되어 활동하게 되었는데 이는 국내에서 처음 있는 일이었다. 이렇게
김덕준의 사회복지 교육을 통해 한국의 사회복지 분야에서 전문적인 사
회사업 실무자(social work practitioner)들이 배출되었다. 한국 사회복지 교
육에 있어서 김덕준의 역할과 영향력은 지대했다(강남사회복지교육 60주
년 기념사업추진위원회, 2013).

[사진 8] 강남대학교 설립자 이호빈 목사님과 강남대 교사 신축장에서
(왼쪽에서 두 번째 김덕준 교수, 세 번째 이호빈 목사)

하지만 김덕준의 사회복지 사상과 그가 추구했던 사회복지 교육의 실
천원리에 대한 연구는 그를 추모하거나 기념하는 형태로, 그가 성취한
사회복지 교육의 업적을 나열하는 것이 대부분이며 그나마 간헐적으로

김덕준(金德俊)의 사회복지 사상과 사회복지 교육

진행된 것이 전부이다(강남대학교 사회복지학부 50년사 편찬위원회, 2003; 강남사회복지교육 60주년 기념사업추진위원회, 2013; 부성래, 2002: 1-22; 2003: 20-43, 선우남, 2003: 18-19; 윤기, 2003: 11-15; 이부덕, 2003: 133-170; 嶋田啓一郎, 2003: 79-102; 이선혜·정지웅, 2010: 155-178; 이윤구, 2013: 21-30).[3] 이와 같은 선행연구들에서 파악되는 핵심적인 사항으로는 초기 한국 사회복지 교육의 선구자로서의 가치, 강남대학교를 통해 이루어진 초창기 한국 사회복지 교육의 토대를 놓았다는 사실 그리고 기독교사회복지를 시작하고 정립하였다[4]는 것으로 요약된다. 아울러 이렇게 한국의 사회복지 분야에 크게 공헌한 그의 업적들은 궁극적으로는 세 가지로 정리할 수 있다. 첫째, 중앙신학교, 즉 현재의 강남대학교 사회사업학과를 설립하였다는 것, 둘째, 한국사회사업학회와 한국기독교사회복지실천학회를 창설하는 데에 크게 기여하면서 초대 회장을 역임했다는 것, 셋째, 강남대학교, 원주대학교, 중앙대학교에서 후학을 열정과 헌신으로 양성하여 국내외의 '사회복지학계와 실천현장' 곳곳에서 활동하는 탁월한 학자 및 전문 실천가로 세워지게 했다는 것이다.

특히 김덕준은 많은 제자들을 영국과 미국, 일본으로 유학을 보내 세

---

3 김덕준에 대한 연구는 두 차례의 추모 학술 세미나를 통한 결과물이 대부분이라 할 수 있다. 고 김덕준 교수 10주기 기념세미나 발표 논문들(2002)과 논찬들을 묶어서 인간과복지 출판사에서 출간(2003)한 《기독교 사회복지의 사상과 실천모델》, 또한 고 김덕준 교수 20주기 추모 심포지엄 자료집(2013)인 《한국의 사회복지를 개척한 강남 사회복지교육》을 들 수 있다. 본 연구에서 인용한 부성래, 윤기, 이부덕, 시마다 게이이치로(嶋田啓一郎), 이윤구의 글은 모두 이 3권의 책자에 있음을 밝힌다(고 김덕준 교수 10주기 추모집 간행위원회, 2003; 강남사회복지교육 60주년 기념사업추진위원회, 2013; 고 김덕준 교수 10주기 추모행사준비위원회, 2002).

4 선우남(2003)은 김덕준을 신학이라는 테두리 안에서 사회사업을 연구한 인물로 평가하면서 김덕준의 사회복지 교육은 '신학적 사회복지'를 구현하는 것이었다고 주장했다. 함세남(2007: 11-29)도 김덕준의 사회복지 교육사상은 기독교사회복지 사상을 기본으로 함을 밝히고 있다.

계적인 사회복지 지도자로 성장하게끔 정성껏 도왔다. 그의 영향으로 강만춘과 이윤구는 영국 맨체스터 대학교에서, 부성래, 안상기, 이부덕, 고양곤은 미국 플로리다 주립대학교에서, 김경희는 미국 사우스캐롤라이나대학교에서 유학했다. 일본 동지사대학교에는 김상규, 이은식, 김만두, 김영호, 함세남, 권도용, 김범수(이상 강남대 제자)가, 중앙대학교 제자인 송정부도 동지사대학교에서, 전광현은 메이지학원대학교에서 유학했다. 김덕준의 아낌없는 성원과 지원에 힘입어 이들은 한국의 사회복지를 굳건히 하는 데에 크게 기여하였고, 이들을 통해 수많은 사회복지 학자들과 사회복지사들이 배출되었다. 결국 이들 선행연구들을 통해 김덕준이 현실에서 실제로 구현한 주요 사실들(예: 강남대학교 사회사업학과 설립, 학회 창설 등)과 그로 인해 양성된 뛰어난 사회복지 인재들을 보게 된다.

강남사회복지교육 60주년 기념사업추진위원회가 주최하고 강남대학교 한국사회복지연구소가 주관(2013)한 '강남 사회복지 교육 60주년 기념 학술대회' 자료집 《한국의 사회복지를 개척한 강남 사회복지 교육》에 수록된 고 이윤구(전 대한적십자사 총재, 전 월드비전 회장, 전 인제대학교 총장)의 기조강연 중 김덕준 교수에 대한 내용과 기조 강연의 토론을 맡았던 강만춘(전 강남대학교 교수, 제1회 졸업)의 글을 소개한다.

이윤구의 글을 먼저 제시한다.

"김덕준 교수께서 1953년에 강남대학교 사회사업학과장으로서 십자가를 지시게 된 것은 너무도 당연한 하나님의 섭리하심이었습니다. 2차 세계대전 중 일본 동지사대학 신학부에서 사회사업을 전공하시고 1942년에 졸업하셨습니다. 해방 후 혼란하고 암울했던 우리나라를 위해 준비하신 하나님의 종이 김덕준 교수였습니다. 사회사업 전문인 교육의 개척자로 택함을 받으셨습니다. (중략) 복음과 복지는 김덕준 교수에 있어서는 예수님과 똑같이 하나였습니다. 동전의 앞뒷면이었습니다. (중략) 김 교수께서는 몇 가지 특별한 이념을 가지고 학과를 이끌고 있었습니다. 첫째로, 강남대학교 사회사업학과를 나오는 '디아코노스(diakonos)' 봉사자(執事)들은 사회구호의 사역자로 헌신하기를 바라셨습니다. 그렇게 가르치셨습니다. 학자나 행정가보다는 봉사실무자(Practitioner Worker)가 되기를 바라셨습니다. 둘째로, 은사님께서는 우리 후학들에게 어떤 분야에서도 선구자가 되라고 강하게 말씀하셨습니다. 저처럼 부족하고 불매한 제자가 빈민굴에서 인보사업(Settlement)에 몸을 담고 있는 것을 참으로 어여쁘게 보시고 늘 격려해 주신 것을 저는 이날까지 잊을 수 없습니다. 셋째로, 성실한 자세를 강조하셨습니다. (중략) 한 몸밖에 없으셨지만 김 교수께서는 홍길동처럼 동분서주하셨습니다. 원주대학과 중앙대의 사회복지학과 개설에도 깊이 관여하시고, 서울대, 이화여대, 숭실대, 연세대 등 많은 대학에도 쉴 틈이 없이 강의 시간을 맡으셨습니다. 과묵하시고 조용하신 교수님이셨는데 사회복지 교육이면 밤낮이 없으셨습니다. 엄동(嚴冬)과 혹서(酷暑)가 그를 막지 못했습니다."

다음으로는 강만춘의 글이다.

"저와 김덕준 교수와의 교분은 근 40년에 가깝습니다. 제자로서, 동역자로서, 때로는 형님과 같은 분으로 모시면서 공생활은 물론 사생활에 있어서도 격의 없이 지내는 사이였습니다. 1950년 한국동란이 일어났고 그다음 해 1월 4일 남쪽으로 후퇴할 당시 나는 가족과 함께 부산으로 피난을 가게 되었습니다. 그다음 해 아직 휴전은 아니 되었으나 서울이 수복되고 전세가 많이 호전되어 갈 때였습니다. 그다음 해에 저는 어느 날 우연하게 《부산일보》에 강남대학교 사회사업학과 학생모집이라는 광고가 눈에 띄었습니다. 저는 그때 사회사업학과가 무엇을 하는 전공인지 대단한 관심과 흥미를 갖게 되었습니다. 실은 그때 당시 부모님들은 저에게 신학 공부를 하고 목사가 되기를 바랐습니다. 이런저런 이유로 저는 신학 공부를 하지 못하고 대학에서 법학 공부를 마치고 일반 직장에 다니고 있던 차에 전쟁이 일어난 것입니다. 전쟁으로 고아와 미망인과 피난민이 너무나 많았던 시절이었고, 동시에 정부가 돌보아야 할 보호 대상자가 너무나 많아 어찌할 바를 모를 때였습니다. 그때 저는 이들을 보호하는 분야에 종사하는 것도 시대적인 소명이겠다고 생각하고 다시 강남대학교 사회사업학과에 지원하게 되었습니다. 당시 임시 사무실로 사용하던 피난지인 부산 YMCA 연맹 사무실에 입학원서를 제출하고 필기시험을 치르고 김덕준 교수와 면접을 하게 되었습니다. 제가 처음으로 김덕준 교수를 뵙게 된 때는 바로 면접 장소에서였습니다. 당시 김덕준은 YMCA 연맹의 이사로 참여하고 있었습니다. 그 후 서울이 수복되면서 1953년 봄 학기부터 사회사업학과 강의는 서울에서 시작되었습니다. 저는 김덕준 교수를 통해 많은 것을 듣고 배웠습니다. 당시 전쟁 이후이고 처음으로 개설된 대학에서의 사회사업 교육이라 정말 아무것도 없는 황무지에서 사회사업학 공부는 시작되었습니다. 당시 응용사회과학으로서의 사회사업 교육은 체계적으로 준비된 교수진이 전무한 상태였습니다. 다행히 김덕준 교수 한 분이 일본의 사립 명문대학인 동지사 대학 신학부에서 사회사업학을 전공하셔서 그 분야의 독보적인 존재로서 공부하는 우리들에게는 많은 자긍심과 비전을 제공해 주었습니다. 일본에서도 동지사 대학이 기독교 학교였기 때문에 사회사업학과를 설치했지 1940년대에 다른 일본의 국공립이나 사립대학에서는 전혀 그러한 학과를 설치하지 않고 있을 때였습니다. 이와 같은 상황에서 과감하게 사회사업 교육을 한국에서 처음으로 시작하였다는 것은 선구자적인 용기와 지혜가 있지 않았으면 결정하기 어려운 일이었습니다."

　이와 같이 김덕준의 사회복지 교육으로부터 크게 영향을 받은 뛰어난 제자들이 그의 강의를 통해 배웠던 내용들과 평소 스승을 존경하며 함께 지내면서 경험했던 일화들은 큰 울림이 있다. 당연히 이는 김덕준을 이해하는 데에 귀중한 근거가 될 수 있다. 그러나 아쉽게도 김덕준이 저술한 책과 논문, 육필 원고 및 자필 메모 등과 같은 1차 자료들을 면밀하게 분석하고 그 결과를 근거로 도출한 그의 사회복지 사상에 대한 본격적인 탐구는 미흡하다고 본다. 즉, 그가 남긴 빛나는 사회복지 교육의 성과에 대한 찬사와 그의 업적에 대한 칭송 등에 비해 막상 그가 갖고 있었던 사회복지 사상과 그에 따른 사회복지 교육의 실천원리가 무엇인지에 대한 심도 있는 논의는 활발하게 이루어지지 못했다. 그래서 치밀한 학술적 접근을 통한 김덕준의 사회복지 사상에 대한 연구가 반드시 필요한 것이다.

그런데 여기서 근본적인 질문이 제기된다.

"그렇다면 왜, 지금 김덕준의 사회복지 사상과 사회복지 교육의 실천 원리가 고찰되어야 하는가?"

제2장
김덕준의 사회복지 사상 및
사회복지 교육의 유효성

한국전쟁 이후 본격화된 한국의 사회복지[5]는 지난 70여 년 동안 커다란 변화를 거듭해 왔다. 사회복지 정책 및 제도, 서비스의 양적 팽창은 물론이려니와 사회복지 관련 예산도 국가 전체에서 거의 40퍼센트에 이를 정도로 증가하였을 뿐만 아니라 사회복지사의 수도 2020년 8월 말 기준으로 110만 명을 넘어섰다(한국사회복지사협회 홈페이지, 2020). '사회복지(Social Welfare)'는 인간의 기본적인 욕구 충족과 적절한 삶의 유지를 위해 필요한 재화와 서비스를 사회적으로 재분배하는 사회제도이며, '사회복지학'은 인간의 복지에 대한 사회적 재분배를 연구하는 학문이다(백인립, 2013: 297-332). '사회복지실천'은 이와 같은 사회복지를 현실 세계에서 구체적으로 수행하는 전문적인 활동이라 할 수 있다(이준우, 2011). 사회복지를 학문으로 받아들인 1950년대 이후 한국의 사회복지학은 질적·양적으로 많은 성장을 이루었다. 사회복지학은 후발 학문으로서 학문의 정체성과 경쟁력을 강화하기 위해 "과학"과 "기술"의 두 가지 측면을 강조해 온 바 있다(Rubin and Babbie, 2006; Zastrow, 2013). 따라서 전통적으로 연구 방법과 통계적 분석, 대인관계 기술을 강조하였다(최재성·정세정·조자영, 2016).

---

5 사회복지는 사회제도다. 국민의 삶의 질을 담보하는 최소한의 안전장치이자 원활한 사회적 기능이 유지되게끔 작동하는 사회적 안전망이기도 하다. 사회복지는 방대한 영역에 걸쳐 국민의 삶에 영향을 미친다. 사회가 급속하게 변화하면서 사회복지도 시대의 요청에 부응하여 새롭게 확장되어 왔다(이준우, 2015). 이제 사회복지는 국가가 국민을 향해 책임져야 할 가장 기본적인 의무를 수행하기 위해 필수적인 사회제도로 자리매김하였다(최성균·이준우, 2017). 사회복지는 개인을 위한 도움의 차원에서 가족, 집단, 지역사회 및 전체 사회를 대상으로 바람직한 사회적 기능과 사회적 환경을 창출하는 능력을 함양하고자 노력해 왔다. 여기에는 인간의 기본적인 욕구를 충족시키고 적절한 인간 서비스를 받을 수 있는 사회정책, 서비스, 자원, 프로그램의 계획과 수행까지 포함된다(이준우, 2014). 이것은 인간의 사회적, 관계적, 행정적 상호작용과 체계들이 복잡하게 얽혀 돌아가는 한복판에 사회복지가 놓여 있다는 것을 말한다.

실제로 사회복지실천에 있어서 사회복지사와 서비스이용 당사자의 관계는 원조 과정의 기반이자 변화를 가져오는 핵심적 기능을 수행한다. 따라서 사회복지사와 서비스이용 당사자 간 '관계'는 사회복지실천이 발전되기 시작한 초기부터 실천개입의 핵심이자 주요한 결정요인으로 간주되어 왔다(Coady, 1993: 291-298). 이러한 측면 때문에 사회복지사는 이 관계를 통하여 자기 자신을 활용함으로써 서비스이용 당사자의 문제를 해결하고 욕구를 충족시키는 전문직으로 규정되고 있다(최명민, 2011: 21-49). 이렇게 볼 때, 사회복지실천의 핵심은 사회복지사와 서비스이용 당사자 간의 관계에 있다. 특히 사회복지실천에서는 사회복지사와 서비스이용 당사자의 일대일 관계뿐만 아니라 인간과 그 인간들이 맺는 사회적 관계에 초점을 두어 왔다. 따라서 가족, 집단 그리고 지역사회와 같은 사회적 공동체를 실천의 대상으로 간주해왔다. 이처럼 사회복지실천에서는 서로 다른 인간들 간의 만남과 그 관계가 개입 활동의 핵심이라고 할 수 있다.

그러므로 사회적 환경과 구조, 다양한 네트워크 체계들 간의 상호작용 등을 변화시키는 일들이 사회복지실천의 가장 중요한 책무들임은 당연한 것일 뿐만 아니라 이와 같은 과업들의 가장 최소 단위는 역시 한 개인으로부터 시작된다는 사실을 분명하게 인식하는 것이 중요하다. 제도와 법을 바꾸는 것도 사람이고, 이를 운용하는 것도 사람이다. 당연히 그 속에서 영향을 받고 살아가는 것도 사람이다. 결국은 사람인 것이다. 실제로 한국의 사회복지는 사람을 양성하고, 그렇게 양성된 사람이 열정과 헌신, 전문적인 능력에 기초하여 일하는 현실의 연속이었다. 한국의 사회복지 역사는 사회복지 실천가, 즉 사회복지사의 역사라고 해도 과언이 아니다(최성균·이준우, 2017).

그러나 압축적인 경제성장과 급변하는 사회문제 속에서 현행 한국의 사회복지 교육은 다차원적으로 증대되는 복지 수요와 욕구에 얼마나 적절히 대응하고 있는지, 아울러 사회적 요구에 대응해야 하는 대학에서의 사회복지 교육은 제대로 기능하고 있는지 등과 같은 사회복지 교육 전반에 대한 비판적이면서도 근본적인 성찰은 부족한 실정이다. 사실 현재의 사회복지 교육은 한국의 대학교육이 처한 구조적 문제점과 사회복지사 1급 시험제도로 인한 교과과정의 경직성 문제[6]를 일반적으로 안고 있다(진재문, 2014: 212-248). 지금까지 한국의 사회복지 대학교육은 교육의 질과 효과를 생각하지 않고, 사회복지학과의 양적 팽창을 지속시키는 데에 일조해 왔다(김통원·윤재영, 2011; 최성균·이준우, 2017). 최근 들어 이러한 양적 팽창의 정도가 조금 주춤하는 듯 보이지만, 이미 양적으로 과도하게 팽창되어 있음을 부인하기 힘들다.[7]

---

6 사회복지사 1급 시험 과목으로 인하여 4년제 대학의 교육과정은 다양성을 보장할 수 없고 학교 간 특성화도 추구할 수 없게 만들고 있다. 한마디로 현행 1급 사회복지사 시험제도는 대학교육의 경직성을 초래하는 주요 원인으로 작동하고 있다.

7 국내 사회복지 교육기관의 현황은 아래와 같다.

사회복지대학		사회복지대학원		평생교육기관	
구분	현황	구분	현황	구분	현황
전문대학	318	일반대학원	95	평생교육원	101
원격(전문)	6	전문대학원	19	계	101
대학	283	특수대학원	153		
원격(대학)	34	계	267		
계	641	합계	908	합계	1,009

2020년 9월 현재 전문대학, 4년제 대학, 원격대학 등을 포함하여 총 641개 관련 전공 및 학과가 있으며, 대학원을 포함하면 908개, 평생교육기관까지 포함하면 1,009개에 이른다(한국사회복지사협회 홈

이런 상황은 한국의 사회복지 교육이 사회복지사들을 공장에서 제품을 만들듯이 찍어 낸다고 해도 과언이 아님을 극명하게 보여준다. 만약 사회복지사가 소명이 없이 단지 생업을 위한 직업인으로만 살게 되면 그와 같은 사회복지사에 의해 수행되는 사회복지실천은 그 이상도 그 이하도 아닌, 그냥 그저 그런 공공부조 서비스의 하나로 남게 될지도 모른다. 한국의 사회복지와 사회복지실천 현장, 사회복지 교육의 총체적 위기 상황이 '지금, 이때'라고 할 수 있다.

그 위기의 본질은 사회복지사를 양성하는 사회복지 교육의 문제에 있으며 그 문제의 근원은 사회복지의 가치와 철학, 정신에 대한 확고한 사명이 부재한 데에 있는 것이다. 그러므로 김덕준의 사회복지 사상과 사회복지 교육의 본질을 탐구하는 작업은 오늘날의 사회복지 현실에서 매우 유용할 수 있다. 한국의 사회복지 교육이 어떤 본질적인 가치와 사상 그리고 실천원리에 의해서 시작되었는지를 고찰함으로써 다시 한번 사회복지 교육이 붙잡고 추구해야 할 지향점을 김덕준의 사상을 통해 발견할 수 있을 것으로 본다.

페이지). 이러한 현상은 한국 대학이 가지고 있는 모순적 구조를 그대로 반영하고 있다. 특히 사회복지학과는 대학의 신입생 충원에 유리하다는 판단하에 적절한 교원충원과 교육 시스템의 준비도 없이 정원이 확대되었고, 학과 명칭에 복지를 합하여 사회복지사 자격증을 획득할 수 있는 학과로 변용시키는 등, 대학의 돈벌이 수단으로도 활용될 소지가 있는 것으로 볼 수 있다.

제2부

사회복지 교육과
관련된 김덕준의
생애

김덕준의 생애는 유년기를 지나고서는 거의 대부분 사회복지 교육과 관련되어 있다고 해도 과언이 아니다.

'강남 사회복지 교육 60주년 기념 학술대회'와 함께 진행되었던 '고 김덕준 교수 20주기 추모 심포지엄'에서 인사말로 했던 장녀 김경자의 글과 김덕준이 소천한 해인 1992년 3월 30일 자 우체국 소인이 찍힌 차녀 김경애의 편지 내용은 김덕준의 삶이 얼마나 사회복지 교육과 밀접하게 연결되어 있었는지를 알게 한다.

장녀 김경자의 인사말부터 소개한다.

" (중략) 올해로 저의 아버지, 고 김덕준 교수가 세상을 떠나신 지 21주년이 되는 해이기도 합니다. 살아 계셨다면 95세가 되는 해가 됩니다. 되돌아보면 60여 년 전 사회사업이 무엇인지 알지도 못하고 알려고도 하지 않았던 시절, 학문적으로 가르쳐 보자고 할 때, 정부나 학계에서조차도 개념이 없었던 때, 어떻게 사회사업학을 공부하게 되셨는지 저도 의문입니다. (중략) 1951년부터 아버지가 돌아가신 1992년, 그리고 오늘 행사를 생각하며 42년을 서로 의논 상대가 되어주신 강생장학재단 설립자로 계신 윤기태 장로님을 찾아가 동생과 함께 만나 뵈었습니다. 지금 98세이신데 아직도 사무실에 정시에 출퇴근하시며 일상생활에 불편함이 없으신 분이셨습니다. 아버지에 대하여 물어보았습니다. '아버지의 성품은 온유하고 겸손하고 성내는 일을 본 적이 없고 깊이 생각하고 상대편을 배려하는 형이시다.'라고 하셨습니다. 또 '학자로서는 전문성을 강조하며 질 높은 교수진을 만들었고, 그 당시에 벌써 계절대학을 하면서 일선에서 수고하는 분들에게 계속 교육을 받게 하였다.'라고 하셨습니다. 그리고 '아버지는 사회사업의 롤 모델을 예수님의 사역에 두고 계셨기에 한국기독교사회복지학회를 만들었을 뿐만 아니라 한일 사회복지 발전에도 기여하였다.'라고 합니다."

차녀 김경애의 편지 내용이다.

"사랑하는 아버지… (중략) 안 그래도 거동하시기도 불편하신데 대소변도 마음대로 조절이 안 되니 얼마나 몸과 마음이 불편하셨습니까? 병원의 유능하신 전문의께서 진찰과 치료를 해주실 것이니 우선은 안심입니다. 그러한 불편한 여건하에서도 (물론 손발이 되어주시는 희생적인 어머니의 힘이시지만), 불편을 불편으로 생각지 않으시고 겸손하게 받아들이시는 아버지가 저는 참 좋습니다. 찬송가도, 제가 기억하는 아버지의 테너와 엄마의 가늘고 고운 목소리와 한데 어울려서 즐겨 부르시던 찬송가도 ♪♪…… 제자들의 발을 씻어 남 섬기는 종의 도를 몸소 행해 보이셨네 ♪♪ 하는 겸손한 것이었지요.
어렸을 때 한때는 아버지가 너무 겸손하신 것이 꼭 그러셔야만 하는가 하는 건방진 생각으로, '왜 우리 아버지는 똑똑한 학생들이 많이 있는 좋은 학교에서 똑똑한 인재를 많이 양성하시지 않고, 세상에 버려진 사람들을 돕느라 다른 데서는 아예 안 받아줘서 갈 데 없어 오는 학생들이 대부분인 이름 없는 학교에서 가르치시는가?'하고 비판의 소리를 낸 적도 있었지요. 언제나 사회사업만 관심을 가지셨지요. 딸보다 학교와 학생들을 더 사랑한다고 툴툴대기도 했지요. 용서하세요. 아버지. 저의 어리석고 교만했던 것을……. 남들이 하기 싫어하는 '종의 도'를 그 젊은 나이에 시작하셔서 일생을 그 길만 걸어오신 아버지가 저 가슴 속 밑바닥에서부터 자랑스럽게 생각됩니다. 앉으나 서나 오직 가난한 사람들을 챙기는 제자들이 아른거린다고 하셨지요. (중략) 이런 우리 아버지를 하늘에 계시는 아버지께서도 무척 아끼시고 사랑하시고 계신다고 믿습니다. 그러니깐 평소에 '종의 도'를 실천하시는 아버지가 아름다우셔서 몸이 말을 안 듣는 어려운 처지에 놓이게 되셨어도, 또 한 분의 '종의 도'를 몸소 실천하시는 지금의 어머니를 가까이에 계시게 해주신 게 아닌가 하는 생각입니다.

아버지, 내 정다운 아버지, 어렸을 적 부산에서 피난살이 하던 어린 시절, 어느 해 크리스마스 때였어요. 밤에 자다가 눈을 뜨거나 잠을 안 자면 산타크로스 할아버지가 안 오신다고 해서 눈 감은 채로 머리맡에 있는 양말에 선물이 들었는가 더듬거리다 안 들었으면 얼른 다시 잠을 청하곤 했었는데 어찌나 소변이 마려운지 안 일어날 수가 없어서 소리도 안 내고 일어났지요. 그때 저는 보았지요. 크리스마스 츄리 옆에서 츄리에 달아놓을 예쁜 뾰족당 교회를, 그냥 수용지가 아닌 색깔이 무던히도 고운 종이로 열심히 만드시던 아버지의 모습을. 가만가만히 다가가서 "아빠"하고 목이라도 꼭 안아 드리고 싶었던 장면이었지만 아버지의 모습이 너무 성스러울 정도로 몰두하고 계셔서, 옛날부터 '엄숙'했던 경애는 얼른 소변을 보곤 잠자리로 들어갔었지요. 그렇지만, 그날의 그 모습은 아직도 생생하게 제 머릿속에 남아있습니다. 정다운 우리 아버지로요. 그때의 아버지 모습을 떠올리며, 멀리 떨어져서 공부하고 있는 수진, 진희에게 무슨 때가 되거나 하면, 아버지한테서 물려받은 그 수공 솜씨로, 여기서 나오는 폐품으로 카드를 만들어 보내곤 합니다. 매번 다르게 만들어지는 작품을 보고 바둑 씨는 그런 아이디어가 어디서 나오느냐고 그럽니다. 그럴 때마다 저는 주저 없이 '울 아빠한테서 물려받은 수공 솜씨지'하며 뽐내곤 합니다.

아버지, 아버지가 어려우실 때 옆에 있지 못해서 정말 죄송합니다. 제가 만일 아버지 곁에 있다면 무엇을 제일 해드리고 싶은지 아세요? 제가 최근에 읽었던 《THE EDUCATION OF LITTLE TREE》라는 책을 조금씩 읽어드리고 싶어요. 한 어린 인디안 소년과 할아버지 얘기인데 가슴이 훈훈한 얘기들이지요. 옛날에 아버지가 저녁마다 읽어주셨죠. 그 재미있었던 《GRIMM'S FAIRY TALES》를 얼마나 즐겨서 들었는지 모릅니다. 생각해보니 한 번도 아버지께 '고맙습니다. 사랑합니다.' 하는 표현을 해 본 적이 없는 것 같습니다. 원체 '엄숙한 경애'라서요.

아버지, 동봉한 이 사진을 기억하세요? 지난 1987년에 오셨을 때, '속알머리는 없고 주변머리는 있는 사람을 뭐라고 그러죠?' 했을 때 '대머리'라는 대답을 다 아시면서도 대답 대신 '하하하' 하시는 장면입니다. 저는 즐겁게 웃으시는 아버지의 모습이 참 좋습니다. 병원에서 요양하시고 빨리 일어나세요. '아버지 정말로 많이 사랑합니다.' - 경애 올림"

한편 아래는 김덕준이 즐겨 불렀다는 찬송이다.

사랑하는 주님 앞에(찬송가 220장, 통일 278장)
"1. 사랑하는 주님 앞에 형제 자매 한 자리에 크신 은혜 생각하며 즐거운 찬송 부르네
내 주 예수 복을 받아 모든 사람 내 몸같이 환난 근심 위로하고 진심으로 사랑하세.
2. 사랑하는 주님 앞에 온갖 충성 다 바쳐서 괴로우나 즐거우나 주님만 힘써 섬기네
우리 주님 거룩한 손 제자들의 발을 씻어 남 섬기는 종의 도를 몸소 행해 보이셨네.
3. 사랑하는 주님 예수 같은 주로 섬기나니 한 피 받아 한 몸 이룬 형제여

친구들이여

　한 몸 같이 친밀하고 마음으로 하나 되어 우리 주님 크신 뜻을 지성으로 준
행하세."

　이 찬송가의 가사 내용이 바로 주님과 함께 묵묵히 사회복지의 길을 한 평
생 걸어갔던 김덕준의 인생을 말해주는 듯하다.

제3장
김덕준의 생애와 주요 행적

김덕준은 1919년 12월 29일(음력) 함경북도 회령군에서 3남 2녀 중 장남으로 출생하여 1992년 9월 2일 73세를 일기로 별세했다. 김덕준의 생애[8] 가운데에서 사회복지와 관련된 내용을 정리[9]하면, 우선 일제강점기인 1938년 고등학교를 졸업하던 해에 김덕준이 일본 동지사(同志社)대학교 신학과 사회사업학 전공을 선택하였다는 것을 들 수 있다. 이렇게 김덕준이 동지사대학교에서 신학의 테두리 가운데 사회사업학을 전공했기 때문에 깊은 기독교적 영성에 기초한 사회복지실천을 한국에 뿌리내리도록 할 수 있었을 것으로 판단된다.

특히 김덕준이 1989년 성탄 축일에 가족들에게 회고한 내용에 따르

---

8 김덕준의 주요 생애는 다음과 같이 기술할 수 있다. 1919년 12월 29일: 함경북도 회령에서 김이만(부)과 오귀동(모) 사이에 3남 2녀 중 장남으로 출생 / 1933년 4월~1938 3월: 경성공립고등보통학교 졸업 / 1938년 4월~1940년 3월: 일본 동지사대학교 예과 수료 / 1940년: 최옥순과 결혼(슬하에 3녀 1남) / 1940년 4월~1942년 9월: 일본 동지사대학교 문학부 신학과 사회사업학 전공 졸업 / 1945년~1946년: 경성 공립중학교 교사 / 1946년~1947년: 의정부 농업학교 교사 / 1947년~1964년: 중앙신학교(현 강남대학교) 교수 / 1953년: 이호빈(중앙신학교 창립자)과 사회사업학과 설립, 한국기독교사회사업학생연합회 창립 / 1953~1973년: 연세대학교, 이화여자대학교, 숭실대학교, 서울대학교, 감리교신학대학교 강사 / 1957년: 한국사회사업학회(현 한국사회복지학회) 창립(초대 회장) / 1958년~1960년: 미국 플로리다 주립 대학교(Florida State University) 유학(1년 반) / 1961년: 중앙신학교(현 강남대학교) 학장으로 취임(1962년까지) / 1962년~1973년: 한국보건사회부(현 보건복지부) 중앙아동복지위원회 초대 위원장 / 1964년~1969년: 원주대학교(현 상지대학교) 교수 및 학과장 / 1966년: 한국사회사업학교협의회(현 한국사회복지교육협의회) 설립(4대 회장) / 1969년~1977년: 중앙대학교 교수 및 학과장 / 1970년~1971년: 한국사회사업대학협의회 회장 / 1973년: 국제사회복지협의회 아시아 및 태평양 지역사회계획위원회 위원장 / 1975년: 중앙대학교 대학원에서 박사학위 취득(논문 제목: 산업복지에 관한 전문사회사업의 개입에 관한 연구) / 1978년~1981년: 강남사회복지학교(전 중앙신학교, 현 강남대학교) 학장 / 1981년~1982년: 중앙대학교 대학원 강사 / 1981년: 한국기독교사회복지학회(현 한국기독교사회복지실천학회) 창립, 초대 회장 / 1985년~1992년: 강남대학교 명예교수 / 1992년 9월 6일: 별세. 더 자세한 사항은 이 책의 부록에 제시한 '고 김덕준 교수 연보'를 참고하기 바란다.

9 김덕준과 관련한 주요 사항은 김덕준이 직접 작성한 이력서와 강남대학교 부설 한국사회복지연구소(2003)가 발간한 자료집에서 김만두(2003:171-206)가 쓴 내용, 그리고 한국사회복지사업회 50년사 편찬위원회(2017)가 김덕준에 관련하여 작성한 내용을 종합하여 정리하였다.

면, 그는 함경북도 경성고보 재학시절 일본의 유명한 빈민운동가이며 사회사업가이자 목사였던 '가가와 도요히코'의 강연을 듣고 크게 감동을 받고, 후일 자신도 한국의 '가가와 도요히코'가 될 꿈을 가졌다고 한다. 그의 장녀 김경자는 "아버지가 고등학교 재학 중 큰 외삼촌이 동경 와세다대학교에서 각각 화학과 물리학을 공부하고 있었는데 일본 동지사(同志社)대학교의 사회사업학에 관한 정보는 외삼촌이 추천해 주었을 가능성이 크다."라고 회고하고 있다(김범수, 2013).

김덕준은 동지사대학교에 입학하게 되었을 때, "기독교사회사업의 학문을 공부하도록 하나님께서 길을 열어 주심에 마음으로 불이 나면서 어떻게 뜨거웠는지"라고 크게 감사하며 감격했다고 한다(이부덕, 2003). 그가 얼마나 동지사대학교를 염원하고 사랑했는지를 알 수 있다. 김덕준의 동지사대학교 유학시절에 관해 빠지지 않고 소개되는 일화가 있다. 바로 10년 선배인 시마다 게이이치로(嶋田啓一郎, 1909년-2003년) 교수에게 헌혈을 하였다는 점이다. 1990년경 서울 앰배서더호텔에서 개최된 한국기독교사회복지학회 초청 강연[10]에서 시마다 게이이치로는 "본인이 1940년경 폐결핵으로 병원에 입원했을 때 헌혈자를 구한다는 홍보를 하였는데, 가장 먼저 헌혈을 자원했던 사람이 바로 김덕준이었습니다. 당시 한창 젊은 나이인 20대 초반의 김덕준 청년이 헌혈해준 덕분에 저는 건강을 빨리 회복할 수 있었습니다. 따라서 지금 제 몸에는 한국인의 피가 흐르고 있습니다."라고 회고했다. 후일담이지만 당시 식민 지배를

---

10 당시 공동연구자 김범수는 시마다 게이이치로(嶋田啓一郎) 교수의 강의를 감동적으로 들었다고 한다. 김범수 교수에 의하면 당일 학회 개회사에서 김덕준은 유학 시절 시마다 게이이치로 선배를 통해 여러 가지 가르침을 받았던 것을 소개했으며, 당일 세미나 통역은 김만두 교수가 담당했다고 한다.

받는 국가의 청년이 식민 지배국가의 선배에게 기증한 헌혈의 일화는 한일 관련 세미나와 사석에서 끊임없이 화두가 되던 실화였다. 이러한 기독교사회복지학회 세미나가 개최된 후 김덕준은 1992년에, 10년 선배인 시마다 게이이치로는 11년을 더 생존하다가 2003년에 별세했다(부성래, 2002; 김범수, 2013; 이윤구, 2013).

한편 이부덕(2003)에 의하면 2002년 7월에 본인이 일본을 방문하였는데, 김덕준 교수의 모교인 동지사대학교에서 93세의 시마다 게이이치로 명예교수를 예방했다는 것이다. 그때 시마다 교수는 다음과 같이 회고했다고 한다.

"김 박사가 23세의 나이에 경도(교토)의 동지사대학에서 사회사업을 전공하고 있을 때, 자신은 기독교윤리를 강의하면서 기독교사회사업의 사상과 철학을 접하게 되었다. 김덕준 박사의 교육사상에도 영향을 미친 것으로 안다. 2차 세계대전을 반대했던 자신의 삼촌이 있었는데 그 때문에 조선 총독의 자리에서 물러나 동경재판에서 심판의 대상이 되었던 어려운 때가 있었다. 숙부의 한국에 대한 '멋진 생각' 때문에 자신도 한국에 대해서 호감을 갖고 있었는데 자신이 결핵으로 7년간 투병 생활을 할 때 처음 자기에게 헌혈을 자원한 학생이 바로 적대 민족인 김 박사였다. 자기 생명을 구해준 은혜로 자기로 하여금 그를 더욱 친하게 해주었고 그가 보낸 후학들까지 철저히 친할 수 있게 해주었다. 내가 경험한 김 박사는 특히 사명감을 갖고 열심히 공부했으며 조국의 발전을 위해 기여하겠다는 결심과 의지가 강했고 한국의 장래를 위해 생각하고 행동하는 데에 자신이 감명을 받았다. 뿐만 아니라 줄곧 후학들을 유학

시켜 미래의 지도자 양성에 기여하는 그를 존경하게 되었다. 그가 추천한 학생들 모두가 열심히 공부해 동지사 출신 학생으로 한국과의 관계가 퍽 우호적으로 남게 되었다."

일본 동지사대학교를 졸업한 후, 김덕준은 출생지인 함경북도 회령으로 돌아가 모교인 경성고보에서 교직 생활을 했다. 그런데 함경도와 평안도를 비롯한 북쪽이 점점 공산화되는 것을 목격하고 가족들과 월남을 결심한다. 우여곡절 끝에 1946년에 남하하여 서울에 위치한 성동고등학교에서 교직 생활을 시작했다. 서울에 온 김덕준은 YMCA 활동에 참여하게 된다. 그때 우원 이호빈 목사를 만나 1947년 강남대학교를 설립하는 일과 평신도 지도자 교육과정의 교수로 경영에 참여하게 된다(한국사회복지사협회 50년사 편찬위원회, 2017).

한편 갑작스럽게 1950년 한국전쟁을 맞자 당시 해군 군종감이었던 정달빈 목사의 권고로 김덕준은 목사 안수를 받은 후 군목으로 자원하려 했다. 하지만 시력이 나빠서 군목의 뜻은 이루지 못했다(이부덕, 2003). 그렇지만 전화위복(轉禍爲福)이라고 해야 할 것이다. 군목으로 가지 못했기에 김덕준은 보다 더 YMCA 활동에 집중할 수 있었고, YMCA를 중심으로 전란에 파괴되고 사회적 혼란과 역경 속에 어려움을 당했던 시대에 그의 비전이었던 '기독교사회사업가' 양성에 나설 수 있었다. 그야말로 하나님의 인도하심이었다.

강남대학교는 '경천애인(敬天愛人)'을 설립 이념으로 사회사업을 겸한 초교파적 평신도 지도자 양성을 목표로 하였다. 그러던 중 1950년 6

월25일 한국전쟁이 일어났고, 부득이하게 모든 활동을 중단했다. 김덕준은 학교와 함께 부산으로 피난했다. 부산 피난지에서도 김덕준은 YMCA 활동을 계속하면서 전쟁 이후 발생할 많은 구호대상자들을 효율적으로 지원하고 체계적으로 관리하기 위해서는 전통적인 내용으로 구성된 기존의 신학교육만으로는 한계가 있음을 절감하였다. '신학에 토대를 둔 사명감으로 충만한 전문적인 사회사업가를 육성하는 일'이 절대적으로 필요하다는 것을 인식했다.

실제로 전택부 서울 YMCA 원로 명예 총무는 이 시기의 역사적 조명을 그의 '선교 2세기를 맞이하는 사회복지사업의 전망과 과제'라는 논고에서 다음과 같이 서술하고 있다(이부덕, 2003).

"또 하나의 6·25 이후의 색다른 사회복지사업은 신학적 차원에서 사회복지전문가 양성사업이 시작되었다는 사실이다. 즉 한국신학대학과 감리교신학대학은 이미 신학교육 과정 속에 사회사업개론을 넣게 되었으며, YMCA는 1953년 'YMCA 전문학원'을 신설하여 Y전문 사역자와 사회사업 전문가 양성에 앞장섰다. (중략) 이 학원에서는 사회사업개론만 아니라 그룹 활동의 원리, 방법, 프로그램 등 광범위한 사회복지 과목을 가르쳤으며, 이 학원이 곧 강남대학교 사회복지 교육의 전신이 되었다는 것이 중요하다."

그래서 전쟁 중임에도 불구하고 1951년에 《부산일보》와 《한국기독교신문》에 강남대학교(구 중앙신학교) 사회사업학과 학생 모집 광고를 냈다. 전쟁 이후 한국의 사회발전에 대해서 고민하고 고뇌하는 젊은이들이 강남대학교에 많이 지원했으며 각고의 노력 끝에 김덕준은 1953년 문교부(현 교육부)로부터 사회사업학과 인가(문고증 제1419호)를 받아냈다 (부성래, 2003 : 20-43).[11]

[사진 9] 1953년 6월 21일 《한국기독교신문》에 실린 중앙신학교 사회사업과 모집 광고

1957년과 1958년에는 외국 원조단체가 활발하게 움직이고 있어 졸업 생들이 취업할 수 있는 현장이 비교적 넓은 편이었으며 학생들은 영어

---

11 1953년 사회사업학과에 입학한 강만춘(전 강남대학교 교수), 김운초(전 캐나다아동구호재단 한 국 지부장), 부성래(전 미국 웨스트버지니아대학교 교수), 최종도(전 보건사회부, 현 보건복지부 가정복지국장) 등은 피난 시절 부산 YMCA에서 면접고사를 통해 선발된 1기 학생이다(부성래, 2003: 20-43). 1954년 김만두(전 강남대학교 교수), 김명우(전 대한사회복지회 회장), 김종태(전 홀트일산복지타운 원장), 노상학(전 강남대학교 교수), 손종률(전 유한고등학교 교장·강남대학 교 총장), 이윤구(전 대한적십자사 총재·인제대학교 총장), 조치원(전 한국기독교사회봉사회 총 무) 등의 학생들이 입학했다(이윤구, 2013: 21-30).

문서작성이나 회화를 기본으로 학습했다. 때문에, 졸업생들도 취업에서 유리한 이점을 얻을 수 있었다. 그래서 좋은 학생들이 속속 입학했고, 모두들 대단한 열의와 성실함으로 공부하였다. 교육 내용과 교수진에 대한 학생들의 '만족도'도 매우 높았다. 하지만 김덕준은 자신이 사회복지 분야에서 학문적으로 한계점에 온 것을 직감하였다. 고심 끝에 그는 1958년 9월 미국 플로리다 주립대학교 대학원에 유학을 가게 된다. 그때의 나이가 사십 가까이 되었다. 우리나라에서나 일본에서나 절대 부족한 학벌이 아니었지만, 그는 안주하지 않았던 것이다. 각고의 노력 끝에 김덕준은 1960년 8월 석사학위를 취득하고 귀국한다. 그리고 김덕준은 1961년부터 1964년까지 강남대학교 학장에 취임했다(한국사회복지사협회 50년사 편찬위원회, 2017).

이상에서 소개한 일본 동지사대학교 유학과 강남대학교 사회사업학과 설립, 미국 플로리다 주립대학교 대학원 유학과 강남대학교 교수로서의 생활에 대해 보다 더 구체적으로 이해할 수 있게끔 하는 김덕준의 육필(肉筆) 원고를 유품에서 발견했다. 1981년 6월 29일 저녁 7시 신일교회에서 거행된 고 이은식 장로의 장례 기도회 때 설교한 내용인 것으로 추정된다. 제목은 '일장춘몽'이다. 그 원고의 전문을 소개한다.

"1960년 플로리다 주립대학교 대학원을 마치고 귀국하려고 할 때 그 대학에 재학 중이던 한국인 학생 수는 7명이 있었는데 어느 후배 한 사람이 나에게 권고하기를 텔레비전이나 냉장고, 세탁기, 기타 가전제품을 사가면 무세로 통관되니, 이 기회를 놓치지 말라고 하였다. 나는 그에게 돈도 없지만, 그 당시 발전량이 15만 키로(당시 인구 15만 명인 플로리다주 쎈트 피터-즈벅의 발전량이 15만 키로) 남짓한 우리 형편에, 그것도 며칠에 한 번씩 절전하는 판국에, 사가도 무슨 소용이 있겠느냐고 말하고, 웃어버린 일이 있었다.

그 며칠 후에 교회에서 알게 되어 가끔 그 집에 초청을 받아 친하게 지낸 미국인 내외가 내가 귀국한다고 나를 또 초청하여 주었다. 남편은 대대로 내려온 변호사 업을 하고 있고, 부인은 당시 그 대학에 와 있던 200명 되는 외국 유학생들을 위해서 여러모로 대접해주는 데 힘쓰는 한편, 서울에서 살고 있는 어느 가난한 한국 가족의 어린 딸을 원조해 주고도 있었다. 만찬 후에 내외는 나에게 학업을 마치고 귀국하는 데 필요한 것이 없겠느냐? 있다면 준비하여 주겠노라고 하였다. 나는 내외에게 고맙지만 나나 가족에게 필요한 것은 없다고 하고, 단 한 가지 사회사업학과 학생과 교수를 위하여 미국에서 출판된 사회사업 또는 사회복지 관계 도서를 사서 내가 봉직하고 있는 강남대학교에 기증하여 준다면 기꺼이 받겠노라고 대답하였다.

내가 귀국한 후 그는 대학서점을 통해서 그 당시 발간되었던 주요 관계 도서를 구입하는 한편, 워싱톤에 있는 우리나라 대사와 한국의 문교부 장관에게 도서 목록과 기증서류를 보내왔다. 이렇게 하여, 그 내외의 성의로 기증받은 도서가 강남대학교의 기본도서가 되고 있음은 물론이다. 그 후부터 나는 마음에 무거운 짐을 느끼면서 언제 저 내외에게 어떠한 모양으로 보답하여 드리느냐를 궁리하고 있었다.

작년(1980년) 5월경에 그 부인에게 편지가 왔는데, 남편이 중풍을 앓다가 돌아갔다는 소식이었다. 어느 누구나, 그 길은, 어느 때곤 가야 할 길이지만 그의 생전에 그에게 감사의 뜻을 표하지 못해서 안타깝기만 했다.

그동안 나도 고혈압으로 우측 완전마비에 빠져 있었으나 하나님의 은사와 약 한 달 동안의 입원과 내자의 말할 수 없는 도움으로 내자와 같이 여행을 할 수 있을 만큼 급속한 회복을 보게 되었는데, 때마침 큰 사위가 쏠트레익에 있는 유타주립대학교에서 노고 끝에 사회사업학 박사학위를 받게 되어 이왕이면 그의 박사학위 수여식에 가리라고 예정한 동시에 만일 가게 된다면, 감사패를 준비하여 플로리다의 나의 친구 미망인을 찾아 지난 20년 동안 항상 나의 마음을 무겁게 해왔던 마음의 짐을 벗으리라 생각하고, 도서관 담당 교수의 도움을 받아 감사패를 마음을 다하여 만들었다. 그것은 한글과 영문으로 금속판에 새겨졌고, 한글 위에는 성조기를 그리고, 영문 위에는 태극기를 새겨 넣었다. 못 가면 항공편으로 보내 드리리라 했는데, 다행히도 학위수여식에는 늦었지만 미국 여행을 떠나게 되어, 작년 9월 어느 날 미망인을 찾아 먼저 고인의 묘를 찾고, 묵념을 드렸다. 그 순간 과연 인생은 '일장춘몽'이로구나 하는 것을 절감하였지만, 그의 고마운 마음씨는 영영 기억될 것이라고 확신한 바 있다.

마침 그 대학에서 박사학위 논문을 쓰면서 한국 학생과 이민 가족을 위해 교회를 개척한 나의 제자 내외와 상의하여 오는 주일날 예배 후 교포들이 모인 자리에서 그 감사패를 미망인과 그 가족들이 모인 가운데 증정하기로 했다. 나의 제자의 간곡한 요청이 있어서 그 주일예배 설교를 했는데, 감사패 내용을 곁들여 제목은 '일장춘몽'이라고 했다. 예배 후 다과를 나누면서 흐뭇한 분위기 속에서 미망인에게 고마움으로 넘친 감사패를 증정하니 마음이 후련했다. 미망인이 감사패를 이제는 아버지의 유언을 이어받아 변호사가 된 큰딸에게 안겨주면서 '엄마가 죽으면 이 감사패는 네가 잘 보관하라.'라고 일러 주는 것을 옆에서 귀담아들을 수 있었다. '일장춘몽'과 같지만 그는 그의 보물을 하늘에 쌓은 것이다. '풀은 마르고 꽃은 떨어지되 주님의 말씀은 영원토록 있느니라.'라는 이사야 40장 8절의 성경 말씀이 감사패의 처음에 기록되어 있었다.

플로리다에서 오하이오주 콜럼버스에 있는 나의 큰사위 집에서 시카고의 이은식 장로에게서 내가 있는 곳으로 오겠다는 전화가 왔는데 나는 극구 말리면서 귀국길에 들러 보겠다고 약속했다. 시카고에 도착하자마자 만나게 된 이은식 장로 내외는 그의 계성 중학 선배요 동지사 대학 선배이며 담임목사인 오은수 목사의 사망 비보를 알려 주었다. 교회의 주보 기안을 비롯해서 프린트 관리며 기타 잡역까지 도맡아 하면서 교회를 지성껏 섬겼으며 오 목사님의 장례도, 그로 인한 며칠 밤의 밤샘도, 계속 배가 아파 고통을 느끼면서도 성의껏 동참했던 그간의 경과를 다 말해 주었다. 그는 시카고 인근에 있는 자신이 다니던 직장의 일도 다른 직원의 몫까지 언제나 도맡아 하곤 했다. "힘껏 일하다가 쓰러져 갈 수 있다면 나의 소원이다."라고 그는 부인에게 그리고 나와 내자에게도 말했다. "건강을 회복한 다음에 성업을 오래오래 섬기는 일이 하나님의 뜻에 맞지 않겠느냐?"라고 나는 조언을 하면서 배가 그리 아프니 속히 입원할 것을 강권했다. 그는 부인과 우리 내외의 충고를 받아들여 즉시 담당 의사에게 예약 신청을 했다. 우리를 셋째 아드님과 같이 비행장까지 바래다주고, 그다음 날 입원하기로 되었다. …… 그 후 건강이 퍽 호전되었다는 기쁜 소식이 들려왔다. 그런데 약 2주 전 그와 동문인 손

명근 군으로부터 이 장로가 위태롭다는 국제 전화를 받았다. 그리고 곧이어 나는 이은식 장로의 비보를 듣고, 이렇게 그를 아끼고 기리는 한국에 있는 가족과 지인들과 함께 추모 기도회를 가지면서 새삼 인간의 목적은 무엇인가를 다시 생각해본다.

인간의 목적을 생각하면서 동지사 유학 시절, 내가 오래전부터 그토록 흠모했던 가가와 도요히코(賀川豊彦)를 만났던 때를 떠올려본다. 가가와 도요히코의 강연을 통해서 나는 크고도 깊은 진리를 접할 수 있었다. 그때 가가와가 사회사업과 관련지으면서 남긴 그 자신 인생의 목적을 나는 결코 잊을 수가 없다. 즉, 가가와의 종교는 양면을 가지고 있다. 그것은 생명의 본질과 생명의 표현의 양 측면이다. 본질만을 파고들려는 자는 표현의 세계를 잊어버리고 신비와 명상과 신학과 의례(형식)에만 진력(盡力)한다.

" (중략) 생명의 표현을 생각하는 자는 사랑의 행동에 의해서만이 생명의 본질을 탐지할 수 있음을 배운다. 신약 요한의 첫째 편지 저자는 '사랑하지 않는 사람은 하나님을 알지 못합니다. 하나님은 사랑이시기 때문입니다.'라고 기술하고 있으나 사랑의 행동을 모르는 자가 하나님은 본질적 사랑이심을 알 수 있는 길은 없는 것이다. (중략) 사회의 온갖 불합리를 정정하고 생명, 노동, 인격에 대한 온갖 결손을 수정하며 구제하는 것에 의해서 우주 본질이 무엇인가 하는 것을 인식하는 가능성이 용이(容易)하게 된다. 그러므로 사회사업을 가지지 아니하는 종교운동이 절대적 성질을 띠는 종교운동은 아니다. 생명의 절대를 기초로 하는 종교운동은 사회사업과 종교운동의 사이에는 이원적 차이를 인정하지 않는다. 생의 온갖 행동이 종교운동이며 명상과 기도만이 종교운동이라고 생각지 않는다. 여기에 본질로부터 표현에의 화신(The Incarnation)의 운동이 있다 ……."

가가와의 그날 강연과 강연 직후 몇 사람의 일본인 학생들 다음 잠시 예를 하고, 내가 가가와에게 물었던 물음 '종교가 명상과 기도에 힘써 몰입해야 하는 행위를 넘어서야 하는 게 맞지요?'에 대한 가가와의 강한 언급은 내 인생의 목적을 다시금 분명히 설정하게 하였다.

"신학과 경전은 과거를 말하는 허튼소리가 아니다. 그것은 인생과 사회를 구하려는 의지의 인간적 설명이다. 이 우주적 의지를 기초로 하여서만이 진실한 사회사업은 가능하다. 우주 의지의 발로를 인식하지 않는 온갖 인간 행동은 포말(泡沫)과 같이 꺼져 간다. 종교운동은 생명, 사람, 사회를 구하여야 함에 참됨이 있다."

'가가와'와의 만남 이후 나는 오롯이 영원한 길, 즉 종교에서 생(生)의 현상(現像)에의 길을 찾아 종교에서 사회사업에의 길을 홀로 조용히 걸어간다. 지금도 그러하다. 그리하여 사회사업에서 종교를 다시 보고 구하려는 우주 의지의 고마운 계획의 발로(發露)에 사랑의 하나님을 인식하며 우주 그 자체가 사랑이라는 것을 의식하려고 노력한다. 이 일이 그리스도인의 삶의 방향을 명시하고 있는 것이다.

요컨대 하나님의 형상대로 창조된 인간, 하나님의 위격 다음에 위치하면서 자주, 자존, 자유의 인간에서 인간의 존엄성을 찾을 수 있으며 삼라만상의 지배를 위임 맡은 인간은 자기의 자유 결정에 의해서 하나님을 배신하여 신인 관계를 파괴했으나 인간의 힘으로는 원상회복을 할 수 없었던 고로 인간을 사랑하신 하나님이 스스로를 화신하여 인간이 죄를 대속하셔서 십자가를 지셨으니, 여기서 인간은 원죄의 무서움과 그 원죄를 대속하기 위한 십자가의 절대적 사랑을 알게 되었으며 그러므로 인간은 시간적으로 제한받는 짧은 생을 이 땅 위에서 사는 동안 하나님의 영원한 창조의 작업에 자유로 자기결정을 내려서 동참하여 그리스도를 모범하여 속죄의 길을 걸어간다. 하나님을 사랑하고 네 이웃을 네 몸과 같이 사랑하라는 복음을 믿고 실천한다. 이것이 기독교의 본질이요 기독교 사회사업의 원천이다.

이은식 장로! 그는 목사의 아들로 태어났으며 당시만 하더라도 불모지대인 사회사업 교육을 받고 일선 사회사업 기관에서 시무하였고 동지사 대학 대학원에서 깊은 연찬을 쌓은 다음 부산대학교에 사회사업학과가 창설되자 오래 교수로 시무하였고 시카고에 건너가서도 아세아 소수민족을 위한 사회복지관에서 종신할 때까지 시무했다. 그는 끝끝내 신앙을 고집했으며 언제나 섬기는 자의 모범이었고 화해하는 자의 모범이었다. 그는 기독교사회사업가로서 디모데전서 6장 12절에 있는 '믿음의 싸움을 잘 싸워서 영원한 생명을 주시려고 그대를 부르셨고 그대는 많은 증인 앞에서 훌륭하게 믿음을 고백하였습니다.'라는 말씀대로 하였다. 지금 그는 하나님 앞에서 그의 믿음과 실천을 고백하고 하나님께서 받은 의의 면류관을 쓰고 영원한 생활에 동참하고 있다고 확신하는 바이다."

한편 강남대학교 사회사업학과를 졸업한 제자 원홍묵(원주 성애원 설립자)은 1963년 원주에서 직장인들을 위한 야간대학인 원주대학교를 설립하였고, 곧바로 김덕준을 초빙했다. 김덕준은 1965년부터 1969년까지 5년간 원주대학교 사회사업학과 교수로 재직하였다. 이후 김덕준은 1970년부터 중앙대학교 사회사업학과 교수로 임용되어 1977년까지 8년간 근무했다. 중앙대학교에 근무하는 동안 김덕준은 중앙대학교 박사과정에 입학하여 1975년 '산업복지에 대한 전문사회사업의 개입에 관한 연구'라는 논문으로 박사학위를 받았다. 그때의 나이가 56세였다.

김덕준은 1947년부터 1963년까지 본인이 젊은 시절 대학 졸업 후 첫 직장으로 16년간 근무하면서 애환이 깃들었던 강남사회복지학교(중앙신학교라는 교명을 1976년 강남사회복지학교로 개칭하였고, 1989년에 강남대학교로 개칭하였다)에 1978년 복귀하여 학장으로 재직하였다. 김덕준이 강남대학교로 돌아오게 된 데는 이호빈 목사와 윤도한 장로의 간곡한 요청이 있었고, 강남대학교에 대한 뜨거운 애정이 있었기에 가능했다. 당시 이호빈 목사가 김덕준에게 보낸 친필 편지를 소개한다.

"김 목사님 내외분 앞

주로서 승리하사이다 아멘.
서간이 너무 늦어졌습니다.
널리 양해해주시옵기 바랍니다.
커피에 목사님 내외분의 정성까지 합쳐져 마시는 맛이란 천하일미입니다.

우리 이사회가 김 목사님을 특임 교원으로 만장일치로 대 환영 의결하게 된 일을 기뻐하오며 응당 그리되어야 할 것이라고 생각합니다.

당신 집이오니 속히 돌아와 새살림을 꾸미소서. 아직 미완성 살림인지라 수고가 크시겠지만, 초창기에 된 멍에를 메고 애쓰신 당신이 문제 없을 것이라고 믿으며 주님 함께 하시니 그를 따라 십자가를 영광으로 받으사이다.

부인의 협조가 목사님에게 큰 힘이 될 것입니다.

그의 기도와 희생적인 정신력이 우리 기관에(학교와 교회와 동우들 전체를 포함) 큰 발전을 가져올 빛이 될 것으로 확신합니다.

기위 결정이 되고 보니 한 날이 새롭게 기다려집니다. 아주 떠나실 기회가 안 되었으면 잠깐이라도 무리가 없는 즉 한번 다녀가시기 바랍니다. 늦어도 명년 5학기부터는 정식 시무가 되어야겠지요. 동창들까지도 매우 만족한 반응이 있습니다.

이곳 자세한 소식은 박영주 목사님께서 전하실 것으로 믿어 동봉합니다.

건강하시고 많은 연구에 시간을 갖고 돌아오시기 바랍니다.

1977년 11월 4일 이호빈 배상"

하지만 이렇게 간곡한 학교의 요청과 정성을 다한 응답으로 강남대학교로의 복귀가 이루어졌지만 안타깝게도 62세 때 조기 퇴임을 하였다. 1978년부터 1981년까지 그가 강남대학교 학장으로 근무하던 시절에 모든 대학들은 연일 학생 데모가 끊이지 않았다. 1979년 10월 박정희 대통

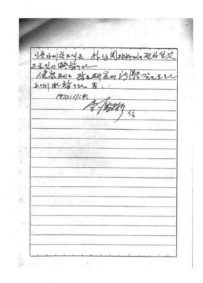

[사진 10] 이호빈 목사 친필 편지

령의 서거, 1980년 신군부가 등장하였던 시기, 강남대학교도 당시 강남구 대치동에서 경기도 신갈로의 이전을 앞두고 총학생회의 이전 반대운동이 연일 계속되었다. 이런 와중에 그는 만 62세 되던 해 건강이 약화되면서 34년간의 교수 생활을 마감하게 되었다(한국사회복지사협회 50년사 편찬위원회, 2017).

이 시기의 여러 가지 어려움을 잘 나타내 주는 자필 메모의 내용(1980년 7월 25일 작성) 중 일부를 소개한다.

"친애하는 이사장 및 이사 여러분, 주님의 이름으로 문안을 드립니다. 지난 5월 7일 이사회 석상에서 사의를 표하고 학장직에서 물러난 후

[사진 11] 1963년 강남대학교 사회사업학과 졸업식 사진

교수직에 되돌아온 지도 어언 10주가 지났습니다. 그동안 하나님의 은
총과 여러분의 간곡한 기도 덕분으로 날마다 회복에 뚜렷한 발전을 보
고 있으며 그 증거로는 매일 두 시간에 가까운 실내 운동과 5,000보의
보행이라고 하겠습니다. 또 한 가지는 그동안 한국사회복지협의회의 요
청으로 '민간 사회복지사업을 위한 재원 확립에 관한 연구'라는 제목의
연구논문(원고지 121매)을 탈고도 하였습니다. 나오는 대로 보내 드리려
고 합니다.

지난 1978년 3월 초 나는 분명히 이사회 전원의 결의로 기쁜 마음으
로 학장직을 수락하고 취임하였습니다. 이 승낙에는 설립자 이호빈 목
사님의 간곡하신 권유와 이사장 윤도한 장로님의 감격적인 신앙고백과
상무이사 박영주 목사님의 끈기 있는 권고와 그리고 그동안 수차에 걸

친 사절에도 불구하고 능력은 없지만 '만일 하나님의 뜻이라면' 하는 신앙적 갈등 속에서 내자와 기도 중에 제일, 계속 연구를 포기하고 취임하기로 결심하였던 것이었습니다.

지난 2개년 동안 나는 여러분의 기도와 협조로 학교 발전을 위하여 전력을 다하느라고 노력은 아끼지 않았지만, 그저 대치동 교사의 환경정비와 신 교사의 이전에 따르는 제반 준비와 교육환경 및 요건 조성에 끌렸다고 생각합니다.

그동안 쓰러져서 병고의 첫 경험은 하였지만, 그러나 보람 있는 2개년이었다고 생각합니다. 그러므로 후회도 하지 않습니다. 희망에 넘친 신 교사로의 이전 그 이후부터 술렁이는 학생들의 동향은 어느 대학이나 당하는 막을 수 없는 물결로 생각하고 비록 나의 건강의 회복에는 지장이 된다는 것을 각오하면서 학장으로서 최선을 다하여 대결하여 보려고 했습니다만 이 굳은 결심은 이사회 석상에서의 이사, 감사 특히 나와 사제의 관계를 가지고 있는 여러분의 나의 건강을 염려한 간곡한 충고를 정중하게 받음으로써 풀리고 말았습니다. 장사동 절터 교사에서 배운 바 있던 한 분이 학장님과 같이 늙어 간다고 한, 어느 이사의 회고는 새삼 보람과 환희 그러면서도 고난과 슬픔에 찼던 나의 청춘 시절을 일깨워 주었으며 이 사실이 또한 나를 학장으로 초청한 조건 중의 하나가 아닌가 생각해도 무리는 아닌 것 같습니다."

또한 '중앙신학교(현 강남대학교)와 나, '김덕준'과의 배경적 사연'이라는 제목이 달린, 1984년 11월 6일에 김덕준이 자필 메모로 작성한 자료는 강남대학교의 설립과정에 관련된 실질적인 사실을 분명하게 보여준

다. 그 내용을 있는 그대로 소개한다.[12]

"1. 나 김덕준은 1947년 7월 당시 서울 중앙 YMCA 종교부(총무 변성옥 목사, 종교부위원장 김우현 목사) 관장 하에 종교부 간사 이호빈 목사 주도로 개원했던 중앙신학교(현 강남대학교)의 초청으로 교수로 선임 받고, '사회사업개론', '사회문제', '영어' 및 '독일어' 강좌를 개설해 강의를 개시하였습니다. 초대 원장은 Y 총무 변성옥 목사였습니다.

2. 1952년 6·25 동란으로 부산 피난 시, 원래 서울 YMCA 종교부 소관으로 출발한 중앙신학교의 학교법인 우암재단(이사장 정일형 박사)과 대한 YMCA 연맹 이사회(이사장 김우현 목사)의 합의로 YMCA 대학 설립을 결의하고 당시 붕괴의 위기에 처해 있었던 중앙신학교(학장 이호빈 목사)와 Y 간사 양성을 포함한 사회사업가 양성을 그 목적으로 한 두 학과 즉 신학과와 사회사업학과 설치 신청서를 문교부에 신청하였던바 1953년 6월 4일에 인가를 받고, 일단 폐교의 위기를 넘겼을 때에 일선 실무 책임을 다했던 것을 아직도 영광스럽게 생각하고 있습니다.

3. 이 시점을 계기로 제3대 학장 정일형 박사를 모시고 나의 사회사업학과 교육이 시작되었습니다. 1953년 9월 장사동 교사로 수복 이전하였으며 참고로 이 교사(구 일본인사찰)의 임대계약 체결은 이호빈 목사의 공이며 그 완전 일시불 하는 정일형 학장의 공입니다.

---

12 실제 원문은 이 책의 부록에 실었다. 참고하기 바란다.

4. 전술한 Y연맹 이사회와 우암재단 이사회 간의 합의는 소위 5,000 불 사건(중앙신학교의 재건을 위해 그 당시 Y연맹 협동 총무 Coston씨가 재단에 대여하였으나 회수하지 못한 사건, 당시 Y연맹 총무는 이환신 목사)으로 그 반환 책임을 우암재단에 물어 Y연맹 측이 일방적으로 합의를 파기한다는 선언을 이환신 총무가 당시 학교 사무실에 혼자만 있었던 나에게 통고했습니다.

5. 그러므로 당초 계획했던 YMCA 대학 안은 무산되었고 그러나 다행히도 중앙신학교는 존속하면서 사회사업학과도 설치할 수 있었던 셈입니다.

6. 1960년 10월 나의 도미 유학에서 귀교 후 학교의 정세를 관찰하니 4.19 여파라고 생각하나 해체 상태에 있었고, 맡을 후보가 없어서 억지로 7대 학장직을 맡게 되었습니다. 그러나 1961년 초 경기도 소사(현 부천) 소재 학교 대지 위에 벽돌 2층 교사를 신축 중 5·16 군사혁명으로 인하여 중단, 그 뜻을 이루지 못했던 것을 아직도 한으로 생각하고 있습니다(학교 소유 소사 대지화의 계기는 정일형 학장 재임 시 그 당시 사회사업학과 재학생 한덕순 씨가 자기 소유 토지와 건물 한 동을 학교에 기증한 것이 계기가 되어 학교 발전 백년대계를 위하여 철도와 국도 사이의 토지를 구입 확장하는 동시에 철도 후면 농림부 소관 임야도 6만 평 이상 임대하였음).

7. 1961년 5·16 이후 혁명정부 문교부의 신학교에는 이전의 학과를 둘 수 없다는 지시를 받고 나는 이호빈 목사와 재단 이사회(모두 동참)에

우암재단에 독립한 사회사업대학을 설치해줄 것을 요청하고 그것이 안 되면 재단 재산의 일부를 사회사업대학 설립의 기본 재산으로 분할해 줄 것을 요청한 바 있었으나 아무런 반응이 없었습니다.

8. 이때부터 폐과를 앞둔 사회사업학과의 독립 존속을 위한 몸부림이 시작됩니다.

① 중앙신학교와 YMCA와의 원초적 관계가 있어서인지 나는 평회원 생활을 성의껏 했습니다. 그것은 중앙신학교의 탄생처인 서울 Y 이사로, 대한 Y의 이사로 시무한 것으로 나타납니다만 Y 연맹 이사에 당시 총무 김치묵 목사, 이사장 고병간 박사, 부이사장 신태식 박사, 실행 이사 홍현설 박사, 기타 당시 Y 연맹 이사 모두를 방문, 중앙신학교도 서울 Y에서 탄생했고 6·25 피난 시절 중앙신학교의 위기를 YMCA 대학 설치 합의로 면케 해주었는데 그러므로 중앙신학교 사회사업학과는 Y 연맹이 낳은 학과요 현재도 그렇고 장래도 그 필요성이 대단할 것이니 과거의 YMCA 대학 설립을 재고 설치하자는 제의에 전국 이사회에서 만장일치로 통과되었으나 Y 재단은 문공재단이므로 문교재단으로 이전할 수 없다는 법적 해석으로 모처럼의 만장일치 합의가 수포로 돌아가고 말았습니다.

② 나는 세계 기독교 선명회 자문으로 있었던 관계로 그 당시 총무 이윤재 씨와 선명회 재단으로 사회사업대학을 설치하여 중앙신학교 사회사업학과를 계승시킬 것을 합의하고 이윤재 총무와 강만춘 교수 등도 당시 보건사회부 장관을 방문하여 이해와 후원을 요청했던바 막대한 사회복지재단을 문교재단으로 이전시킬 수 없다고 하여 이것도 역시 실패

한 일이 있습니다.

③ 공생재단 회장 윤기 씨의 자당 고 윤학자 여사가 윤기 군이 재학 시 상경할 때마다 합석 학교의 어려움을 근심한 바 있었는데 학교에 대한 고인의 고마운 마음씨를 기뻐하면서 윤기 씨는 위선 독립한 사회복지대학을 창립하는 전제로 학교법인을 조성하기 위한 인천 소재 교지 약 1만 평을 기부하여 법인 허가를 맡은 바 있습니다. 그러나 후속 조처가 안 되어 이 역시 꿈을 이루지 못했던 것입니다.

9. 그 당시 사회사업학과를 책임지었던 강만춘 교수도 최후까지 노력해봤으나 안 되는 것은 하나님의 뜻인 것 같으니 중앙신학교로 환원하는 것이 최선의 책이라고 동감하고 뒤에서 절충 화해를 밀어왔던 것입니다.

10. 위와 같은 영욕을 다 경험하면서 1965년 제7대 '실패 학장'직과 교수직을 사임하면서 나의 교육의 장소가 달라졌습니다. 1965년 원주대학(상지대학) 사회사업학과에서 주임교수로 4년, 1969년 중앙대학 사회사업학과에서 9년 동안 주임교수로 재임 중 중앙신학교 시절에 거의 상실했던 나의 학문적 분위기와 기반을 회복하게 되었다는 사실입니다. 그것은 나의 연구논문 및 저서 실적표가 말해 주고 있으며 바로 이 시절에 문학박사 학위도 받았던 것입니다. 그러나 중앙신학교를 위한 기도생활은 끊은 바 없습니다.

11. 바로 이 시기가 국제사회복지협의회 실행이사로 그리고 국제사회

사업대학협의회의 계획 위원을 비롯 국내에서는 한국사회사업대학협의회장 등을 지내면서 국내 및 국제 사회복지관계 회의와 단체를 위한 봉사활동이 전개되던 기간입니다.

12. 1977년 중앙대학 교수로 재임 시 일 년 동안 머리를 쉴 겸 연구조사차 일본으로 떠나기 직전 이호빈 목사와 당시 상무이사 고 박영주 목사의 간곡한 초청 요청이 있었지만 나는 귀국 후 조용히 집필하며 강의를 하다가 종생할 결심이니 또 전직 실패 학장이니 천부당만부당 한 말이라고 나는 단호하게 거절하였던 것입니다.

13. 그런데 이호빈 목사의 친필 편지와 국제 전화를 통한 요청과 이사회의 취임 요청 결의를 나에게 알려 주기 위한 고 박영주 목사의 동경 내방 등은 이것이 혹 하나님의 뜻이 아닌가 하는 의심을 가지게 하였고, 또 승낙 여부를 결정하기 위하여 1977년 11월 일시 귀국 시 본인 내외가 유숙 중인 YMCA 호텔에 윤도한 이사장이 내방을 요청하여 그의 학교에 대한 신앙고백인 "제가 재산이 있다면 하나님의 재산을 임시 맡아 관리할 뿐이며……. 하나님께서 세우신 학교에 몸과 마음과 재산을 모두 바치겠다."라는 감동적인 신앙적인 고백을 듣고 내자와 더불어 종생 섬겨야 할 장이라고 믿고 승낙하기로 한 것입니다.

14. 1978년 3월 제12대 학장으로 취임 후 당시 본 교사(대치동 현 분교사)를 동창이나 외빈이 와도 실례가 되지 아니할 만큼 교문, 수위실 교지를 다 찾아서 운동장 건설 울타리와 온실 그리고 제4층을 올리고 환

경을 조성하면서 자나 깨나 최선의 노력을 하였던 것은 인정하리라 믿습니다. 그러나 가짜 박사학위 사건과 연이어 있은 무자격 교수 나가라는 수차의 학생 데모로 인한 긴장과 피곤은 나를 심리적 긴장으로 오는 고혈압으로 몰아넣었습니다.

15. 나의 약 한 달간의 세브란스 병원 입원은 하나님께서 나에게 좀 쉬면서 지난날을 반성하라 하시는 시간인 줄 믿고 그러니까 꼭 다시 회복시켜 주실 것이라 믿고 지금도 그 소신은 변함이 없습니다. 퇴원 후 나는 치료 중의 불편한 몸에도 불구하고 대망의 신갈교사 이전에 앞서 당시 교수들의 이전 전제 조건인 국도에서 본관까지의 아스팔트 포장, 운동장 조성, 통근, 통학버스 편 준비, 교문 건립 등을 이사장과 합의, 비록 은행 융자이긴 했지만, 준비 완료하고, 1980년 2월 말까지 역사적 대 이전을 완료한 후 1980년도 신학기를 신갈 대 캠퍼스에서 개시하게 된 것을 이사장과 더불어 쾌사 중 쾌사요 영광 중 영광이라 생각합니다. 그러면서 나의 건강은 일진원장하여 보행과 집필과 독서력을 하나님께서 회복하여 주셨습니다. 나의 믿은 바대로.

16. 기쁨에 넘쳐야 할 새 캠퍼스에 암운이 돌기 시작하였습니다. 그것은 불행하게도 고의로 일어난 종교음악과 학생들의 교수 배척 데모였습니다. 이 데모는 자아를 잃고 학장 자리를 탐낸 인사와 그를 둘러싼 몇몇 인사들의 부당하고 악의적인 처사와도 관계가 있습니다. 그렇지 않아도 역사적인 큰 역사도 해냈으니 이제는 좀 쉴 때가 왔다고 생각하고 또 하나님께서 나에게 다시 주신 건강을 보호하고자 학장직을 잠시 쉬

어야겠다고 결심하던 차에 이사회의 나의 제자 이사들의 간곡한 조언도 있고 해서 캄캄한 환경에서 벗어날 것을 결심하고 5월 중순 경 구두로 이사장에게 학장 사임을 전했던 것입니다.

17. 이 시기 중에 가장 뼈아픈 것은 박영주 목사의 죽음입니다. 나도 관계 이사나 이호빈 목사만큼 그를 아끼고 그를 사랑했습니다. 그의 생전에 이사장과도 그리고 이호빈 목사하고 그가 원하는 자리를 억지로 만들어 준다면 그 순간 그는 죽는다고 충고한 바 있습니다. 그러므로 그의 사후에 이사장과 만나 박 목사 죽음은 당신과 나에게도 책임이 있다고 했고 이호빈 목사에게는 그의 욕망을 권위 있는 한마디로 NO라고 하지 못한 것을 책임져야 한다고 말하고 순간이나마 분을 푼 적이 있습니다. 그러나 이 사건은 앞으로의 발전 과정에 훌륭한 거울이 되어야 한다고 생각합니다.

18. 그러므로 나와 학교와의 관계로 전기 18년, 후기 7년 도합 25년이란 긴 세월을 가지게 되었습니다. 그런고로 전기 18년의 사연이 없는 김덕준은 있을 수 없다는 것을 유의하시기를 바랍니다."

이상과 같은 김덕준의 자필 메모 내용은 그가 정년을 다 채우지 못한 채, 강남대학교를 마무리할 수밖에 없었던 절박하고 안타까운 상황을 여실히 보여준다. 그러면서도 끝까지 학교를 사랑했던 그의 애교심과 인생을 다 바치다시피 한 강남대학교를 향한 한없는 열정이 뚜렷하게 나타난다. 다음은 한국기독교사회복지학회의 《기독교사회복지 1984

년 제2호》에 실렸던 그의 글이다. 글의 제목은 '없어서 안 될 것은 단 하나: 일본학회에 다녀와서'다(김덕준, 1984: 45-54). 이 글을 통해 김덕준의 사회복지 교육의 노력과 헌신이 어떠했으며 그 결과가 어떻게 나타나고 있는지를 제자들의 유학 전반을 통해서 단편적으로나마 알 수 있게 된다.

"[生과 死] – 사랑에 있어서의 기술이란 – 이 주제는 지난 1984년 6월 8-9일 일본 간세이가꾸인대학 쎄미나하우스에서 개최되었던 제25회 일본기독교사회복지학회 연차대회의 주제이다. 한국기독교사회복지학회에서도 회장을 비롯하여 몇 분이 초청받아 감동을 주었던 대회에 참석하였으며 다음은 연차대회와 그것을 전후한 몇 가지 만남에 대한 보고이다.

지난 6월 6일 밤, 나와 아내는 본 학회 실행이사 윤기태 장로와 함께 백제의 불교 문물을 그대로 전수받은, 일본의 고도 '나라'의 한 호텔에 여장을 풀었다. 7일 아침 9시부터 10시 30분까지 역사가 오랜 '나라' 여자대학(일제시대 때, 국립 나라 여자고등사범학교의 후신)의 모리(MoRi) 교수 초청을 받아 학생들에게 '한국사회복지 – 특히 가족제도와 노인복지'란 주제의 강연을 하기 위해서 갔었다. 그 대학에 있는 모리 미끼오 교수는 1968년 핀란드의 수도 헬싱키에서 열렸던, 국제사회복지협의회 주최의 제14차 국제사회복지대회에서 피차 각국을 대표하는 사이로서 만난 이후 교의를 계속하고 있는 일본 노인복지학의 권위자인데 초청 강연에 관한 역할을 한 분이다. '만당의 여학생 여러분 유서 깊은 여러분의 고도의 이름 나라(奈良)는 한국말로 나라(國)를 뜻하며 우리나라 백제 시대의 불교의 문물이 직접 전수된 곳이며 그 한 예로는 우리나라의 충청북도 속리산에 법주사란 이름의 고찰이 있는데 그 경내에는 5중각이 있으며, 이 '나라'에도 이름도 비슷한 '호-류지'가 있어 경내에 법주사의 것과 꼭 같은 5중각이 서 있음을 보고, 그 전수 관계를 학자들은 설명하고 있다. … '고 전제하고 한국사회복지의 개략적 현황과 효를 중심한 전통적 가족제도와 노인문제 그리고 그 정책을 말하면서 '산업화, 도시화 그리고 핵가족화 속에서 효의 개념을 어떻게 승화 발전시키며 그리고 3대 가족의 장점을 어떻게 살려 나가는가 하는 것이 기본 과제'라고 끝을 맺었다. 모리 교수의 배려로 한국 여학생 3명과 같이 점심을 들면서 다정한 시간을 보냈다.

오후에 특급 전차로 교-도역에 내리니 김범수 군이 마중을 나왔다. 그는 나의 제자로 동지사 대학 대학원에서 사회복지 석사학위를 하고 있다. 모교 동지사 대학은 국제회의 참석 때마다 귀로에 자주 방문해서 석사학위를 하려는 제자들의 길을 열어 주었는데 그동안 모두 돌아와 후진 양성에 힘을 쓰고 있으니 큰 보람을 느낀다. 그러니까 나의 첫 추천자는 지금은 미국에서 고인이 된 이은식(부산대 사회복지학과)을 비롯, 김상규(대구대 사회과학대학장), 김만두(강남대 사회사업학과), 송정부(상지대 사회사업학과), 김영호(강남대 사회사업학과, 현재 일본 소피아대학 대학원에서 박사학위 과정 이수 중), 함세남(강남대 사회사업학과) 그리고 현재 일본 도-요-대학 대학원에서 박사학위 과정 이수 중인 권도용(전 서울시 종합직업훈련원 부장) 등 제 교수들이다. 그러니까 그동안 두 사람은 사정이 있어서 뜻을 이루지 못했지만, 전기 김범수 군은 10번째로 추천한 학생인 셈이다. 거의 모두가 사회복지 분야의 일선에서 상당한 기간 실제 경험을 가진 사람들이었기 때문에 주임 교수에게서 퍽 호평을 듣고 있었다.

연차대회 참석 도중의 모교 방문이니, 시간이 제한될 수밖에 없었다. 총장께서 몸이 불편하여 댁에서 안정 중이란 비서의 전언에 대신 학장을 대면하고, 총장의 3선과 그리고 그의 교육계에 바친 공로를 기리는 정부로부터의 높은 훈장 수여를 축하하여 드리고 싶었고, 현재 재학 중인 한국 학생들과 앞으로 올 학생들을 잘 부탁하기 위해서 방문한 것이라고 하였다. 나는 다년간 동지사대학교 한국 동창회 간사장과 부회장을 맡고 있다가 지난 6월 초 회장으로 선임되어 부회장인 김일용 사장과 같이 예방하게 되었다. 신학부 교수님인 나의 동기 동창 엔도아끼라 교수와 후지시로 교수도 만나보지 못한 채, 그러나 대학원 사회복지학 연구실 주임인 오오쯔까 다쯔오 교수하고는 김범수 군과 앞으로 보낼 학생을 잘 부탁한다고 하고 연차대회 참석자 일행과 합류하기 위해 오오사까로 향했다.

일행의 구성은 초청장에 약간 차질이 있어서 여권 소지자로 구성하였다. 고문이시고 금년 춘추가 90이신 김우현 목사님을 모시고 실행이사 윤기택 장로, 이사인 김명우 명휘원 원장, 이사 김현숙 신망애 원장 그리고 나의 아내, 합 6명이었으나 현지에서 현재 동경에서 박사학위 과정 이수 중인 김영호 교수 그리고 이사인 김용성 자선단 이사장의 큰 자부인 문 여사까지 8명이었다.

8일 1시 40분에 개회예배를 드렸다. 개회예배 순서에 한국 대표 축사의 시간이 있었다.

"며칠 전 신문에 작년 9월 KAL을 격추하라고 명령하여 269명의 존엄한 생명을 앗아가게 한 장본인이 자살했다는 기사가 있었지만, 인간은 하나님의 형상대로 창조되었을 만큼 존엄한 존재임을 확신하지 않는 한 과학도, 과학자도 그리고 어떠한 전문직도 그가 저지른 것과 같은 참혹한 결정과 실행 명령을 내리는 데 주저하지 않을 것이다. 과학과 기술은 인간이 평화롭게 그리고 행복하게 살기 위해서, 이용하고 또 개발해 왔는데, 이제는 인간의 힘으로는 통제할 수 없는 한계에까지 도달한 것 같다. 전문가의 추산으로는 만일 원자 전쟁이 터진다면 순간적으로 23억의 인명이 참살당할 것이라 한다. 원자 전쟁을 저지할 수 있는 유일한 길은 사랑의 본질을 확신하는 것밖에 없다고 믿는다. 오늘부터 내일까지 '생명을 향한 기독교사회복지의 과제'를 풀기 위해서 '생과 사', '사랑에 있어서 기술'이란 대회 주제를 가지고 도전하려는 여러분들에게 다시 경의를 표하며 본인은 이 주제의 일면을 '사랑을 표현하는 기술연구'라고도 느끼며 크게 힘을 얻는 대회가 되기를 비는 바이다. …"라고 끝을 맺었다.

이어서 있은 주제 강연은 일본 기독교사회복지학회장이며 동지사 대학 명예교수인 시마다 게이이지로 교수가 '기술주의 시대에의 도전 – 없어서 안 될 것은 단 하나'란 주제의 감명을 주는 강연이었다. 즉 요약하면, "갈부레이스가 말한 '불확실성의 시대'란, 인간의 감각적, 물질적 욕망 그 자체를 '가치'라고 봄으로써, 인간 생명의 본질에 기초하여, 인간의 제 요구 중에서 우선순위를 선택하는 '가치관'을 잃어버리고 인간 황폐의 방향 없는 사회가 도래했다는 것을 뜻한다 하겠다. 인격적 가치라는 인간 행동의 기준을 잃어버린, '기술'이 독주하여 물질문명뿐만 아니라 사회 및 정신 문화적 영역까지도 지배하려고 하므로 가치, 진리의 암흑세계화는 피할 수 없게 되고 말았다.

이와 같은 시점에서 우리가 천직으로 하고 있는 사회복지계에 있어서, 특히 일본에 있어서 과학의 이름으로 인격적 가치관을 빼놓은, 기술 추구에 만족해하는 경향이 있음을 문제라고 생각한다. 기술론이 가치관과의 본질적 연계를 간과한 사회복지 교과서는 기술주의라는 큰 파도 속에 떠다니는 사회를, 인간 상실 상의 목적을 촉진할 수 있도록 이론적 지식을 응용하는 것을 가르치는 과학이어야만 한다. 기술의 본질은 인간성 속에 있는 위대한 창조적 문화 가치가 생산적 실천 속에 정신적으로 침투하여 우리들의 세계관이나 문화 의식 속에 동화되어 있어야 할 것이며 그러므로 기술이란 사랑을 기반으로 한 인간관계의 문화적 소산이어야 한다. 그와 같은 의미에서는 기술은 사랑의 수단인 동시에 사랑의 자기 목적도 되어야 한다.

세상에 존재하는 수많은 학회 중에서 우리들의 기독교사회복지학회는 바로 이 사랑과 기술과의 관계를 계속 탐구해 나가는 집단으로서 신앙인의 존망을 건 성실하고도 열렬한 동지들의 모임을 금명 양 일간 가지려고 한다. …"라는 내용이었다.

분과위원회는 '현장에서 생생한 사랑의 기술'이란 주제로 3개의 분과로 나누었다. 제1은 '사회의 붕괴에 직면하면서'라는 분제로 '비행'을 다루었고, 제2는 '왜? 전무후무한 위기가?'란 분제 밑에 '가정 문제'를, 제3은 '젊은이들과의 대화 속에서'란 분제로 '노인 문제'를 다루었다. 만찬

후 사라이 요시오씨(오끼야마 박애회 이사장), 그는 동지사 대학 신학부 선배지만 '도전 앞에선 기독교사회복지학회'라는 주제로 근 100년 전 선배 사회사업 선구자들과 현재의 동료들을 비교해 가면서 신앙적 토대의 퇴색을 신랄하게 분석 비판하였으며 만중의 동참자들이 머리를 숙여 경청하게 했다.

다음날 12시까지 각 분과의 보고와 종합토론 및 질의가 있었고 아베 부회장의 결론과 폐회 인사가 있은 후 김우현 목사님의 우리말 축도로 성황리에 연차대회를 끝마쳤다.

우리 일행은 일본 측 학회 임원들과 1990년으로 창립 100주년을 맞이하는 오오시까 소재 박애사(고아원)의 이사장 나까가와준 씨의 초청을 받아 약사와구모와 현장과 100주년을 앞둔 전망에 대해서 부리-핑을 받고 고난 중에서도 끝까지 기독교 정신 밑에 박애사를 지켜온 노력에 대해서 숙연한 마음을 금치 못했다. 바로 여기가 목포 공생원 윤기 회장의 부인인 후미에 여사가 동지사 대학 사회사업학과를 나온 후 직원으로서 근무 중 낭군이 될 윤기 회장을 만나게 될 장소이며 나까가와준 씨는 두 사람의 중매 애비가 된 셈이다. 산해진미의 중국 요리를 대접받으면서 나는 또 하나의 한일 국제결혼에 관한 이야기를 하지 않을 수 없었다. '이 성대한 환영 만찬에 저희 일행은 물론이지만, 앞에 앉으신 금년 춘추 90이신 김우현 목사님을 모시고 오게 된 것을 감사하며 기쁨으로 생각한다. …'고 하고 '이분은 비극적 정치 결혼의 희생자인 이조 최후의 황태자 이은 씨와 부인 이방자 여사 내외의 환국 귀환을 기념하여 자기가 책임지고 있던 사회사업재단을 기반으로 하여 이방자 여사와 합력, 심신장애자 복지사업을 시작하고 그 이름을 고 이은 씨의 호인 명휘를 붙여서 명휘관이라고 하고 있는 분'이라고 소개하니 박수갈채가 터져 나왔으나 일본 측 회원들은 어떻게 느꼈는지? 이 만찬으로 연차대회에 관한 모임은 끝나서 홀가분한 기분이었다.

　다음날 10일은 주일이었다. 마침 김우현 목사님께서 교-도 한인교회에 성령강림주일을 기념하는 설교를, 그리고 저녁예배는 오오사까 한인교회 청년회 헌신예배 설교를 하시기로 되었으므로 일행은 오늘은 목사님을 끝까지 모시는 날로 약속하고 교-도 교회로 떠났다. 김우현 목사님 덕분에 당회장 양형춘 목사를 비롯해 유석준 장로와 여러 장로님들과 신도들의 따뜻한 환영을 받아 마음으로 감사했다. 또한 김우현 목사님의 오늘의 설교는 힘에 넘쳐흐르고 신도 한 사람 한 사람에게 성령강림을 감격으로 느끼게 한 설교였다. 나는 목사님의 요한복음과 예레미야서 강해와 설교를 들을 때마다 감동하고 있었지만, 오늘의 설교는 그중 가장 위대한 설교가 아닌가 생각한다. 늦었지만 호텔에 미니 '테이프 레코-다-'를 두고 온 것을 후회막심하게 생각했다. 예배 후 김치와 북어볶음도 있는 점심을 대접받고, 비가 내렸지만 목사님이 일본으로 떠나기 전에 일행에게 명령처럼 말씀하셨던 '교-도에 가면 꼭 미미쯔까를 찾아가서 경의를 표해야 해'하신 미미쯔까로 김재술, 그의 서랑 윤재왕 그리고 나의 동지사 대학 후배인 한대용 장로의 차편으로 안내를 받아 갔다. 바로 임진(정유)왜란(1592-1598)의 총 원흉인 도요도미 히데요시를 기념하는 신사 앞에 위치한 임금의 무덤과 같은 크기이며 좌측에는 기념비가 서있고 그리고 우측 게시판에는 연혁을 설명하고 있다. '히데요시 휘하의 장군들은 옛날부터 전공의 표시인 머리수 대신에 조선 군민 남녀의 코나 귀를 베어 소금으로 절여서 일본으로 가져왔다. … 히데요시가 낸 침략전쟁은 조선 사람들의 끈질긴 저항으로 패전으로 끝마쳤지만 … 전쟁이 남긴 이 귀 무덤은 역사의 유훈으로 지금까지 전해지고 있다.'고 사실을 밝히고 있다. 일행은 비를 맞으면서 조용히 묵상한 후 여러 장의 기념사진을 찍는 것을 아끼지 않았다. 호텔에 돌아온 후 한 시간도 못되어 오오사까 교회에서 차가 왔다. 일본에 있는 한인교회 중 제일 큰 교회가 아닌가 생각한다. 청년회 헌신예배는 제2세, 제3세가 중심이며 거의 우리말을 모르는 세대다. 그러니 사회도 설교도 일어로 한다. 이것은 일본에 있는 한인교회라면 같은 상황이라고 해도 과언이 아니다.

하기야 우리 교포로서 이름 석 자를 떳떳하게 대문에 걸고 사는 기성세대 교포들이 얼마나 있을까? 그러니 젊은이들의 책임만은 아니다. '여러분의 조국은 대한민국이야! 그러므로 여러분은 대한민국의 꽃이며 보배야! 그러한 여러분이 조국 말을 들을 줄도 할 줄도 모른다니 말이 되겠는가? 나는 이 교회의 창설자의 한 사람이니까 감히 말한다. 오늘 밤 내가 한 일본말 설교를 마지막 설교로 듣고 조국 말을 빨리 그리고 바로 배우도록 하라.'는 설교 내용이었다. 노인 교인들은 '아멘'을 외쳤다. 김우현 목사님을 일행이 모시는 날 하루는 뜻있게 은혜중에서 지냈고, 목사님은 김명우 원장과 오오사까 경유 귀국을 하셨고 나머지 일행은 다음날 오후 도-꾜- 한국 Y 호텔에 여장을 풀었다. 이 Y 호텔에 투숙할 때마다 분을 느끼는 것은 처마에 크게 달린 명칭이 아세아 YMCA 훈련센타이며, 재일 한국 YMCA란 간판은 구석에 붙어있어 볼 수 없다는 점이다. 왜 그랬을까?

그러나 1919년 3·1 독립선언에 앞서 재일 유학생들이 독립선언서를 낭독했다는 기념비가 우뚝 서 있어서 다행이다. 다음 6월 12일은 일본 루터-신학대학 사회복지학과 교수 오오다니 씨의 안내로 시세이도 사회복지재단 상무이사 오오스기씨를 방문했다. 그 재단에서 '한국의 과외 금지와 그 결과에 관해서'라는 짧은 논문을 요청받았기 때문이다. 일본에서는 뜻있는 사업가들이 각기 사회복지재단을 창설하여 연구조사, 각종 쎄미나, 방문 시찰, 각종 훈련 교육을 지원하고 있는 것이다. 저녁에 동지사 대학 대학원 박사과정에 있는 권도용 군을 직접 지도해 주는 다까야마 박사가 왔다. 심신장애자복지의 전문가이며 그의 심신장애자연구소에 권 군은 연구실을 가지고 있으면서 박사학위 공부를 하고 있다. 이어 공생재단 윤기 회장이 왔다. 그는 일제 시 목포에서 공생원을 시작한 윤치호 씨(6·25시 피랍)의 장남이며 어머니는 남편이 피랍된 후 악전고투하면서 공생원을 지킨 일본인 윤학자 여사다. 자당이 돌아가신 후 그는 원을 책임지고 왔었으며 고하도에도 심신장애자쎈타-, 서울시 소년, 소녀 종합직업훈련원도 위탁경영하는 공생재단으로 발전시켰고 지금은 도-꾜-에도 재단 사무실을 열어 일본 후원자들을 위한 조직연락사업을 할 뿐 아니라 일본의 동지들과 힘을 합쳐 동남아 어린이 복지사업을 위해서도 힘쓰고 있는 40대 초의 일꾼이다. 금년 여름에 도-꾜-에서 가질 예정인 한일·일한 사회사업 학생 교류 쎄미나-는 작년에 서울 반도 유수 호스텔에서 첫 번 쎄미나-를 가진 바 있는데 그와 그의 일본 동지들의 노력의 열매라 하겠다. 최근《어머니여 그리고 나의 아이들에게》란 목포 공생원 실화를 일어판으로 발간했는데 비행, 존속 구타 및 교사

테러로 물의를 빚고 있는 일본 사회에 크게 감명을 주고 있다고 한다. 사랑의 얼이 아버지에게서 어머니로 어머니에게서 아들에게로 이어진 생생한 이야기이며 내가 아끼는 제자의 이야기이다.

다음날 전광현 군의 안내로 메이지가꾸인 대학 부총장인 후꾸다 다레호 교수를 방문하였다. 전 군은 중앙대에서의 제자이며 한국 기독교사회복지학회 창설 시부터 간사로 수고한 젊은이로 특히 기독교와 사회복지 관계를 그 본질과 역사적인 면에서 앞으로 깊이 연구하기를 기대하면서 이전에 아베 일본학회 부회장이 후꾸다 교수에게 추천한 일이 있으므로 이미 친구 교수지만 감사 인사차 예방한 바 있다. 앞으로 박사학위 과정을 무난히 이수하리라고 믿는다. 오후에는 연차대회에서 이미 만난 소피아대학 대학원 마쯔모도 에이지 교수를 방문하고 그의 아내의 소개로 그 대학 부총장인 마타이스 신부를 만나 김영호 교수에게 박사학위 과정에 입학해 준 것에 대해서 감사한 후 한국학생들을 잘 부탁한다고 하고 새로 준공 입주한 도서관을 시찰했다. 마쯔모도 교수의 연구실도 여기에 있었으며 김영호 군의 연구실(박사학위 이수생 용)도 규모는 작지만 있었다. 온냉방 시설에다 컴퓨터-씨스템화 하고 있었다. 비가 몹시 와서 힘든 방문이었지만 제자들을 위해 하는 일이니, 마음은 기쁘고 또 가볍기만 했다. 짧은 시간에 초청강연 연차대회 참석, 모교방문, 귀무덤 참묘, 그리고 제자들의 대학 방문 등 일정을 마치고 나니 쾌한 마음으로 서울로 돌아오게 되었다."

이렇게 김덕준의 삶은 한국의 사회복지를 태동시키고, 한국의 사회복지실천 현장에서 일할 사회복지사들과 그들 사회복지사들을 자신과 같이 키워내는 사명을 짊어질 학자들을 세우는 데에 집중되었다. 그래서 김덕준의 신앙, 인격, 헌신적인 가르침을 받은 사람들이 참으로 많았던 것이다.

제4장
강남대학교와 김덕준의
사회복지 교육

김덕준의 인생 행적 가운데에 가장 대표적인 것은 강남대학교 사회사업학과를 창설한 업적과 강남대학교를 통한 사회복지 교육과 연구 등으로 한국의 사회복지 현장을 선도하였다는 사실을 들 수 있다.

앞서도 언급했던 바와 같이 강남대학교 사회복지학부의 전신인 중앙신학교 사회사업학과의 창설은 창설자인 김덕준이 피난지 부산에서 한국 YMCA 연맹의 협력을 받아 대학 과정의 사회사업학과 설립에 전념한 결과였다. 그 당시 한국에서는 연세대학교 신학과와 이화여자대학교 기독교사회사업학과에 사회사업개론이라는 과목이 개설되어 있었을 뿐 독립적인 사회사업학과는 어느 대학에도 없었다. 이들 대학에 개설되었던 사회사업개론 역시 한국에서는 처음으로 김덕준 교수가 강의하였다. 그 당시는 6·25 한국전쟁으로 경제적·사회적으로 매우 어려웠으며 수많은 피난민과 전쟁고아는 물론 빈곤 등으로 사회복지사가 절실하게 필요한 때였다(부성래, 2002: 1-22).

김덕준은 당시 문교부(현 교육부) 장관이었던 전 연세대학교 총장 고 백낙준 박사와 의논하여 연세대학교 신학대학에 사회사업학과를 설치하려고 하였다. 그러나 백낙준 박사가 문교부 장관으로 미국 출장과 업무에 분주한 관계로 시간적으로나 절차상으로 어렵게 되어 강남대학교에 사회사업학과를 설치하게 되었다. 강남대학교 사회사업학과 설립에 관한 내용은 이미 제3장에서 상세하게 다룬 바 있다. 결론적으로 강남대학교에 한국 최초의 독립적 사회사업학과가 개설될 수 있었던 배경에는 강남대학교의 설립이 한국의 YMCA 운동과 밀접한 관계가 있었고, 강남대학교의 창학이념인 '경천애인'의 정신이 사회복지사의 이념과 일치하였기 때문이었다(부성래 : 2003 : 20-43).

특히 김덕준은 국내 최초로 사회복지 교육과 실천을 잘 통합하고 이론과 실제를 조화시킨 독창적인 교육과정을 개발하고자 애썼다. 그 결과로 형성된 강남대학교의 혁신적인 사회복지 교육은 커다란 성과를 산출하였다(강남대학교 사회복지학부 50년사 편찬위원회, 2003; 부성래, 2002 : 1-22).

1. 양질의 교육과정

무엇보다도 우수한 교육과정을 수립하여 실제로 운영하였다. 이와 같은 강남대학교의 사회사업학 교육과정은 이후 개설된 여러 대학의 교육과정에 커다란 영향을 미칠 정도로 당시로서는 대단히 파격적이면서도 창의적인 양질의 교육과정이었다고 평가된다. 교육과정의 특징을 정리하면 다음과 같다.

첫째, 철두철미하게 기독교적 교양과목과 사회행동과학의 기초과목을 토대로 강남 사회복지 교육의 이념인 '경천애인'을 생활화할 수 있는 사회복지사 양성에 초점을 두면서 사회복지의 가치와 윤리에 사회복지사가 체득하도록 교과과정이 설계되었다.

둘째, 사회복지 이념 교육과 아동복지, 청소년 문제, 노인복지, 사회사업시설 운영론 등 다양한 실천 분야의 지식과 실천기술을 익힐 수 있도록 교과과정을 구성하였다. 또한 미국과 일본의 영향을 받아 한국에서는 제일 먼저 개별사회사업(case work), 집단사회사업(group work), 지역사회조직(community organization) 등 전문 교과목을 개설하였다.

셋째, 사회복지 교육의 선구성이다. 이미 1950년대에 당시 미국에서 논의되고 있던 사회사업의 통합방법론을 소개하였다는 점이다. 따라서 강남대학교 사회사업학과 졸업생들은 개별사회사업, 집단사회사업 및 지역사회조직론을 통합하는 통합방법론의 정의와 접근방법을 일찍이 접할 수 있었으며 이를 현장에서 적용하려는 시도를 하였다. 이는 김덕준 교수의 은사인 일본 동지사대학교의 다케우치 아이지(竹內愛二) 교수의 영향이라 할 수 있다.

넷째, 국내 최초로 학생들에게 한국 사회복지 선구자들의 학문적 이념과 철학을 배울 수 있는 폭넓은 기회를 제공하고 실천에 적용하게 하였다는 데에 커다란 이점이 있었다. 대부분의 한국 사회복지의 선구자들이 강남대학교에서 강의한 경험을 갖고 있었다. 서울대학교 사회사업학과를 설립한 하상락 교수는 서울대학교에서 강의하기 훨씬 이전부터 강남대학교에서 강의하였다. 좀 더 상세하게 말하면 미국 미네소타주립대학교에서 석사학위(MSW) 과정을 공부하기 위해 유학하기 이전뿐만 아니라 귀국 후에도 강남대학교에서 인간발달론과 사회환경론, 개별사회사업을 강의하였다. 그 외에도 강남대학교에서 강의를 했던 교수들로 오랫동안 집단사회사업을 강의한 백근칠 교수(미국 미네소타주립대학교 MSW), 사회사업행정론과 사회사업개론을 강의하고 보건사회부 차관과 한국뇌성마비장애인협회 회장을 역임한 김학묵 박사(미국 미네소타주립대학교 MSW), 지역사회조직론을 강의한 오재경 교수, 이화여자대학교 사회학과 학과장을 하다 도미한 노창섭 박사 등을 **빼놓을** 수 없다. 노창섭 박사는 1959년 미국 루이지애나주립대학교에서 사회사업 석사학위(MSW)와 사회학 박사학위(Ph.D)를 취득하고 귀국하여 이화여자대학교 사회사업학과 학과장으로 취임하기까지 강남대학교에서 사회사업개론과 사회사업이론, 사회사업실천론을 강의하였다. 이상과 같은 교수들은 초창기 강남대학교 사회복지 교육의 정착에 커다란 공헌을 하였을 뿐만 아니라 한국의 사회복지 교육과 사회복지 분야의 발전에 크게 기여하였다.

이와 같은 훌륭한 교육과정을 통해 성장하여 사회복지학계에서 저명한 학자가 된 부성래(2002)의 고백은 김덕준 교수를 통해 시작되고 체계적으로 운영되었던 강남대학교 사회복지 교육의 진면목을 유감없이 보여준다.

"스승 고 김덕준 교수의 가르침과 교육환경은 우리에게 우리 자신을 알게 하고 건전한 사고방식과 건전한 판단 능력을 키워주셨으며 우리 자신들의 정체성과 우리 삶의 근본적인 의미를 음미할 수 있도록 했습니다. 나는 누구인가? 삶의 목적은 무엇인지? 이웃에 대한 나의 책임과 의무는 무엇이며 이웃은 나에게 무엇을 하고 있는지? 이러한 질문은 우리 삶의 의미를 찾게 했으며, 사회사업의 전문적인 과목 외의 일반교양 과목과 신학 과목들이 이러한 질문에 답을 하게 하고, 우리의 정체성을 찾게 했습니다. 이러한 일련의 사회사업학과의 교육과정과 교육환경은 단순히 우리들로 하여금 장사동의 낡은 '절간 집 교사'와 '천막 기숙사'

에 쪼그려 앉아 책이나 읽고, 장사동 시장을 할 일 없이 방황하도록 내버려 두지 않았습니다. 고 이호빈 목사님의 실천을 요구하는 설교와 신앙적 분위기는 우리들을 항상 새롭게 해주었습니다. 사회사업과 신학의 접목이 우리들로 하여금 행동하는 지성인으로서의 정체성을 정립하게 하였고 중앙신학교 사회사업학과 학생으로 특유의 자부심을 갖게 하였습니다. 우리는 다르다는 정체성이었습니다. 우리의 정열과 낭만은 남녀 청춘의 낭만이 아니고 경천애인하는 낭만, 청계천 다리 밑에서 생활하고 있는 가난한 자와 집 없는 전쟁고아를 찾아다니는 정열과 낭만이었습니다. 행동하면서 고민하고 고민하면서 내 나라를 사랑하는 낭만이었습니다. 파고다 공원으로, 남대문시장 바닥으로, 서울역 근처를 돌아다니면서 집 없이 방황하고 헐벗은 어린이들과 지게꾼들을 선도하는 '거리의 카운슬러(counselor)'가 되기도 했습니다. 우리들은 전쟁 직후의 수복한 서울 거리의 혼란과 가난 속에서 할 수 있는 일, 해야 할 일을 찾았습니다.

저와 김운초, 김재호, 박태희 등은 김운초가 구입해온 이발 기계로 돈이 없어 머리를 깎지 못하는 거리의 사람들과 구두닦이, 신문팔이 어린이들의 머리를 깎아주는 일을 통해서 그들과 '상호작용(interaction)'하고, 대화하고, 상담(counseling)을 하는 거리의 이발사, 카운슬러(counselor)가 됐습니다. 낭만이 있었고 기쁨이 있었습니다. 우리 때는 공부하며, 고민하고, 거리로 나와 '학생 사회사업가'로서 긍지를 갖고 집 없이 다리 밑에서 생활하는 거리의 가난한 어린이들과 대면하며 서울의 거리를 누볐습니다. 고 이종원 형은 밤이면 청계천 다리 밑에서 잠자는 어린이들, 겨울이면 서울역사에서 밤을 새우는 어린이들을 모아 을지로 5가 쪽에 어린이 하숙집을 마련하여 밤 학교인 '중앙 재활 소년의 집'을 마련하여 중앙신학교 사회사업과 학생과 함께 이화여자대학교 사회사업학과 학생, 연세대 신학생, 한신대 신학생 등이 모여 조직한 '한국 기독교 사회사업 학생 연합회' 회원들의 적극적인 협조를 얻어 부모를 잃어버린 거리의 신문팔이와 구두닦이에게 배움의 터전을 만들어줬습니다. 당시의 우리들은 어떻게 해서든 그들의 삶을 깨우쳐주려는 젊은 정열로 넘쳐 있었습니다.

함께 사회사업을 배우면서 실천했던 그들은 지금 70이 넘었지만, 한국에서 첫 번째로 사회사업을 배우는 사람으로서의 긍지와 한국의 사회사업 실천(practice)의 기초를 세웠다는 자부심에 살고 있습니다. 배우면서 실천하고 실천하면서 배우던 동기는 어디서 왔을까요? 이것은 분명히 우리의 큰 스승의 창학 이념이 커리큘럼 구성 속에 스며들어(infusion)가서 과목 하나하나가 그 과목에 따른 지식, 기술 그리고 가치가 잘 통합되어 실천(practice)에 응용되었기 때문에 가능했을 것입니다. 교육적 환경에 있어서는 고 김덕준 교수는 중앙신학교 내의 '교수 주택'에 사시면서 학생들의 생활과 인생관이나 사상을 형성하는데 크게 영향을 끼치신 우리 삶의 '롤 모델(role-model)'이셨습니다. 학생들의 마음속에는 우리들도 학교를 졸업하면 스승처럼 훌륭한 사회복지사가 되어야 하겠다는 강한 의지가 자연스럽게 그런 행동의 동기로 변했을 것입니다.

이런 행동의 동기는 우리로 하여금 졸업하여 직장을 찾아 일할 수 있을 때까지 기다리도록 내버려 두지 않았습니다. 지금 바로 오늘의 상황에서 행동하고 지도력을 발휘하게 했습니다. 1953년에는 피난지 부산에서 고 김덕준 교수님의 지도를 받아 연세대학교, 한국신학대학교, 감리교신학대학교, 서울 수복 후에는 이화여자대학교 등의 기독교 대학 학생들이 모여 '한국 기독교 사회사업 학생연합회'를 조직하여 젊은 기독교 학생으로서 한국의 사회사업과 사회복지의 공동의 관심사를 논의하고 공동으로 프로그램을 개발하면서 봉사활동을 했습니다. 그 당시의 리더십으로 1회 이종원을 비롯하여 2회 노상학, 조치원, 박우승, 김명우 등이 활발하게 참여하였고, 이종원은 서울 수복 직후의 부랑아 실태조사 프로젝트를 맡아 청소년 문제 해결의 과학적 방법을 모색하기도 했습니다. 노상학은 학생 연합회의 회장으로 당선되어 활발하게 프로그램을 개발하면서 학생연합회를 크게 발전시켰고, 박우승은 연세대학교 신학부 재학 중 회장을 역임하고 졸업 후에는 중앙신학교 사회사업학과로 전학하였습니다. 그 당시의 우리는 학생활동의 지도력의 구심점에 있었습니다. '한국 기독교 사회사업학생 연합회' 회원들 대부분은 이종원 동문이 운영하던 '중앙 재활 소년의 집'에 모여들어 볼런티어로 활동했습니다. 대학 YMCA 운동에는 노상학 동문이 크게 활동하여 오늘날에 이르기까지 서울 중앙 YMCA의 이사로 활동하고 있습니다.

또 특기할 만한 학생연합 운동으로서 한국농촌 부흥을 이상으로 하는 '한국농촌 근로회'가 1954년 가을에 조직되었습니다. '한국농촌 근로회'는 연세대학교 신학부, 서울대학교 농과대학, 고려대학교 농과대학, 건국대학교 농과대학, 전남대학교 농과대학, 이화여자대학교 교육학과, 중앙신학교 사회사업학과 등의 학생들이 모여 조직한 것으로 한국의 미래는 농촌으로부터 발전해야 한다는 신념에서 농촌지역 사회개발을 실천했습니다. 여름과 겨울에는 각 10일 동안 직접 농촌에 들어가 농민들과 함께 근로활동을 하면서 노동의 즐거움과 농민들의 생활철학을 배운

다는 취지도 가졌습니다. 본인도 창립멤버로서 회장을 역임한 바 있습니다. 우리들 중에서는 현재 미국에 살고 있는 주선경 동문, 현재도 강원도의 농촌에서 여자로서 목회를 하고 있는 김옥수 동문이 참석했습니다. 그 당시의 우리들을 지도해 주시던 교수님들은 김덕준 교수를 비롯하여 서울대학교의 유달영 교수, 연세대학교의 최현배 교수, 한신대학교의 김재준 목사, 협동조합의 선구자인 홍병선 복사 등으로 지금은 대부분이 유명을 달리하고 있습니다. (중략) 그럼에도 어제까지의 오랜 중앙신학교 사회사업학과의 역사는 이름도 없고, 자격도 없다고 괄시를 받아오던 '한'의 역사였습니다. 그러나 이제는 이러한 '한'이 '탈바꿈(transform)'하여 새로운 '공동의 힘'을 창출해야 할 것입니다. 그리고 이 새로운 힘은 우리의 공동체를 한국 사회복지 미래를 만들어 가는 힘으로 변화하여 내일을 창조해 나갈 것입니다."

2. 하계 및 동계 계절대학의 창설과 운영

한국의 대학교육 역사상 유례를 찾아볼 수 없는 혁신적이고 새로운 교육 프로그램으로서 하계 및 동계 계절대학의 창설을 들 수 있다. 이 프로그램은 서구의 합숙대학(residential college)과 열린대학(university without wall)의 장점을 조화시킨 한국 최초의 성인 지도자 교육 프로그램[13]이었다. 이렇게 강남대학교가 개설하였던 계절대학은 당시로서는 사

---

13 지금은 각 대학에서 최고경영자과정 등 성인을 위한 특별교육과정이 많이 개설되어 있으나 1950년

회복지의 현대적 개념을 이해하지 못했던 일선 사회복지시설장이나 종사자들이 복지 의식을 변화시키고 훈련시키는 교육적 효과를 거두었다.

[사진 12] 사회사업학과 동기대학 개최

부성래(2002)에 의하면, 1950년대 후반기 한국의 사회복지계에서는 현

대에는 성인교육의 필요성조차 인식하지 못하던 때였다. 이 프로그램은 한국 사회복지의 발전이라는 시각에서 사회복지시설 및 단체의 지도자들을 대상으로 기독교 정신에 입각하여 사회복지시설이나 단체가 당면하고 있는 현실적 문제의 해결책을 모색하고 사회복지 지도자들의 문제해결 능력을 키우기 위한 것이었다. 계절대학 참가자는 대부분 교회의 평신도 지도자들로서 한국의 사회복지 분야를 이끌어가는 최고지도자들이었으며 전국적인 참여가 이루어졌다. 사회복지교육계 일부에서는 강남대학교의 이 혁신적 계절대학에 대해 한국의 사회복지시설장이나 종사자에게 대학답지 못한 대학교육을 하는 것이라고 비난하기도 했다. 그러나 계절대학은 사회복지실천 현장의 문제나 어려움을 공유하고 해결책을 모색함으로써 사회복지 지도자들의 사회복지에 대한 인식을 높이고 역량을 강화하는데 크게 기여하였다.

대적 사회사업 지식이나 기술을 이해하는 시설장이나 종사자가 드물었다고 한다. 사회사업계의 지도자들이라 할지라도 그들의 사회사업에 대한 인식은 자선사업의 틀을 벗어나지 못했고, 종교적인 차원에 머물러 있었다는 것이다. 이러한 상황에서 중앙신학교(현 강남대학교)의 사회복지 지도자 교육은 세계의 사회복지 동향에 대한 이해와 자선사업이나 종교적 동기에서가 아닌 사회연대성과 사회적 책임의 인식을 바탕으로 직업적 전문성을 일선 사회복지 종사자들에게 교육시키고자 하는 의도에서 이루어졌던 것이다. 사회사업방법론이나 인간의 발전과 성장, 시설운영론 등의 강좌를 통하여 사회복지실천의 필연성을 깨우치고 필연적으로 모순과 괴리를 수반할 수밖에 없는 이 세상의 사회구조 속에서 상부상조의 공동체적 기능이 다양한 사회기능을 통합할 수 있는 역학관계를 형성할 때 이해와 사랑의 공동체가 가능하다는 사실의 인식을 바탕으로 행동하는 지도자상을 제시하고자 하였던 것이다. 바로 이 계절대학을 통해서 전국의 시설장이나 사회사업 종사자들이 교육을 받고 중앙신학교(현 강남대학교)와 인연을 맺었다고 한다. 부성래(2002)의 회고는 매우 잘 정리된 '사업 결과 보고서'처럼 일목요연하게 계절 대학에 대한 전반적인 상황을 설명해준다.

"첫 번째 하기대학은 1958년 여름 경기도 안양시에 있는 안양보육원에서 10일간 개설되었습니다. 겨울에는 유성 온천이나 해운대 온천, 설악산 계곡, 법주사, 해인사 등지에서 실시하였습니다. 강남이 개설하였던 계절대학은 지금까지 사회복지의 현대적 개념을 이해하지 못했던 일선 사회복지 시설장이나 종사자들의 복지 의식을 변화시키고 훈련시키는 교육적 효과를 거두었던바, 이는 고 김덕준 교수의 선구자적 착상이 한국의 사회복지 발전에 큰 공헌을 했다고 자부할 만한 업적입니다. 계절대학에서 받은 강좌와 단위는 정식 학점으로 인정되어 사회사업학과의 정규 학점에 편입시켰습니다. 계절대학의 개설은 열린 대학으로서의 개념을 사회복지 분야에 적용시켰다는데 큰 의의가 있습니다. 당시 사회사업 교육계와 실무지도자인 하상락 교수, 백근칠 선생, 김학묵 박사, 이메리 박사, 강만춘 교수, 김원규 전 노동부 차관, 명완식 전국사회사업연합회 총무 등이 출강하여 사회복지 지도자와 종사자들의 정신적 무장과 실천적 행동을 주도하였습니다. 이 프로그램은 사회사업의 전문성 개발에 큰 역할을 했습니다. 그러나 보다 중요한 사실은 상아탑적인 개념의 대학에서 '사람들이 생활하고 활동하고 있는 시장'과 '거리' 속으로 배우고자 하는 사람들을 찾아간다는 혁신적인 개념을 도입한 것입니다. 한국의 대학사회에서는 감히 상상도 할 수 없는 일을 일찍이 김덕준 교수는 시도하였던 것입니다."

3. 한국사회사업학회(현 한국사회복지학회) 출범에 공헌

강남대학교 사회복지 교육의 또 하나의 커다란 역사적 의의는 한국사회복지학의 학문적 발전의 토대를 마련했다는 점일 것이다. 한국사회사업학회(현 한국사회복지학회)는 김덕준 교수의 제안과 노력으로 1957년에 창설되었는데 이로써 사회복지를 자선사업적인 활동의 영역에서 과학적이고 전문적 사회복지로 승화시키기 위한 학문적 연구의 토대가 마련되었다.

사실 한국의 사회복지 교육이 지속적으로 유능한 실천가를 양성할 수 있었던 요인들 중의 하나는 학회를 조직하고, 그 학회를 통해 교육 내용의 전문성을 함양해 나갔기 때문이었다. 더욱이 사회복지 교육이 시작된 초창기였던 1950년대에 학회가 만들어졌다는 사실은 큰 의미가 있다고 하겠다. 한국의 사회복지실천에서 한국사회사업학회라는 전문 학술 조직이 출범하는 역사적인 사건이 있었다는 것은 자랑스러운 일이다(최성균·이준우, 2017).

이렇게 어떤 분야에서 학회가 만들어진다는 것은 해당 분야가 드디어 과학적 이론과 지식을 기반으로 하는 실천 분야임을 보여주는 것이다. 그러므로 사회사업에 관한 교육기관이 극소수였던 1957년 3월 2일에 한국사회사업학회가 출범한 배경과 사회사업 전문 분야의 실천을 뒷받침하는 학술단체로서 어떠한 기능을 수행했는지 살펴볼 필요가 있다(한국사회복지학회 50년사 편찬위원회, 2007). 학회 출범 당시 한국 사회는 해방과 한국전쟁으로 인한 사회적 혼란이 채 가라앉지 않은 상황이었다. 당시의 사회사업은 외국으로부터의 원조를 바탕으로 한 고아원이나 양로원과 같은 사회사업 시설 중심의 위기개입적인 구호사업이었다. 사회사업 실천 현장에서는 한국사회사업학회를 결성할 필요성을 느낄 만한 전문적인 실천이 이루어진 것도 아니었다. 사회사업 대학교육도 2곳의 교육기관, 즉 이화여자대학교와 강남대학교에서 이루어지고 있었을 뿐 학회를 구성할 만큼의 폭넓은 교수나 연구자들의 인력풀이 형성된 것도 아니었다.

학회란 연구와 학술 발표 등을 통해 학문 발전을 기하고자 하는 학자들의 모임이다. 따라서 어떤 학회가 성립되기 위해서는 이를 구성할 학자, 즉 대학교수나 연구원 등과 같은 학회원들이 일정 수준 확보되어야 하며, 이들에 의한 연구와 학술 발표의 성과나 노력 또는 그 필요성이 존재해야 한다. 그러나 1957년 당시만 하더라도 소수의 교육기관에서 사회사업을 전공한 전임 교수는 이화여자대학교의 지윤, 문인숙 교수와 강남대학교의 김덕준 교수 등 한 손에 꼽을 정도에 그치고 있었다(한국사회복지협의회 60년사 편찬위원회, 2012). 또 당시 사회사업에 대한 어떤 활발한 연구나 학술 발표가 있었는지 혹은 그 필요성이 제기되었는지도 확인되지 않고 있다. 다만 사회사업에 관한 한국 최초의 교과서는 김학묵이 1955년에 쓴 《사회사업 개론》이다. 초기 사회사업 대학교육에서는 미국에서 직수입한 교재들을 교수가 소화하여 이를 학생들에게 교육하는 방식으로 이루어졌다. 김덕준, 하상락, 김학묵 등 초창기 사회복지 교육을 담당했던 교수들의 교육 내용은 전적으로 미국식 사회사업의 내용과 기법을 전수하는 형태였다(이혜경·남찬섭, 2005).

그러다 보니 실질적으로 현장에 적절하게 부합하는 사회복지 교육 내용을 구성하는 데 상당한 부담이 교수진들에게 있었을 것이다. 아마도 이런 현실은 비단 사회복지실천에만 해당된 것은 아니었다. 한국전쟁 이후 대부분의 영역마다 비슷한 고민들이 있었을 것이다. 그런 맥락에서 1957년 3월 2일에 한국사회사업학회가 창설된 데에는 교육의 질을 높이기 위한 사회복지 교육 현장의 시도와 사회복지실천 현장 내외의 다양한 배경 변수들이 작용한 것으로 볼 수 있다. 이들 가운데에 가장 핵심적인 것으로는 무엇보다도 사회사업 내부적으로 사회사업 전문직에 대한 정체성 인식이 이 시기에 싹트기 시작했다는 것과 사회사업

외부적으로는 각종 학회들이 1950년대에 대거 창설되는 분위기를 들 수 있을 것이다(임상사회복지실천연구회, 2014).

먼저 한국 사회사업의 외적 배경을 살펴본다. 이는 1950년대 중반 주요 학회들의 창설 분위기와 한국사회사업학회의 설립을 연관 지어 볼 수 있다(한국사회복지협의회 60년사 편찬위원회, 2012). 우리나라의 주요한 인문 사회, 상경 계통의 학회들은 한두 개의 학회가 해방 직후에 창설된 것을 예외로 한다면, 대개는 1950년대에 창설되었다. 해방 후 창설된 경우로는 대한지리학회가 1945년 9월 11일에 '조선지리협회'라는 이름으로 창설된 것과 한국심리학회가 1946년에 창립된 것을 들 수 있다. 한편 한국전쟁 발발 이후 창설된 주요 학회로서는 한국경제학회(1952), 한국교육학회(1953), 한국정치학회(1953), 한국경영학회(1956), 한국국제정치학회(1956), 한국행정학회(1956), 한국사회학회(1957), 한국언론학회(1959) 등을 들 수 있다. 그렇다면 이들 학회들이 1950년대 중반에 집중적으로 설립된 이유와 그 배경은 무엇인가? 이에 대한 대답은 한국사회사업학회의 창립에도 적용될 수 있다.

구체적으로 살펴보면 한국전쟁이 끝난 후 대학들은 부산 피난처에서의 연합대학 체제로부터 복귀하였다. 아울러 국가 재건을 위한 인재 양성에 심혈을 기울이기 시작하였다. 대학교육을 위한 자원이 부족한 가운데 미국의 원조는 대학교육의 재건과 발전을 위한 중요한 기반이 되었다. 미국의 한국에 대한 원조 정책의 일환으로 이루어진 고등교육 지원에서 한국인 유학생을 미국에 보내는 계획도 추진되었다(한국사회복지협의회 60년사 편찬위원회, 2012). 자본주의와 자유민주주의적 사회원리의

정당성을 강조하고 그러한 체제를 제3세계에 정착시키려 노력하는 제1
세계의 주도국으로서 미국은 분단된 체제하에서의 한국사회의 지식체
계와 대학교육 방식에 매우 큰 영향을 미치게 되었다. 종전 후 특히 서
울대학교 내의 많은 교수들이 한미 문화 교류를 목적으로 미국으로 파
견되었고 정부에서도 국비 유학 제도를 마련하여 교수진의 미국 유학을
지원하였다. 미국에 비해 소수이기는 하지만 독일을 비롯한 유럽으로의
유학도 유네스코 등의 지원으로 이루어졌다(서울대학교 사회학과, 1996; 한
국사회복지협의회 60년사 편찬위원회, 2012 재인용).

전쟁 직후인 1950년대 전반에 미국 학문에 대한 유학 붐이 대학사회
에 불었던 것이다. 그 결과 미국 학문 세계의 보편적 모습인 학회 활동
이 한국 대학사회에도 널리 보급되었다. 이와 같은 1950년대 중반의 여
타 학회 창설 배경들은 한국사회사업학회의 창설에도 대체로 적용된다
고 볼 수 있는 것이다. 그렇게 생각하는 유력한 근거로 1954년에 추진된
키드네이 계획(Kidneigh Plan)을 들 수 있다. 키드네이 계획(Kidneigh Plan)
에는 국립 서울대학교에 미국식의 사회사업 교육과정을 설치하고, 그
교수진 충원을 위해 젊은 학자를 선발하여 미국에서 유학하도록 지원하
며 사회사업 교육의 내실화를 위해 사회사업학뿐만 아니라 심리학과 사
회학 분야의 유학생에 대한 지원, 그리고 교육과정 설립을 위해 서울대
학교에 물적 지원 등을 폭넓게 담고 있다(최원규, 1991).

그런데 한국사회사업학회의 창설은 1957년 3월 2일로 키드네이 계획
(Kidneigh Plan)에 따라 미국에 유학하였던 세 사람의 교수들이 학업을 마
치고 귀국하기 직전의 일이다. 이들의 수학 기간은 1955년 9월 가을학
기부터 1957년 6월 여름학기까지였다(서울대학교 사회복지학과 50년사 편

찬위원회, 2009). 하지만 이들의 유학은 당시 여러 가지 부득이한 사정으로 유학할 수 없었던 실천가들에게 도전 의식을 일깨워 주기에 충분했다. 미국이나 유럽 등으로 가서 선진 사회사업학을 배울 수 없는 환경이지만 사회복지 교육을 담당하는 교수진 사이에 학술적 상호 교류가 있게 되면 최선은 아니라 해도 차선은 되지 않겠냐는 인식이 확산되었던 것이다(임상사회복지실천연구회, 2014). 결국 이렇게 전반적인 분위기가 무르익어 갔던 학회 창설 당시에 강남대학교 김덕준 교수가 학회를 조직하는 데에 선도적인 역할을 수행했고, 자연스럽게 학회장으로 선임되었다.

다음으로 한국 사회사업의 내적 배경을 살펴본다. 1950년대 중반에 한국의 사회사업가들에는 크게 두 가지 유형이 있었다. 첫 번째는 해방 이후부터 위기개입적인 구호사업에 뛰어들었던 다수의 사회사업 종사자들이다. 이들을 '사회사업가'가 아닌 사회사업 종사자로 부르는 것은 대학 과정 이상 또는 이에 준하는 교육기관에서 전문 사회사업 교육을 받지 않은 인력이라는 점 때문이다. 고아원이나 재활원, 양로원 및 구호소 등 당시 급증한 사회사업 시설들에는 실질적으로 질적 통제가 없이 많은 수의 인력이 종사하고 있었다. 이들은 대부분 아무런 사전 교육 없이 업무에 투입되었고, 근무 현장에서의 명칭도 앞서도 언급했던 바와 같이 사회사업가가 아닌 총무, 주임, 반장 등이었다.

한편 두 번째 부류의 사회사업가는 1947년 이화여자대학교 기독교사회사업학과와 1953년에 설립된 강남대학교 사회사업학과를 졸업한 사회사업가들이다. 이들은 미국식 전문 사회사업에 대해 교육받았고, 따라서 사회사업 전문직의 정체성이라는 점에서 첫 번째 사회사업 종사자들과 달랐다. 이들은 사회사업 종사자들과 자신들을 구분하고자 하였다. 구호사업이나 시설사업에 참여하는 종사자들에 비해 자신들을 전문성이 높은 사회사업가로 인식하고자 하였던 것이다. 한국사회사업학회나 한국사회사업가협회 등 전문조직의 출범은 부분적으로는 이러한 맥락에서 설명할 수 있다. 한국사회사업학회 초대 회장을 지낸 김덕준의 다음과 같은 설명이 이를 뒷받침하고 있다(김덕준 외, 1970).

"어느 학교나 할 것 없이 그 교과목의 내용은 앞에서 말한 대로 미국 사회사업 교육의 내용과 비슷한 것으로 본다. (중략) 그 이유는 해방과 더불어 미국식 사회사업이 수입이 되었다는 것과 대부분의 사회사업 교육 담당자들이 미국에서 교육을 받았다는 데 있을는지 모른다. 그렇기 때문에 사회사업학계는 사회사업을 전문 직업으로 확신하고 이 확신을 뒷받침해 온 기관들은 미국인 기관들이 중심이 된 외원기관들이며 관계 정부 기관인 보건사회부도 점차 사회사업의 전문 직업교육을 인식하게 되었으며 정규 사회사업 교육을 받고 일선에서 일하고 있는 사회사업가 들도 자신들의 전문 직업성을 확신하기 시작하였고, (중략) 1957년에는 '한국사회사업학회'가 창립되었으며 1964년에 '한국 개별사회사업가협회'가 탄생하였고, 1966년에는 '한국 사회사업가협회'도 조직이 되었다. 뿐만 아니라 사회사업학과를 가지고 있는 대학들로서는 한국사회사업 대학협의회도 발족이 되어 있는 것이다(김덕준 외, 1970: 296)."

이상의 내용을 종합하면 1957년 3월 한국사회사업학회의 설립은 외적으로는 당시 미국의 한국에 대한 교육정책의 영향으로 학회 설립 붐이 일었던 것을 배경으로 하며, 사회사업 내적으로는 대학을 졸업한 사회사업가들 사이에 전문직으로서의 정체성에 대한 인식이 싹텄다는 점을 배경으로 이루어졌다고 할 수 있다. 이는 한국사회사업학회가 출범에서부터 한국의 사회복지 교육을 충실하게 하는 데에 기여하기 위해서임을 분명하게 보여주고 있다. 실제로 한국사회사업학회의 창설 당시의 회원들은 주로 대학에서 강의를 담당하던 인사들이었다. 다시 한번 강조하면 1957년 당시 두 개의 대학에 사회사업학과가 있었는데, 강남대학교와 이화여자대학교였다.

1958년부터 1962년 강남대학교에 김덕준 교수 이외에 시간 강사로 출강한 교수들로서는 김학묵, 하상락, 백근칠, 김원규(보건사회부), 송성백(고려대학교 심리학과 교수), 유석진(베드로 정신병원 원장) 등이 있었다(강남 사회복지 교육 60년사 편찬위원회, 2013). 또한 이화여자대학교 기독교사회사업학과에 출강하던 인사들은 다음과 같다. 즉 1955년부터 1957년까지 이화여자대학교 기독교사회사업학과에 시간 강사 혹은 전임으로 출강한 교수들로서는 고순덕, 서명원, 지윤[14], 문인숙[15], 박보희, 이매리, 오세순 등이 있었다(이혜원 외, 1997).

---

14 지윤은 일본 동지사대학교에서 사회사업을 전공하였으며 이화여자대학교 사회사업학과 교수를 역임하였다. 저서로는 《사회사업사》, 《사회사업원리》, 역서로는 《지역사회조직》 등이 있다.

15 문인숙은 이화여자대학교 문리대학 영문과를 졸업하였다. 미국 Scarritt 대학원에서 집단사회사업을 전공하였으며 이화여자대학교 사회사업학과 교수를 역임하였다. 태화종합사회복지관 관장과 이사장을 역임하였으며 주요 저서로는 《집단사회사업》, 《집단사회사업방법론》, 《사회복지기관 행정론(공역)》, 《임상사회복지학》, 《사회치료(편역)》, 《어떻게 도와야 하나(공역)》, 《노인복지의 이해(역)》, 《정신장애와 사회사업(공저)》 등이 있다.

결국 한국사회사업학회의 창설 당시 회원들은 강남대학교 김덕준 교수를 비롯하여 이화여자대학교의 여러 교수들이 주축이었을 것으로 생각된다. 당시 누가 학회 창립을 제안하였는지, 그리고 어떤 경과를 거쳐서 창립에 이르게 되었는지, 혹시 창립학술대회 등을 열었는지 등에 대해서는 관련 자료의 부족으로 알 수 없다. 또한 한국사회사업학회가 창립 초기에 어떤 활동을 전개했는지에 대해서도 알려진 기록이 없다. 다만, "당시 회원도 소수였고, 또 재정도 빈곤하여 활동이 여의치 못하였습니다(하상락, 1979)."라는 표현에서 활동이 미약하였을 것임을 짐작할 수 있다. 그럼에도 불구하고 '소수의 인원이었지만 모임'이 지속되었으며 김덕준과 몇몇 교수들이 애쓰고 수고했음을 알 수 있다. 남세진의 다음과 같은 기술이 이를 뒷받침한다(한국사회복지협의회 60년사 편찬위원회, 2012).

"한국사회사업학회는 1957년에 당시 중앙신학교(현 강남대학교)와 이화여자대학교 기독교사회사업학과(1958년에 사회사업학과와 기독교학과로 분리됨)에서 강의를 담당하던 인사들이 모여 창립했으며 소수의 인원이나마 부정기적으로 모임을 가져왔다. 점차 대학에 사회사업학과가 증설되고 이 분야 연구에 관심을 갖는 사람이 증가하기 시작하면서 학회의 모임은 활발해졌으며 참석 인원도 증가되었으며 김덕준과 몇몇 교수들이 애쓰고 수고했음을 알 수 있다. 학회의 활동이 비교적 늦어진 것은 사회사업가협회와 대학협의회의 모임이 있었기 때문에 학회의 모임을 별도로 가진다는 것이 그렇게 필요하지 않았다고 할 수 있다. 또한 미국의 경우 학회가 별도로 존재하지 않고 사회사업가협회가 학회의 역할을 함께 수행하고 있다는 사실에 영향을 받기도 했다(남세진, 1991 : 718; 한국 사회복지협의회 60년사 편찬위원회, 2012 재인용)."

4. 다양한 협의회 및 협회의 조직과 발전에 주도적인 역할 수행

김덕준이 실천했던 강남대학교의 사회복지 교육이 우리나라 사회복지계에 남긴 또 다른 공헌은 사회복지의 분야별 발전을 위한 다양한 협의회와 협회의 조직과 발전에 주도적인 역할을 하였다는 점이다(강남사회복지교육 60년사 편찬위원회 편, 2013).

한국사회복지협의회는 민간 사회복지 활동의 계획, 조정, 연계, 연구, 조사 등의 사업을 수행하기 위해 조직된 협의체로서 협의회의 발전에 특히 기여했던 동문으로는 국회의원이었던 윤인식(제7대~10대까지, 4선) 동문을 들 수 있다. 윤인식 동문은 한국사회복지협의회의 전신인 한국사회사업연합회의 회장을 역임하면서 민간 사회복지계의 네트워크화에 커다란 공헌을 하였다. 또한 노태섭 동문은 오랫동안 한국사회복지협의회 부회장을 역임하면서 협의회 발전의 토대를 마련하는데 중요한 공헌을 하였다.

한편 한국사회복지사협회는 사회복지사의 전문직으로서의 정체성을 확립하고 실천 능력과 전문성 제고, 권익 신장과 정보교환 등을 위해 조직된 협의체로 조기동(제5회) 동문이 초대 회장에 선출되어 한국사회복지사협회 발전의 초석을 놓았다. 그 후에 윤기(제10회) 동문, 이윤구(제2회) 동문, 최성균(제13회) 동문이 회장을 역임하였다.

그 외에도 김용성(제2회) 동문은 노인복지시설연합회 및 노인단체협의회 회장을 역임하였다. 한국사회복지관협회 초대 회장을 거쳐 제2대 회장으로 활동하였던 박상신(제12회) 동문, 아동복지시설연합회 회장 황용규(제19회) 동문, 전국장애인시설연합회 회장으로 활동하였던 정명규(제17회) 동문 등을 들 수 있다.

5. 선구적 사회복지 지도자 배출의 산실

김덕준에 의해 실시되었던 강남대학교의 사회복지 교육은 한국의 사회복지 역사에 괄목할 만한 발자취를 남겼다. 강남대학교 사회사업학과 졸업생들은 우리나라에서는 처음으로 새로운 사회복지이론과 실천을 습득하고 혁신적 접근방법을 창안·적용함으로써 사회복지실천 현장의 확대와 발전을 가져왔다(강남사회복지교육 60년사 편찬위원회 편, 2013).

그러한 발자취를 살펴보면 1957년 강만춘(제1회) 동문과 최종도(제1회) 동문은 아동복지법 초안 작성에 직접 참여하였고, 특히 강만춘 동문은 한국 어린이헌장 초안 작성에도 직접 참여하고, 당시 부흥부 산하 지역사회개발위원회에 있으면서 지역사회개발 이론을 정립하고 전국의 지역사회개발 실천조직망을 통해서 프로그램 개발, 조정, 평가, 감독, 일선 지방 요원의 훈련 등 사회복지 이론과 실천의 새 분야를 개척하였다.

이종원(제1회) 동문은 고 김덕준 교수의 지도 아래 서울의 부랑아 실태조사 결과를 토대로 청소년과 아동의 예방적 조치와 치료를 목적으로 한국 최초로 서울아동상담소를 설립하였다. 김운초(제1회) 동문은 1964

년 기독교세계봉사회에 가정복지부를 설치하고, 메노나이트 중앙재단 한국 지부의 후원 아래 대구지역에 지역복지에 입각한 가정복지 프로그램을 개설하였다. 노상학(제2회) 동문은 그때까지의 육아원이나 영아원, 모자원 중심의 아동복지사업을 기독교 아동재단(CCF: Christian Children Foundation)에 가족지원사업을 개발하여 가족의 자립과 자조를 강조하는 새로운 접근방법을 소개하였다.

조기동(제5회) 동문은 1957년 한노아동결핵병원에 의료사회사업을 소개하고, 1958년에는 국립의료원에 사회사업과를 설치하였으며, 1964년 목포, 인천, 이천, 영등포 등지에 사회복지관을 개설하고 김만두(제2회) 동문을 비롯하여 많은 강남대 사회복지 동문들이 이들 사회복지관에서 일하면서 지역사회복지 이론과 실천의 발전을 가져왔다.

이와 같이 한국 사회복지 발전 과정에서 강남대학교 사회사업학과 동문들이 남긴 지대한 공헌은 강남 사회복지 교육의 빛나는 역사로 남을 것이다. 강남대학교 사회사업학과 동문들은 국내뿐만 아니라 국제적으로도 활발한 사회복지 활동을 전개하였다. 1961년부터 기독교세계봉사회로부터 출발하여 유엔 산하의 피난민 구호사업, UNICEF, 유엔아동영양사업 등에서 활동하다가 1984년에 귀국한 이윤구(제2회) 동문, 한국 노인복지 발전에 크게 공헌하면서 경주에 일본인 할머니들을 위한 나자렛 양로원을 설립·운영한 고 김용성(제2회) 동문, 재일교포 노인들을 위한 오사카 '고향의 집'과 고오베 '고향의 집'을 운영하며 한일 민간 친선 프로그램을 다각적으로 개발하여 실천하고 있는 윤기(제10회) 동문, 미국 LA에서 한인청소년센터를 건립하여 이사장을 역임한 김인환(제13회) 동문, 케냐 나이로비에서 어린이교육 선교를 하고 있는 김옥실(제29회)

동문 등 다수의 강남 사회복지인들이 국제사회사업 분야에서 크게 활동하고 있다.

이처럼 김덕준으로부터 교육받았던 강남대학교 사회사업학과 동문들의 개척자적인 정신과 헌신적인 노력은 초창기 한국의 사회복지 교육과 실천 분야에 크게 기여했을 뿐만 아니라 국제사회사업의 개척과 발전에도 크게 공헌해 왔다고 평가할 수 있다.

6. 기독교사회사업의 개척과 선도적 역할 수행

일본 동지사대학교에서 신학과 사회사업을 전공하고 귀국해서 강남대학교 사회사업학과의 교수로서 헌신한 김덕준 목사의 기독교사회사업 정신과의 접목이 강남 사회복지 교육을 기독교사회사업 분야를 개척하는 데에 결정적인 역할을 하게 했다. 특히 당시 한국전쟁으로 인해 고아와 미망인 등의 사회적 문제들이 대두되었고 미국, 캐나다, 호주 등지의 자선단체와 종교단체의 지원에 힘입어 기독교사회사업에 관한 학문적 연구와 실천에 대한 관심이 높아지기 시작하였다.

초기 한국 정부의 사회사업은 대부분 외국의 원조나 자선단체에 의존하였다. 따라서 초창기의 사회사업실천가는 기독교인들이 많았고 이들은 초창기 한국의 사회사업 역사에서 중요한 역할을 수행했을 뿐만 아니라 한국의 사회복지실천 방향에 크게 영향을 주었다. 여기에서 중요한 역할을 수행한 주역이 바로 강남대학교 사회사업학과 출신들이었다. 이들은 강남대학교의 초교파 신학에 근거한 창학이념으로 무장하고 사회복지실천 현장에서 기독교사회사업을 전개하였으며 이러한 운동이 한국사회사업의 초석이 되었다.

강남대학교 사회사업학과 동문들은 1950년대의 대표적인 외원기관인 기독교세계봉사회(CWS), 기독교아동복리회(CCF-Christian Children's Fund: 현재 한국아동복지재단), 한국선명회(현 월드비전) 그리고 한국기독교교회협의회(NCC)를 중심으로 기독교사회사업활동을 전개하였다. 그 당시 기독교 단체의 특성과 기독교 사회사업 실천 현장을 중심으로 김덕준으로부터 지도받은 강남대학교 사회사업학과 동문들의 주요 활동을 요약하면 다음과 같다(강남사회복지교육 60년사 편찬위원회 편, 2013).

첫째, 기독교세계봉사회는 한국전쟁 이후 한국에 들어와 세계 여러 교회에서 지원하는 물자와 지원금으로 난민정착사업, 결핵퇴치사업, 빈민구호사업, 가정복지사업 등을 실시하였다. 본교 김운초(제1회) 동문은 기독교세계봉사회의 물자 부장으로 일하면서 한국에서는 처음으로 가정복지부를 설치하고 사회복지 전문 인력을 훈련시켜 저소득층 가정을 위한 전문적인 사회사업서비스를 제공하였다. 기독교세계봉사회에서 전문 사회사업가로 활약한 동문으로는 이윤구(제2회), 조치원(제2회), 장영곤(제5회), 고양곤(제7회) 동문 등이 있다.

둘째, 기독교아동복리회는 당시 외국의 종교단체에 의해서 지원되는 외원기관으로서 주로 전국에 있는 아동복지시설의 운영을 지원하였다. 아동복지시설 지원사업은 1948년 최초로 밀드 박사와 아펜젤러 선교사에 의해 아동 지원 프로젝트의 일환인 가정 구호사업으로 시작되었다.

1965년부터 약 4년간에 걸쳐 이 재단의 한국 책임자로 활동했던 노상학 (제2회) 동문은 아펜젤러 선교사와 함께 아동 시설 지원사업을 전개하였는데 단순히 아동 시설을 돕는데 그치지 않고 가정 구호사업을 확대·실시하여 현대 아동복지 선교사업을 활성화시키는 계기를 마련했다. 노상학 동문과 더불어 기독교아동복리회 본부에서 수고한 동문은 김명우(제2회), 변홍엽(제5회), 조성모(제9회) 동문 등이 있다. 그 외에도 서울 본부에 정은득(제9회), 대전 지부 허일(제2회), 인천 지부 이항석(제1회), 광주 지부 김영진(제6회), 전주 지부 이건우(제9회), 대구 지부 우성세(제9회), 제주 지부 김병희 등이 각각 책임을 지고 CCF 초창기의 한국기독교사회사업을 전개하면서 그 뒤를 이어 1971년 6월부터는 김영호(제9회) 동문이 가정복지 부장으로 취임하면서 가정복지와 지역사회복지관 사업을 전개하였다.

셋째, 월드비전의 한국 지부로 출발한 한국선명회는 아동복지사업과 지역사회개발사업, 농어촌지원사업, 그리고 지역사회종합복지사업 등에 중점을 두었다. 1980년대까지는 주로 외국의 원조에 의해서 기관이 운영되었으나, 1980년대 중반 이후부터 국내 모금에 의하여 국내 사회복지는 물론 외국의 아동 및 가정복지사업을 지원하는 기관으로 그 모습을 바꾸었다. 한국선명회의 출발과 발전은 강남대학교 사회사업학과 동문들의 역할에 힘입은 바 크다. 초대 회장으로는 손종률(제2회) 동문이 취임하였고, 5대 회장으로는 이윤구 동문(제2회)과 함께 조성빈(제4회), 최성균(제13회), 정무호(제25회) 동문 등이 선명회의 주요 부서에서 일하였다. 그 후 '월드비전'으로 이름을 바꾸고 국내 지역사회복지관의 전문성 향상에 주력하였으며 소말리아, 방글라데시, 인도 등 세계 곳곳에서 아동 구호사업에 중점을 두고 있다. 또한 북한 아동들을 위한 약품 지원과 사회복지사업을 전개하며 남북 간 민간교류사업을 증진하고 있다.

넷째, 한국기독교사회봉사회는 NCC를 중심으로 초교파적인 교회의 모금으로 운영되는 전문사회복지관으로 출발하였다. 이 기관은 주로 가정복지사업을 중심으로 시작되었으며 재해구호사업과 거택구호사업, 월남난민사업에 주력하였다. 그리고 방글라데시, 인도의 무의촌에 의료선교단체를 조직하여 일정 기간 해외 의료선교사업을 주도하여 해외선교사업을 실시하였다. 강남대학교 사회사업학과 출신인 노상학(제2회) 동문과 조치원(제2회) 동문이 1975년부터 1983년까지 오랜 기간 근무하면서 가정복지사업의 발전에 공헌했으며, 김종호(제10회) 동문이 구호과장으로 일하면서 한국기독교사회봉사회의 위상을 높이는 데 크게 공헌하였다.

다섯째, 한국기독교사회복지학회가 강남대학교 사회사업학과 창설자인 고(故) 김덕준 교수의 지도하에 1981년 창립되었다. 학회의 목적은 기독교사회복지학의 학문적 연구와 기독교사회복지 실천모델의 개발에 초점을 두었으며 제 3회에 걸쳐 기독교사회복지학회지를 발간하였다. 1990년 제5회 학술대회를 기점으로 2대 회장으로 이윤구(제2회) 동문이 학회장으로 취임하였으며, 3대 회장으로 노상학(제2회) 동문이 취임하여 학회 활동을 계속해오다가 한국교회사회사업학회와의 통합 직전 학회장인 이부덕 동문에 의하여 실질적인 통합의 모든 과정이 이뤄진 후 마침내 한국기독교사회복지실천학회로 하나가 되어 현재 독보적인 한국의 기독교사회복지학의 거점학회로 크게 인정받으면서 운영되고 있다.

여섯째, 개신교 교단에서 기독교사회복지에 헌신한 동문으로 이옥실 (제4회), 신형식(제7회), 이찬우(제32회) 동문이 있다. 이옥실과 신형식 동문은 감리교단에서 운영하던 부산사회복지관에서 근무하였고, 이찬우 동문은 대한기독교감리회 사회평신도국에서 일하면서 감리교 사회복지법인을 설립했다. 그리고 감리교 기독교사회복지사업 안내서를 발간했으며, 자원봉사 실천모델을 계발하는데 주도적인 역할을 수행하였다. 또한 전국의 목회자와 장로들을 중심으로 수차례의 세미나 및 워크숍을 통하여 교회의 사회복지실천에 관한 기초이론과 프로그램을 개발하고 기독교사회복지에 대한 인식을 고취시켰다. 뿐만 아니라 감리교 산하의 사회복지기관 간 업무체계를 구축하고 감리교사회복지협의회를 구성하여 업무연계와 기독교사회복지 연구에 초석을 다졌다.

끝으로 강남대학교 사회사업학과 출신으로 김덕준의 영향을 받아 사회사업 분야에서 활동하면서 특별히 하나님의 소명을 받고 목사안수를 받은 후 사회복지와 선교를 연계하는 특수목회 현장에서 일하는 동문들이 있다. 그 중 김옥수(제1회 원로 목사 역임) 동문, 김인식(제1회 총신대학교 학장, 바울의 교회 담임목사, 대한예수교장로회 총회장 역임) 동문, 박태희(제1회 성락교회 목사 역임), 이정호(제2회) 동문, 이부덕(제7회) 동문, 이영희(제7회) 동문, 배타선(제9회) 동문, 김종호(제12회) 동문, 황용규(제19회 명진보육원 원장 역임) 동문, 송삼의(제28회 예인교회 목사 역임) 동문, 엄정순(야간 제6회 백향목교회 담임목사 역임) 동문, 이강희(야간 제11회 양지바른교회 목사 역임) 동문 등이 목사안수를 받고 사회사업실천 현장이나 교육 현장에서 그리고 교회의 담임목사로서 활동하였다.

[사진 13] 사회복지학부가 소속된 현 강남대학교 샬롬관 건물 전경

제3부

김덕준의 사회복지 사상과
사회복지 교육 실천 원리

김덕준의 사회복지 사상에서 끊임없이 천착되고 주목하며 지향되는 지점은 기독교적 인간관에 의한 사회복지실천이며 사회정책의 개선과 운영이다. 그에 의하면 모든 사회복지실천과 정책 운용의 핵심은 예수 그리스도의 사랑과 십자가의 도, 즉 희생과 헌신에 기초한 진정한 사랑의 구현에 있었다. 김덕준은 사회복지실천이든, 사회정책의 사회복지적인 실행이든, 궁극적으로는 한 인간의 생명을 존중하는 데에 귀결되어야 하며 이 모든 일을 수행하는 주체 또한 결국은 인간이라는 데 집중했다. 즉, 인간 존중과 인간 사랑이었다. 바로 그 '인간 존중과 인간 사랑'이 극대화된 것이 예수 그리스도의 십자가였던 것이다.

그래서였을까?

그의 제자였던 고 이윤구 박사(전 대한적십자사 총재, 전 인제대학교 총장)는 '고 김덕준 교수 20주기 추모 심포지엄' 기조 강연의 결론을 이렇게 끝맺었다.

"영원한 스승 김덕준 교수님께서 보여주신 십자가의 길을 우리도 따라갑시다. 그분이 펼쳐 놓으신 넓고도 깊은 '사람 사랑의 길'을 우리도 따라갑시다. 우리가 피할 수 없는 두 번째 언덕, 골고다의 길은 70억 인류 대가족을 찾아가는 것입니다. 70억은 한집 식구들입니다. 특히 AAA(Asia, Africa, Latin America)의 밑바닥 10억(Bottom Billion)은 먹을 것이 없어서 어린이들이 쓰러지고 죽어갑니다. '땅끝까지' 가라고 명하시는 예수의 골고다 길에 오늘도 김덕준 교수님께서 서 계시다는 강한 느낌이 제게는 있습니다. (중략) 사회사업학과 창립 60주년 회갑과 은사님 20주년 추모의 뜻을 담아 우리도 스승이 걸어가셨던 것처럼 광야로 가십시다. 가서 사랑의 씨앗을 뿌리십시다.

'이 세상 작별한 스승님/ 저 하늘 올라가 만날 때/ 인간의 괴로움이 끝나고/ 이별의 눈물이 없겠네! // 우리도 남은 삶 바쳐서/ 우리의 십자가 지고서/ 북녘땅, 지구촌 찾아가/ 새 예루살렘 성 지으리! // 며칠 후 며칠 후/ 요단강 건너가 만나리/ 이 땅을 하늘로/ 만들며 기쁘게 살겠네!'

이호빈 목사님과 우리의 사부(師父) 김덕준 교수님께서 얼마나 기뻐하실까요? 강남대학교에 옛 중앙신학교의 혼(魂), 김덕준 교수님의 정신이 오늘도 내일도 살아 숨 쉬는 그림같이 아름다운 모습이 보고 싶습니다."

제5장

김덕준의 사회복지 사상

김덕준의 사회복지 사상은 김덕준이 집필한 저서들과 논문들, 여러 편의 육필 원고 및 자필 메모 등에서 일관되게 나타난다. 그의 사회복지 사상은 너무도 분명하다. 기독교적 사회복지실천이며 복음과 복지의 통합적 융합을 지향하는 것이다. 언제 어디서나 항상 천명했던 핵심 메시지는 다음과 같다.

"기독교사회복지사업의 기원은 회당에서 가르치시고 하늘나라의 복음을 선포하시며 병자와 근심 걱정하는 사람들을 모두 고쳐주신(마태복음 4장 23절) 예수 그리스도의 첫 번째 전도 운동에서 찾을 수 있다. '사회사업, 즉 복지가 없는 신학'은 진정성이 결여되어 있으며 '신학이 없는 사회사업학'은 무의미하다(김덕준, 1968a; 1969a; 1976a; 1983a; 1985a; 1987)."

이와 같은 기독교적 사회복지실천을 자신이 추구하는 사회복지 사상의 근거(根據)이자 요체(要諦)로 삼게 된 배경을 김덕준(1977: 21-28)은 다음과 같이 고백했다.

"내가 청소년기 때 부모님보다 더 큰 영향을 끼친 한 사람을 들라고 하면 그 사람은 가가와 도요히코다. 그는 일본의 위대한 사회사업가요 기독교 지도자 중 한 사람이다. 나는 고등학교 졸업 이전부터 그의 책을 즐겨 읽었다. 그리고 고등학교 졸업 때까지 매일 아침마다 교회에서 '한국의 가가와 도요히코'가 되게 해 달라고 하나님께 기도했다. 그 당시 나는 사회사업이 무엇인지 정확하게 몰랐다. 하지만 오늘날 나 자신이 되는 데 있어 가가와의 인격과 사상이 큰 영향을 미쳤음은 분명하다(김덕준, 1977: 26-27)."[16]

가가와 도요히코(Toyohiko Kagawa, 賀川豊彦)는 일본의 개신교 목사, 사회운동가, 교육자이자 세계 최대의 단일 생활협동조합인 '코프고베'의 설립자다. 고베 빈민가에서의 헌신적 활동으로도 유명한 그는 우치무라 간조와 더불어 일본을 대표하는 기독교 지성이자 지도자다. 그는 기독교사회주의를 주창했으며 교리적 전도 활동에만 머물지 않고 일본 최초의 노동운동, 농민운동, 보통선거 운동, 무산 계층의 정당 운동, 협동조합운동 등 사회정의의 실현을 위한 활발한 사회운동을 선구적으로 개척했다(Robert, 2018). 이선혜와 정지웅(2010: 155-178)은 김덕준의 사회복지 사상에 기독교적인 관점을 심어준 결정적인 영향이 가가와 도요히코의 '사상과 실천 활동'이라고 주장한다.

가가와(1922: 83)에게 있어서 종교의 본질은 속죄애(贖罪愛)이며 그 사랑의 표현이 농민조합운동, 협동조합운동, 빈민구제활동, 노동조합운동 등 구체적인 사회복지 사업으로 나타나게 되었던 것이다. 즉, 예수 그리스도의 제자라면 그는 반드시 자신의 신앙이 삶으로 나타나야 하며 이는 사회운동이 될 수 있다는 것이다. 심지어 가가와는 경제생활이나 사회생활은 일종의 표상 운동이기에 경제생활이나 사회운동을 종교화하

---

16 원문은 다음과 같다. "I am reminded of one person who influenced my life greatly at that time other than my parents, his name is TOYOHIKO KAGAWA. He is one of the greatest social workers and Christian leaders in Japan. I liked his boos and before my graduation from my high school, I had prayed every morning at my church that may God let mea person like KAKAWA in my country. At that time I did not know exactly what a social worker was. I am convinced that what I am today was greatly influenced by Mr. KAKAWA's personality and his thought."

고 거기에 종교적 가치를 두지 않는다면 진정한 종교가 될 수 없다고 말하였다. 이에 가가와는 종교운동 그것이 바로 사회운동임을 성서가 가르쳐주고 있다고 하였다. 실제로 가가와에게 있어서 종교는 삶을 살아가는 참된 길이며 이는 예수 그리스도의 십자가에서 실현된 하나님의 사랑이 이 땅의 삶 가운데에 나타나는 통로였다(竹中正夫, 1960: 127-144).

[사진 14] 가가와 도요히코 사진

김덕준(1985a: 74-101)은 자신의 사회복지 사상이 성서에 근거하고 있을 뿐만 아니라 가가와 도요히코가 추구했던 사회운동의 방향 또한 자신의 입장과 크게 다르지 않다고 하였다. 더욱이 가가와가 지향했던 종교의 사회운동적인 기능에 주목하면서 복음을 기독교의 본질이라고 한다면 사회복지사업은 그 본질인 복음의 표현이라고 주장하였다. 특히 김덕준은 가가와야말로 기독교 복음에 대한 확고한 신앙의 힘이 사회를 바꿀 수 있고, 동시에 신앙은 행동의 실천을 통해서 구체화될 수 있음을 실증적으로 나타내 주었다고 보았다. 그것이야말로 개인의 생명을 살리고 집단과 사회를 변화시키는 진정한 사회 동력이었다. 그래서 김덕준(1985b)은 '기독교사회동력을 생명의 본질, 즉 복음과 사회복지사업이 하나가 된 사회발전의 추진력'이란 뜻으로 정의하였다.

또한 김덕준(1985b)은 예수 그리스도의 "회당에서 가르치시고 복음을 선포하시며 병자와 근심 걱정하는 사람들을 모두 고쳐주신" 사역에 주목하면서 바로 예수 그리스도의 '고치심'을 기독교사회동력의 기원으로 보았다. 김덕준에게 있어서 예수의 '고치심'은 복음의 표현 그 자체였으며 이는 개인과 가족, 집단, 지역사회 전체를 변화시키는 예수 그리스도의 사랑의 실천행위였을 뿐만 아니라 '사회복지 봉사사업'으로 보아야 한다고 했다. 이처럼 김덕준은 '사회복지 봉사사업', 즉 '사회복지실천'의 시작을 예수 그리스도의 '고쳐주시는' 행위에서 찾았고, 그것이 시대의 흐름에 따라 형태가 변화되면서 오늘날의 사회제도로서의 사회복지가 되었다고 주장하였다.

김덕준에게 있어서 모든 사회제도는 처음부터 견고한 조직체제로 갑자기 하늘에서 내려온 것이 아니라 오히려 인간 개인의 필요와 욕구를 채우고자 하는 순수한 시도와 노력이 모여져서 갖춰지게 된 결실이었다. 그리고 그 결실에는 인간애로 가득 찬 선구자들의 봉사와 수고가 전제되어 있다고 했다(김덕준, 1983a). 특히 김덕준은 자본주의의 폐해를 극복하기 위한 인간의 노력과 사회 제도적 준비가 반드시 있어야 한다고 하면서 바로 여기에 사회사업의 필요성과 중요성이 있음을 강조하였다. 그리고 이러한 사회사업은 인간에 대한 이해가 '기독교적 인간관'에 기초하고 있어야 한다고 했다(김덕준, 1975a). 치열한 생존 경쟁 속에 방치되어 있는 인간들의 다양한 문제들을 진정으로 해결하기 위해서는 인간성에 대한 존중과 참된 인간 이해가 필수적임을 김덕준은 끊임없이 주장했다(김덕준, 1976a; 1977; 1978; 1979; 1980a; 1983b). 김덕준이 외치는 생생한 소리에 주목해본다.

"현대사회는 다윈의 사회진화론적인 인간관의 영향으로 사회를 적자생존에 의해 진화하는 유기체로 보는 현대인의 사고와 항시 자기보존을 목표로 하는 자본주의 제도는 경쟁에서 싸워 이겨야만 부귀와 권력의 향유를 누릴 수 있다는 패러다임을 절대시하기 때문에 자본주의 사회에서는 이 과정에서 낙오되는 자는 악으로 취급당하기 일쑤이다. 이러한 낙오자에 대해 스펜서는 요구호자, 패자는 생존 부적격자로 사회에서 차라리 없어져야 된다는 비인간적 논리를 전개하였다. 우승자, 성공자만 생존 적격자로 행복을 누릴 권리가 있다고 보는 사회진화론에 대해 강력하게 대응해야 한다. 이는 결코 쉬운 일이 아니다. (중략) 이 엄청난 사회적 다윈이즘이 지배적인 악독한 상황 밑에서도 전통적인 인간관으로 '생존 부적격자'의 편에 서서 연면하게 사랑을 실천해 오고 있는 것이 기독교사회복지사업인 것이다(김덕준, 1983b: 11).

그러나 기독교 인간관은 오랜 기간 기독교국에서부터 지금은 우리나라 교계에서 마저 '거대 물량주의', '자유경쟁', '우승열패', '적자생존'의 다윈주의로부터 배신당해왔고, 더불어 인간 세계의 개인과 사회제도에도 전통적 가치관의 붕괴와 기독교의 고귀한 전통적 가치체계마저 땅에 떨어지는 결과를 초래해왔다고 보았다. 여기에 기독교사회복지의 도입이 사회운동으로 19세기 중엽 영국에서 시작하여 미국으로 확산된 자선조직화운동과 이민자들을 위한 인보관 사업 등 사회가 외면한 자들에게 인간의 존엄성을 되찾고 창조적 삶을 영위할 수 있도록 도와주는 사회사업의 이론과 기술 및 방법, 전문교육과 조직체의 발전이 불가피했지만, 세계대전을 전후하여 세계교회협의회(WCC)는 '책임사회'를 위해 개인 구원 위주의 신앙 태도를 비판하고 또한 사회 전체의 구원을 강조한 사회복음운동을 전개한 미국의 전국교회협의회(NCC)는 사회신조위원회를 결성, 경제 상태를 검토하여 미국의 자유방임적인 자본주의 사고방식에 경종을 울리기까지 했다는 점과 1970년 동경에서 열린 개발을 위한 '아세아 기독교 대회'의 메시지를 인용, '인류의 인간성은 하나님이 주신 선물로 그 보존과 촉진은 우리에게 주신 책임이라는 사실을 믿는다. 만일 모든 사람들을 우리의 형제자매로서 우리가 받아들이지 않는다면 우리는 하나님을 우리의 아버지로 받아들일 수 없다.'라고 하여 '책임 사회운동'에 적극 참여 솔선수범할 것을 당연시했다(김덕준, 1979).

(중략) 특히 바트림의 《사회사업의 본질》과 비에스텍의 《개별사회사업의 관계론》에서 인간 존중에 대한 저들의 입장에서 교훈을 얻어야 한다. 전자는 '사회사업도 인격 가치를 호소하는 것을 피하는 경향이 있다'라고 경고하고 가치관에 기초한 인격에 대한 존엄으로 시종 사회사업의 실천을 '인간 회복'의 측면에서 주장한다. 그리고 비에스텍은 예수회 신부로서 인간성 회복을 위해 사회사업가는 피조자(저자 주: 서비스이용 당사자)를 대할 때 인격적인 한 인간으로 개별화하여 존중해야 하며 그러기 위해서는 비심판적인 태도로 감정 표현마저 목적을 두어 통제된 개입으로 그를 수용하고 비밀을 엄수하며 자결권을 인정하는 원칙을 지키

도록 한 것으로서 이것이야말로 기독교사회사업의 인간성 회복과도 맞
물려 있다고 본다(김덕준, 1985c)."

[사진 15] 김덕준 저, 《전문사회사업과 산업복지》 표지

이렇게 기독교적 인간관에 근거하여 통합적이며 융합적인 사회복지
실천을 지향했던 김덕준의 사회복지 사상이 사회제도로서의 사회복지
정책과 서비스 실천으로까지 충분히 적용됨을 보여주는 접근은 그가 쓴
《전문사회사업과 산업복지》(김덕준, 1975b)와 '구미사회사업 철학의 배경
에 대한 시고: 기독교의 본질을 중심으로'(김덕준, 1979), '사회정책의 개
념에 대한 기독교적 해석 시고'(김덕준, 1980a)에 제시되어 있다. 이 세 개
의 자료를 재구성하여 정리하면 다음과 같다.

"사회사업의 궁극적인 목적은 두 가지가 있다. 즉 제1은 인류의 행복

을 초래하는 것이다. 인류란 인간 한 사람의 문제가 아니며 가능한 대로 다수의 사람이 가능하다면 절대다수의 행복을 누릴 수 있는 세상으로 만들어보자는 것으로 물론 최후의 한 사람까지도 의식주에 배제되는 일이 있어서는 안 된다. 이것이 즉, 사회사업의 제1 목적이다. 제2는 평화로운 사회를 실현하여 보려는 것이다. 소수의 개개인만이 행복을 맛본다면 그것은 평화로운 사회라고 할 수 없으며 많은 사람이 평화를 맛볼 때 그것은 평화로운 사회임이 틀림없을 것이다. 한 사람이 행복감에 젖기 위하여 많은 사람이 그 혜택을 받지 않으면 안 된다고 해서는 안 될 것이다. 되도록 다수, 가능한 대로 절대다수가 행복하기를 바라는 것이다.

(중략) 인류가 불안한 사회를 만들어나가려고 하는데 이를 제어하고 그렇게 불안한 방향으로 가지 못하도록 예방하는 데에 사회사업의 목적이 있는 것이다. … 그 목적을 달성하기 위하여 다양한 사업을 하고 있으며 그 사업을 하는 것을 오늘날 우리들은 말하여 '사회사업' 혹은 '사회사업적 시설'이라고 한다. 여기에서 사회사업의 목적으로서 첫째, 인류의 행복을 초래하기 위해서, 둘째, 평화로운 사회를 실현하기 위한 것이라고 한 것이다. 이와 같은 사회사업의 목적을 조금 더 구체적으로 정리하면 사회사업의 목적은 사회적, 경제적 부적응의 원인과 결과에 대한 그 전문가적 지식을 국가의 복지사업에 투입함으로써 건전한 사회정책과 진보적인 사회복지 프로그램의 발전에 공헌하는 일이다. 인간의 행복을 지향하는 개인, 가족, 집단, 지역구조, 사회적 변화를 종합적으로 변화를 도모하는 것이다.

그런데 사회사업의 목적을 달성하기 위해서는 기독교적 인간 이해에 기초해야 하는 것이다. 사회사업가가 사람들을 어떻게 이해하고 있으며 사회사업을 움직이게 하는 사회정책에서 사람들을 어떻게 바라보고 있는지가 매우 중요한 것이다. (중략) 기독교적 인간관에 기초한 사회사업은 '하나님의 형상'을 따라 지어진 인간의 본질로서 개별성과 관계성을 제시함으로써 지역사회를 유기적이며 사랑의 유대감으로 형성된 공동체로 보게 하는 것이다. (중략) 예수 그리스도는 하나님의 성품과 뜻을 몸으로 실현하심으로 성도로 구성되는 공동체의 모범이 되셨으며, 십자가는 그 실현하는 과정과 방법으로써 공동체의 사역을 제시하는 것이다. 하나님의 나라는 그 십자가의 길이 도달하는 종말의 상태로서 공동체의 최종적이고 궁극적인 목표가 되는 것이다. 하나님의 나라는 그 형상이 사회화된 영역에서 이루어지고 경험되게 하는 것이다. 기독교적 인간관에 의한 사회사업 활동이 지향하는 것은 하나님의 형상과 성품 및 본질, 그리고 그리스도의 뜻과 방법이 지역사회 공동체 안에서 사회화되도록 하는 것이다. 동시에 이 목표야말로 기독교가 지향하는 사회정책과 사회사업의 골격이라고 말할 수 있다. 기독교적 인간관으로 행해지는 사회사업은 결국 한 개인이 주체적이고 독립적인 인간으로서 자립함과 동시에 가족과 지역사회, 그리고 전체 사회에 상부상조의 공생적 관계를 맺는 사회적 통합을 목적으로 진행되는 행위이기 때문이다. 그러므로 진정한 사회사업은 신학에 토대를 두고 사회과학을 응용하여 사람과 사회, 개인과 집단, 주체성과 관계성이라는 지점에서 신학과 사회사업이 서로 만나 하나가 되어야 하는 것이다.

(중략) 사회사업이란 자본주의 제도의 구조적이며 필연적 소산인 사회적 문제에 대해 합목적적이며, 보충적인 공사(公私)의 사회적 방책, 사회사업, 시설의 인간 본질 회복을 지향하는 활동이다. 인간 생활상의 사회적

요구에 불충족 내지는 불완전 충족에 따라서 복지의 침해와 손실의 여하에 대응하는 정신적, 물질적인 구제 보호 및 복지의 공여와 증진을 일정한 사회적 수단을 통해서 조직적으로 행하는 활동이 사회사업인 것이.

한편 자본주의하에 산업화된 사회 속에서 노동자의 권익을 보호하고 보장해야 하는 것 또한 사회사업 및 산업복지의 핵심적인 사명임을 잊어서는 안 된다. 사회사업의 핵심 대상은 부유한 자들이 아니라 가난하고 소외된 사람들임을 언제나 상기해야 한다. 그러므로 산업사회에서의 복지시책은 크게 나눠서 세 개가 있어야 하는 것이다. 즉 국가가 주체하여 시행하는 사회보장제도, 기업이 주체가 되어 실행하는 기업복지, 그리고 노동단체가 주체가 된 노동복지인 것이다."

그리고 이번에 발굴하여 처음으로 소개하는 김덕준의 육필 원고 '사회사업 철학'(1967년 11월 7일)도 그가 갖고 있었던 사회복지 사상의 일면을 구체적으로 보여준다.

"한국인은 누구이며 그가 선 땅은 어디냐는 것을 고찰한다는 것은 한국적 이해의 가장 빠른 길이라 하겠다. 그 이유는 그것이 바로 현실이요 내용이기 때문이다. 한국의 샤머니즘은 한국인의 생활과 이에서 형성되는 성격을 장고한 시간을 통하여 만들어왔다. 그 첫 번째는 주체성이 희박하다는 것이다. 주체적인 것이 없으며 만사를 결단하려고 하지 않는다. 일체의 생활 현상을 초월적인 신영계(神靈溪)에 그 근거와 책임이 있다는 의타성이다. 둘째로는 농촌 생활이 성립된 이래 극히 최근까지 길은 논두렁 길뿐이요 운반의 도구는 지게뿐이었다는 사실은 자기 변혁도 자기가 살고 있는 환경의 변혁도 없는 보수성을 여실히 보여주고 있다. 즉 현실에 대한 윤리적 결단이 부족했기 때문이다. 셋째로는 영원과 함께 내일이 없는 하루살이의 현실주의적 성격이다. 즉 기복도 점술도 무당굿도 모두 현재의 요구를 어떻게 충족하며 복된 생활을 즐기느냐에 집중되고 있는 것이다.

이와 같은 소극적이요 부정적인 성격은 하루 이틀에 조성된 것이 아니라 장구한 시간 속에서 형성되어왔기 때문에 지금도 의식 또는 무의식중에 우리의 현실 생활에 작용하고 있는 것이다. 어떠한 면에서는 이와 같은 한국인의 성격이 기존 종교를 추월하여 그 교세 면에서 일취월장하는 기독교를 수용하게 하였는지 모른다. 그것은 여하튼 간에 이 소극적이고도 부정적인 성격을 가진 한국인의 마음속에 복음이 스며들어 그 성격을 점차 씻어서 적극적이고도 긍정적인 성격으로 변화시키는 일이 기독교의 한국적 이해의 가장 중요한 내용이라고 생각한다. 그러므로 다음에 한국인의 성격을 포함한 한국적 현실에 대한 기독교의 한국적 이해의 방향 몇 가지만 들어보기로 한다.

첫째는 우리의 기성세대가 일제 치하에서 비인간적 취급을 받은 것을 다반사로 하여서 그런지, 그렇지 않으면 6·25 동란 시 어마어마한 죽음을 보아 와서 그러는지는 몰라도 생명을 가진 인간의 존엄성을 경시하는 풍조가 있는 듯하다. 기독교의 인간관에서는 인간의 존엄성에 대한 확신은 기독교의 본질이며 인간 만사의 척도임으로 인간 존엄성의 회복은 한국 기독교의 근본적 사명이다. 그 근본적 원인은 하나님이 자기의 형상대로 인간을 창조하시고 그에게 천지를 다스리는 능력을 주셨기 때문이다.

둘째로는 하나님은 인간에게 자유를 주시되 인간이 하나님께 거역할수 있는 자유까지 주셨다고 하였다. 그러므로 자유는 그리스도인의 특권이라 하겠다. 한국에 있어서는 무엇보다 복음이 말하는 자유를 명확히 이해하고 파악하도록 하지 않으면 안 된다. 복음의 핵심은 하나님의자녀로 된 그리스도인의 절대 자유에 있다. 이 세상에 어떠한 가치도 규제도 우리를 속박할 수 없다. 예수 그리스도는 이 세상의 힘이 자유에서부터 도래함을 분명히 하셨다. 우리를 해방하여 우리에게 자유를 얻게하셨던 것이다. 한국인은 어느 누구보다도 이 자유의 복음을 기쁜 메시지로 받아들이지 않을 수 없다. 그 이유는 우리의 역사는 특히 부자유한생활의 계속이었던 동시에 샤머니즘은 인격을 속박하였고 유교는 형식윤리로 우리를 강압하여 왔기 때문이다. 그러므로 어떠한 일이 있어도복음에 있는 자유는 바로 파악되어야 하며 또한 강조되어야 하며 지켜져야 할 것이다. 그러나 한국인의 교회들이 목사에 억압되어 또한 교회의 형식적, 율법적 규례에 얽매여 도무지 자유함을 발휘하지 못하는 것은 극히 안타까운 일이다. 헌금을 강요하고 교회당을 건축하기 위해 가난한 교인의 주머니를 갈취하는 것 같은 목양은 참으로 주의하여야 하겠다. 예수 그리스도의 복음은 한없는 자유를 경험하는 것이다. 그리스도를 따르는 우리는 그 행사에 각별히 조심하여야 하겠다. 그 이유는 믿음이라는 껍데기로 악도 행할 수 있는 자유를 가지고 있기 때문이다. 교회 지도자들과 신앙이 각별하다고 하는 사람일수록 타인의 자유를 침해하지 아니하도록 각별히 주의하여야 하겠다.

셋째로는 하나님께서는 인간에게 절대적 자유를 주셨는데 인간은 그 자유를 사용하여 하나님께 거역하였다. 이것이 원죄의 기원이다. 그럼에도 불구하고 하나님은 인간을 사랑하셔서 스스로를 인간으로 화신하여 십자가를 짊으로써 인간의 죄를 대신하여 속죄하셨다. 그의 포용성은 끝이 없다. 복음에 대한 한국적 이해의 초점은 또한 그 관용성에 있지 않으면 안 될 것이다. 우리와 질적으로 차이가 있는 예수 그리스도는 신적인 자기의 위치를 부정하고 섬기는 자의 모습을 취하여 인간과 같이 되시는 것으로서 우리를 포용하여 일체가 되셨다. 이것이야말로 복음의 내용인 동시에 복음의 존재 양식이다. 샤머니즘과 유교는 나와 나의 가족과 나의 가문만을 위한 행복을 추구케 하여 왔지만, 속죄는 우리에게 섬기는 자의 길을 터놓았다. 한국적 고질이라는 분파주의의 심리도 이 섬기는 자의 길에서는 안개와 같이 사라지고 말 것이다. 무한한 포용력을 바탕으로 섬기는 자의 힘은 산산이 조각난 인간의 분열과 해체를 유착시키고도 남음이 있는 신비로운 힘을 지니고 있기 때문이다.

끝으로 하나님은 그의 외아들 그리스도의 십자가의 속죄로 인간의 위격을 회복하여 주신 동시에 인간들에게 위격 회복 후의 몸가짐을 몸소 보여주셨다. 즉 '하나님을 두려워하고, 하나님을 내 몸과 같이 사랑하라'라고 하셨다. 모든 존재는 각각 목적을 가지고 있다. 따라서 인간도 목적을 가진다. 그의 목적이란 무엇인가. 그것은 최고선을 목표로 하고 그것을 성취하려는 성실한 노력이다. 최고선이란 무엇인가. 그것은 하나님을 우러러보며 내 이웃을 내 몸과 같이 섬기는 일이다. 그는 영원한 하나님의 계획 속에서 극히 짧은 생명을 가지면서 양팔을 펴들고 하늘을 우러러 다리는 땅에 붙이고 산다. 극히 잠시 동안이지만 하나님의 성업에 동참하는 일이다. 그리스도의 십자가의 피가 하나님과 인간과의 관계를 회복하는 다리의 역할을 완수한 것처럼 산산이 부서진 이 땅의 인간과 인간 간의 관계 즉 가진 자와 없는 자, 입은 자와 헐벗은 자, 배운 자와 배우지 못한 자, 기업주와 근로자, 주부와 식모, 의사와 병자, 다스리는 자와 백성, 법관과 죄수 등등 헤아릴 수 없는 인간관계에서 서로서로 '고귀한 생명을 가진 하나님의 자녀'로 확신하는 데서 그 인격을 존중할 뿐 아니라 '네 이웃을 네 몸과 같이 사랑하라'라고 하신 대로 그 실천을 통하여 하나님 안에서 형제자매가 되게 하는 다리의 역할, 이것이 바로 그리스도인의 목적이며 이것이 바로 이 땅 위에서의 최고선이다. 이것은 꿈이다. 그러나 이 꿈의 구현을 위한 노력이야말로 한국의 사회사업가들이 모범 받아야 할 올바른 이정표인 것이다. 그리고 이것이야말로 사회사업 철학의 요체이다."

특히 거시적인 사회정책에 기독교적인 관점이 내포되거나 아니 오히려 기독교적인 사회정책이 구현되어야만 사회적인 문제가 근원적으로 해결될 수 있음을 김덕준은 자신의 소논문인 '사회정책의 개념에 대한 기독교적 해석 시고'(김덕준, 1980a)에서 주장한다. 이 논문을 통해 궁극적으로 김덕준이 내리는 결론은 결국 사도행전에 나오는 초대교회의 '사랑의 공산(共産) 공동체(共同體)'로 귀결된다. 즉 원시 기독교의 처음 교회 사람들은 "한마음과 한뜻이 되어 모든 물건을 서로 통용하고 자기 재물을 조금이라도 자기 것이라 하는 이가 하나도 없더라"라고 했다는 거다. 그럼에도 불구하고 그들 중에는 가난한 사람도 없었다는 점에 주목한다(행 4: 34). 나눔의 삶은 기본적으로 모두에게 생활의 안정을 가져오게 한다. 기본적인 생활의 안정은 평안의 중요한 조건이 된다. 김덕준이 지향하는 사회정책의 핵심이 바로 여기에 있는 것이다.

김덕준에 의하면 가난이라는 현상이 문제가 아니라 그 가난으로 인해 발생되는 사회경제적 억압과 편견이 모든 불행의 원인이 되고 있다. 사람들은 고도의 경제적 압력을 감당하기 어려워 자살과 정신질환, 중독, 범죄 등에 빠진다. 이런 현상은 김덕준(1979)의 용어를 빌리면 자본주의 제도의 필연적 결과다. 이러한 자본주의 제도하에서 빈번하게 발생하는 경제적 압박을 극복하는 방식은 결국 '하나님을 사랑하고 네 이웃을 네 몸과 같이 사랑하라'라는 복음의 정신을 실천하는 것이다. 즉, 이러한 복음을 믿고 이를 이 세상 속에서 실행에 옮겨 문화가 되고 삶이 되게 하는 사회화 과정으로 전환시켜야 하는 것이다. 이와 같은 복음을 사회의 '공동선'과 '최고선'으로 삼고 이를 사회정책의 궁극적인 목적으로 보편화시켜야 한다는 것이다. 바로 이것이야말로 김덕준이 그토록 염원하는 '기독교사회정책의 근본적인 지향점'이 된다.

나는 김덕준의 '사회정책의 개념에 대한 기독교적 해석 시고'라는 논문을 읽고 사실 엄청난 충격을 받았다. 기독교사회복지실천을 미시적 차원 내지 중시적 차원으로만 이해했었는데 김덕준의 주장은 거시적 차원까지 모두 아우르는 그야말로 파격적인 내용이었기 때문이다. 그래서 조금 길긴 하지만 어느 정도는 상세하게 독자들에게 소개하려고 한다. 그래야만 김덕준의 의도를 파악할 수 있기 때문이다. 그래도 내 나름대로는 중요하다고 생각되는 부분을 중심으로 압축 요약했음을 밝힌다.

"1960년대 초반까지 미국의 사회사업 교육은 미시적 접근(Micro-approach)의 전성시대라고 생각하지만 바로 이 시점을 전후해서 (중략) 미시적 차원의 사회복지실천이 사회정책과 연결되어 있지 못하면 커다란 한계를 가진다는 인식도 확대되었다. (중략) 실제로 1971년 9월 ICSW(국제 사회복지사 회의)의 실행이사회(부랏셀, 벨) 참석 후 그 당시 브랜다이스(Brandeis)대학교 총장이며 ICSW의 국제 회장이었던 챨스 스코틀랜드(Charles I. Schottland) 박사의 초청을 받아 필자(김덕준)가 그 대학원을 방문했을 때, 학생 수가 132명이었는데 그중 6명만이 석사학위 과정 이수자이고 나머지 126명은 모두 박사학위 공부를 하고 있었다고 하였다. 놀랍게도 박사가 되고자 하는 학생들이 거의 대부분 사회정책과 관련되어 있다는 관계자의 말이 충격적이었다. 이는 오늘날 세상을 볼 때, 자연스러운 결과이다.

그해 11월 초에 인도의 봄베이에서 열린 바 있는 동남아 사회사업 교육자 세미나에 유니세프(UNICEF)의 초청으로 참석한 바 있는데 '사회개발과 인구문제'가 주된 의제였으며 따라서 사회정책으로서의 인구문제 즉, 가족계획과 사회사업 교육을 직결시켜 가족 계획에 있어서의 사회사업 교육의 역할이 무엇이냐가 제기된 매우 의미 있는 세미나였다.

필자는 귀국 후 사회사업 교육에 있어서의 사회정책의 중요성을 '중앙 헤롤드(The Chung-Ang Herald)'에 기고한 바 있지만 어떻든 우리나라 사회사업 교육에 사회정책의 중요성에 대한 인식이 심어지기 시작한 시기는 1970년대 초반인 고로 아직도 나이가 어리다 하겠다. 즉, 봄베이 세미나의 연속 사업으로 에코(echo) 세미나가 수원 크리스챤 아카데미에서 열린 것이 다음 해인 1972년 4월이니 그럴 만도 하다.

우리나라의 사회사업 교육은 미시적 접근(Micro-approach) 면에서 크게 발전하였다고 본다. 또 계속적인 발전이 있어야 할 것이다. 그러나 국가적인 여건도 그렇지만 거시적 접근(Macro-approach)에 적극적으로 눈을 돌려야 할 때가 왔다고 보며 또 그 핵심이 사회정책이란 것도 알게 되었다. (중략) 이 논문은 사회정책의 사상적 고찰을 기독교적 입장에서 시도하여 보려고 하는 것이며 따라서 사회사업을 공부하는 학생들이 사회정책의 개념을 이해하는 데에도 약간의 도움이 되기를 바란다.

(중략) '사회'라는 말을 선두어로 하여 사회사업, 사회문제, 사회운동, 사회봉사사업 등의 용어는 누가 어느 때에 사용하기 시작했느냐에 대해서는 모를 일이나 그것은 봉건제도가 무너지고 자본주의 제도가 출현하게 된 산업혁명 이후라고는 말할 수 있을 것 같다. 어떤 학자들은 사회정책의 동의어가 사회개량이라고 한다. 사회개량(주의)이란 말보다 사회정책이란 말이 우리나라에서는 일반화된 것처럼 느껴진다. 그렇다면 사회라는 말과 정책이라는 말의 의미는 개량이라는 말의 의미와 비슷한 의미를 가지고 있는지 알아보기로 하자. 선두어로서의 '사회'라는 말이 19세기에 나타난 것으로 추정됨에서 그러는지는 몰라도 폰시오엔(Ponsioen)은 '19세기의 'Social'이란 말은 아주 다른 의미를 내포하고 있는데 가난하고 비참한 사람들과 관련된 모든 어휘들이 그렇듯이 사회사업, 사회복지사업, 사회활동법률 등도 시혜적이며 온정적인 보호와 돌봄의 의미가 두드러진다.'라고 하고, 그러나 그 후로 이 의미는 '빈곤과 고통을 제거하는 목적으로 사회를 개혁하는데 관련된 모든 방면'으로 달라졌다. '고통스러운(Miserable)'이란 말은 처음엔 경제적인 의미에서 해석되다가 그 후론 심리적인 의미(개인들에게 나타나는 원인들)로, 또 그 후로는 사회적인 의미(상호관계, 집단의 정신상태, 사회구조에서 나타나

는 원인)로 해석되어지고 있다. 동시에 고통스런 사람들이란 개념이 경제적, 사회적 또는 심리적 견지에서 볼 때 약한 사람들이라는 개념으로 바뀌어졌다. 이 의미의 'Social(사회)'라는 말이 근본적으로 역사적인 고로(분석학적인 첫 번째 의미와는 반대로) 복잡한 서양사에서만 이해가 될 수 있다. 그리고 시초에 그 의미가 감상적이고 덕행(德行)적이었던 고로 'Social'이라는 의미가 나라마다 다를 것이라고 말하고 '사회란 의미' 속에서 그 역사적인 변화를 시인하면서 경제적, 심리적 및 사회적 고통의 개량을 암시하고 있다.

티트머스(Titmuss)는 정책이란 말을 '주어진 목표를 지향하는 행동을 지배하는 제 원리라고 말할 수 있다. 이 개념은 목표에 관한 행동과 동시에 수단에 관한 행동도 내포한다. 그러므로 그것은 변화를 의미한다. 즉 제 상황, 제 제도, 제 실행, 제 행위의 변화이다.'라고 말하였고 폰시오엔(Ponsioen)은 정책과 정치를 구분하여 다음과 같이 말하고 있다. '정책이란 말은 정치라는 말과 매우 혼동되곤 한다. 정책이란 계속적이고도 계획적인 활동으로, 상황, 가능성, 저항성, 자극력과 그 반대 힘에 따라 점차로 실현되는 원 거리적 목적이나 이념에 목적을 둔다. 정책은 기관, 시설 혹은 공공권한 기관은 물론 개인에 의해서도 실행되어질 수 있다.'라고 말하면서 '정치란 기술이며 그것을 통하여 원하는 목표에 도달할 수 있다. 특히, 다른 목표에 목적을 둔 다른 정치가들의 반대나 사람들의 저항을 극복하는 데 목적을 둔 기술이라 하겠다.'라고 하고 정책과 정치를 구분한다.

그러므로 티트머스(Titmuss)가 내린 정책의 규정이나 폰시오엔(Ponsioen)의 그것이나 공통된 점은 점진적으로 개량한다는 의미이다. 역

사적으로 이미 사용해 오던 사회개량이란 말을 사회정책이란 말로 옮겨
쓸 수 있는 일은 그 의미를 보더라도 무리가 아니라고 생각한다. 즉 '사
회정책'이거나 혹은 그것을 대신하여 쓰고 있는 말의 주류는 곧 사회개
량주의 사상이라 하겠다. (중략) 티트머스(Titmuss)가 말한 것처럼 개량이
란 말은 변화를 뜻한다. 그러나 돌연 변화, 급진적 변화, 완전 변화, 또
는 근본적 변화를 뜻하는 혁명(revolution)의 의미는 없다고 생각한다. 그
러면 사회혁명이 아닌 사회개량주의 사상의 원류는 무엇인가에 대해서
고찰하여 보고자 한다.

변시민(1970)은 사회정책이란 용어의 시작을 '사회정책은 독일어로
sozialpolitik의 역어이다. 독일에서 sozialpolitik란 말을 사용하게 된 것은
1873년 verein für sozialpolitik(사회정책학회)가 창립된 이후, 독일에서 일
반화된 말이다. 이 말이 일반화하기 이전까지는 sozialreform(사회개량협
회)가 그것이다.'라고 말하고 사회정책학회 창립 이전에는 사회개량이란
용어를 써 왔었고, 그 이후에도 쓰고 있다고 말하고 있다.

일본의 고노(河野, Kono)도 그의 저서에서 '사회정책을 사회개량주의
라는 특정의 사회사상의 의미로 쓰는 것은 독일 사회정책학계뿐만 아니
라 각국의 학계 및 사상계의 오랜 전통이며 또한 유력한 상식으로 되어
있다. 독일 사회정책학회의 취의서(1873년 5월 31일)에서도 그러하지만,
또한 사회정책학회(Der verein für sozialpolitik)의 창립대회(1873년 12월 13일)
에서 구스타프 슈몰러(Gustav Schmoller)는 개회사에서 사회정책과 사회개
량주의 사상이라는 특정의 사회사상과 고착케 하여 다음과 같은 의미를
담고 있는 개념을 말하고 있다. 즉 그는 사회의 평화나 노사 간 투쟁이
사회혁명의 원초적 동력을 가져오며 사람들은 이미 자유주의의 교설을

믿지 않고 사회 혁명적 사상이 강성하고 있음을 경고한다. 나아가 그는 이론적 사회진화사상에 기초하여 자유방임주의와 사회주의와의 두 개의 방면에 전선을 펴서 국가의 간섭에 의한 계급 간, 당파 간의 화해·타협· 평화적 개량이 필요하며 또한 그와 같은 개량이 가능하다는 것을 강론하며 강조하여 사회정책과 사회개량주의 사상을 결합시킨다. 결국 사회정책학회의 회합의 목적은 사회관계를 개량하기 위한 기초를 찾아내어 사회개량의 제 의견에 일반적 규정을 주는 일이다.'라고 말하고 있는 것이다. 이와 같은 슈몰러(Schmoller)의 견해는 단지 그의 개인적 견해에만 그치는 것이 아니고 당시의 독일 사회정책학회의 의향을 대표하는 것이며 또한 독일에 있어서의 지배적인 사고였다. 이같은 사실은 독일 이외의 각국에 있어서도 말할 수 있으며 사회정책을 사회개량주의 사상이라는 특정의 사상과만 결합케 하는 것은 현대에 있어서도 제거하기 힘든 상식이라고 하며 사회개량주의는 사회정책과 동의어 내지는 양자의 결합을 뜻하는 슈몰러(Schmoller)의 주장을 들고 있다.

구 일본 사회정책학회 취의서(명치 33년, 1907년)에 있어서도 '우리는 방임주의에 반대한다. 그 이유는 극단적인 이기심의 발동과 제한 없는 자유경쟁은 빈부의 격차를 극심하게 하기 때문이다. 우리는 또 사회주의에 반대한다. 그 이유는 현재의 경제 조직을 파괴하고 자본가의 절감을 꾀함은 국운의 진보에 해롭기 때문이다. 우리를 주목하게 하는 바는 현재의 사유적인 경제 조직을 유지하고 그 범위 내에서 개인의 활동과 국가의 권력에 의해서 계급의 알력을 예방하고 사회의 조화를 기함에 있다.'라고 말하고 있다. 이와 같이 구 일본 사회정책학회의 견해가 슈몰러(Schmoller) 및 독일 사회정책학회의 그것과 꼭 같으며 제국의 전통적 사고와 다를 바 없다는 것은 더이상 설명할 필요는 없다. 일본에 있어서도 '사회정책'은 곧 '사회개량주의 사상'을 표현한다고 생각하는 것이 상식으로 되어 왔다.

(중략) 1928년 파리에서 벨쥼의 의사 '루네 쌍' 박사의 주창 하에 개최된 제1회 '국제 사회복지 회의'는 '사회써어비스'의 과제로서 (1) 빈곤에서 생기는 고난의 완화, (2) 사회적 해악의 예방, (3) 사회적 상태의 개선과 생활 표준의 향상이라는 3개의 원조를 들었다. 이 대회에서 주창된 3개의 표어도 역시 사회개량주의 사상의 기반 위에 설정되어 있다는 것을 알 수 있으며 1920년대의 사회복지에 대한 서구 제국을 비롯한 회원 제국의 요구를 반영한 것이라 하겠다.

(중략) 히라타(Hirata)와 사쿠치(Sakuchi)는 공동 편저에서 '사회정책을 가지고 계급의 알력을 막아 자본제 사회의 조화를 기도하는 것으로 하는 계급 협조적인 사상은 지금까지의 전통적인 견해이다. 이와 같은 사고는 도의적 사회정책론, 추상적 사회정책론 및 직분 협동체적 사회정책론 등을 통해서 볼 수 있는 것'이라고 말하고, 도의적 사회정책론의 모델을 슈몰러(Schmoller)의 주장에서 근거하고 있다. 즉 '도의적 사회정책론은 가장 고전적 사회개량주의 이론으로 자본주의 질서의 틀 안에서 노사 간에 분배의 공정화를 점차 실현하는 일이 사회개량으로서의 사회정책의 이상이라고 주장한 것'을 말한다. 여기에서 사회정책의 목적은 '부자와 빈자와의 사이에 일종의 균형을 만들어 내는' 일이며 노사의 계급 대립을 분배정책에 의해서 교정하여 보려고 하는 데 있었던 것이다. 아울러 도의의 기반을 분배의 공정화에 두고 있다.

같은 기반에 서 있는 사람은 와그너(Wagner)이다. 와그너(Wagner, 1835-

1917)는 '일반적으로 사회정책이라 함은 분배과정의 영역에 있어서의 여러 가지 폐해를 입법 및 행정 수단으로 배제하려고 하는 국가의 정책'이라고 규정하였다. 그에 따르면 사회정책이 배제하려는 폐해는 주로 재산소득과 노동 소득 사이에 발생하는 분배의 불공정에서 야기되는 폐해이며 이와 같은 폐해를 발생케 한 것은 사유재산제도 하에서 자유경쟁 및 계약자유의 원칙 등을 기초로 하는 자본제 경제 질서이다. 사회정책은 이와 같은 자본주의 제도의 폐해를 배제함을 목적으로 하는 것이다. 사회정책 요구의 주관적 동기는 재산소득과 노동 소득과의 대립을 어느 정도 완화하여 노사의 계급 협조를 기도하려는데 있다고 생각하였다. 공정화를 기본으로 하는 데 있어서 그는 슈몰러(Schmoller)와 같은 입장이다.

추상적 사회정책론이란 막스 웨버(Max Weber, 1868-1958)의 인식 방법에 따라 이르는바, 과학적 사회정책론을 제창하는 이론이나 그 대표자 즈위디넥 쉬데노르스트(Zwiedineck-südenorst)는 다음과 같이 주장하고 있다. 즉 '사회 정책적인 행동을 필요케 한 해악을 배제하려고 하는 데 그치지 않고 그 해악의 근원을 찾아 거기에 구제의 손길을 뻗치려는 사회정책만이 사회정책이라고 말할 수 있다. 따라서 사회정책의 과학적 성질은 사회과학적으로 파악할 수 있는 사회경제적인 인간관계의 관찰에 의해서 주어지는 것이다.'라고 말한다. 즉 그는 사회경제적인 인간관계의 과학적 관찰이 사회정책 행동화의 실마리라고 생각하며 그의 사회정책을 과학적 사회정책이라고 하는 이유가 여기에 있다 하겠다.

보르트(Borght)는 계급의 존재는 사회 진보의 요인이라고 전제하고 '사회정책이라는 것은 사회의 하층계급 특히 피고용 노동자의 불행을 구제하여 생활 안정을 도모하는 시설이다.'라고 하였다. 이렇게 노동 계급을 사회정책의 대상으로 하고 있음은 브랜타노(Brentano)나 슈몰러(Schmoller)나 와그너(Wagner) 및 즈위디넥 쉬데노르스트(Zwiedineck-südenorst) 등과 동일하다.

위세(Wiese)는 '사회정책에 있어서 윤리적 요소로 사회적 정의를 제시할 수 있다. 그럼에도 제 사회의 권력으로의 노력을 제한하는 국가의 정책 기초로 사회적 정의가 무엇인가는 경제적 필연이 결정한다. 환언하면 사회정책은 경제적 필연의 노선을 따라서 시행된다.'라고 한다. 즉 윤리적 요인을 들어 사회적 정의를 국가의 정책 기조로 하고 있음에도 결국은 경제적 요인에 치중한다.

한편 헤이데(Heyde)는 '사회정책이라는 것은 계급 및 신분 상호 간 및 국가에 대한 관계를 가치를 형성하는 관념 특히 사회정의의 표준에 따라서 조정하는 것을 목적으로 하는 계획적 노력과 수단의 총체이다.'라고 하여 근본 가치 관념으로 사회정의를 주장하고 있다. 이는 위세(Wiese)의 견해를 극복해내고 있다 하겠다.

폰시오넨(Ponsioen)은 '그런고로 사회정책이란 사회의 개인들이나 집단의 약점을 제거하기 위한 사회의 계속적인 개혁에 목적을 둔 정책이라고 정의를 내릴 수 있겠다. 그 진보적인 실현 과정에서 사회정책은 약자를 도우며 약점을 예방하고 양호한 환경을 조성 또는 개선한다.'라고 말하고 구제와 예방과 환경 조성을 주장한다. 사회정책 대상의 범위가 더욱더 넓어졌다 하겠다.

이상 여러 학자들이 제시한 정의에서 공통적인 특색을 들어본다면 (1) 자본제 경제체제의 유지, (2) 노동문제 즉 사회문제의 시인, (3) 계급 협조로 개선, 및 ⑷ 국가가 주체가 되어 있음을 알 수 있으며 브랜타노 (Brentano) 이후 사회개량주의 사상이 면면하게 이어지고 있음을 알 수 있다. 자본주의 제도가 자리를 잡은 이후 상당한 기간에 걸쳐 노동문제 는 경제문제로 그것이 곧 사회문제로 인식되었다. 그러나 경제문제 즉 빈곤 문제는 질병 문제와 범죄 문제를 수반하여 온 것으로, 따라서 사회 문제의 범위도 확대되기 시작하였다. 그러므로 사회정책의 각 개체도 그만큼 확대하지 않으면 안 되게 되었다.

폰시오넨(Ponsioen)은 인간이 당면하는 문제와 요구를 분류하여 다음 과 같이 말한다. '빈곤·요구·고통 또는 상실은 생물학적인 면에서 본다 면; 기아·질병 추위요, 심리학적인 면에선; 정신질환·어린아이의 죽음, 문화적인 면에서 보면; 무지·무식, 사회적인 면에서는; 박탈·갈등·긴 장·오해·외로움·빈곤, 정신적인 면에서는; 착취·도덕성에 대한 무시 로 나타난다고 볼 수 있겠다. 물론 어느 문화에서나 이러한 다른 양상을 같은 방법으로 보지는 않을 것이며 또한 매 경우마다 긴박성에 따른 욕 구들의 순위가 똑같이 형성되는 것도 아니다. 물론 어떤 사람이건 자연 히 생물학적인 요구에 가장 민감할 것이나, 자기가 소속된 집단의 표준 과 자기의 무의식적인 감정을 비교한 후에는 자기의 판단을 바꾸고 다 른 요구에 더 우선순위를 둘지도 모른다고 하였다.

(중략) 인간의 요구와 문제의 넓이와 깊이를 잘 파헤친 분석이다. 브랜 타노(Brentano)에서 시작하여 폰시오넨(Ponsioen)에 이르는 동안 사회정책 의 사상적 기반인 사회개량주의 사상은 변하지 않았지만 그러나 그 객 체는 점차 확대되고 따라서 그 대응책도 확대 변화하고 있다. 그러므로 티트머스(Titmus)가 설정한 3개의 모델이 나온 것도 우연한 일이 아니라

고 생각한다. 티트머스(Titmus)는 '제한적이건 광의적이건 간에 이들 정의나 유사정의들은 가치 판단을 포함한 3개의 목적을 내용으로 하고 있다.'라고 말하고 '첫째로는 그것은 시혜를 목표로 한다. 즉, 시민을 위한 복지를 제공할 수 있도록 노력하는 정책, 둘째로는 그것들은 경제적 목적과 동시에 비경제적 목적을 포함한다. 예를 들면 최저임금, 소득 유지의 최저기준 등이다. 셋째로 그것들은 부자로부터 빈자에게로 자원 명령 양도에 의한 진보적 재분배를 하는 어떤 수단을 포함한다.'라고 하면서 '문제를 푸는 데 도움이 되도록 하기 위하여 3개의 대조적인 사회정책의 모델 혹은 기능을 검토하는 것이 좋겠다.'라고 했다. '모델 만들기의 목적은 만들기의 구조를 칭찬하기 위해서가 아니라 우리들로 하여금 우리들의 경제적 및 사회생활의 어떤 영역에 관계있는 온갖 무질서와 혼란, 제 제도와 제 선택 속에서 어떠한 질서를 보게 하는 데 도움을 주자는 것이다.'라고 말하면서 잠정적으로 3개의 모델을 다음과 같이 들 수 있을 것이라고 하였다.

모델 A(사회정책의 잔여 복지 모델): 이 형식은 개인의 제 요구는 그것을 통하여 충족되는 2개의 자연적(혹은 사회적으로 주어진) 통로 즉, 사설 시장과 가족이 있다는 것을 전제로 하며 이 2개의 통로로도 잘 안될 때만 사회복지 제도(또는 시설)가 역할을 하며 그것도 임시적일 뿐이다.

모델 B(사회정책의 산업 성취수행 모델): 이 정의는 경제적 종속물로서의 사회복지 제도(또는 시설)의 의미심장한 역할을 구체화하는 것이다. 그것은 사회적 요구는 공적인 업무 수행과 생산성에 기초를 두고 충족되어야 한다고 주장한다. 그것은 자극, 노력과 보답, 그리고 계층과 집단 충성의 형성과 관계있는 다양한 경제학적, 심리학적 이론에서 유래되는 것이다. 이것은 시녀 모델이라고 기술되어 오고 있다. 즉 산업적인 성취를 완수하기 위해서 종속적인 것으로 사회복지가 필요하다는 사고이다.

모델 C(사회정책의 제도적 재분배 모델) : 이 모델은 사회복지를 사회통합에 크게 기여하는 사회적 제도라고 보며 사회적 요구의 원리에 따라 어느누구나 시장 밖에서 서비스를 제공받는다. 이것은 부분적으론 사회변화와 경제 제도의 복합적 제 결과에 관대한 적극적 대응이고 부분적으로는 사회평등의 원리에 관한 이론에 근거를 둔다.

위에서 우리는 사회정책의 객체가 시초에는 경제문제(노동 계급을 중심한)뿐이었지만 자본주의 제도가 점차 발달해 감에 따라서 심리 문제, 윤리 문제, 사회학적 문제 및 정신 문제 등으로 그 객체가 확산되어 가고 있음을 알게 되었다. 이미 언급한 바와 같이 시초는 빈곤 문제였다. 그러므로 경제적으로만 해결하면 된다고 생각하여 온 것도 사실인 것 같다. 그러나 우리들이 이해하고 있는 사회 속의 문제는 중복적이고 복합적이고, 다차원적이다. 그러므로 그 대응책도 통합적이어야만 할 것이다.

폰시오넨(Ponsioen)은 '사회정책의 문제는 2개의 차원을 가지고 있다고 본다. 즉 그 첫째는 개인적 요구에서 크게는 사회의 요구에로 움직이는 사회적 욕구의 충족 차원이며 그 둘째는, 순수하게 생물학적 요구에서 정신적 요구에로 움직이는 심리적 욕구 충족의 차원'이다. 이와 같은 문제의 해결을 위한 몇 개의 접근방법이 있다.'라고 하면서 접근방법으로 3개를 들고 있는데; (1) 윤리적 접근, (2) 종교적 접근 및 (3) 사회사업가의 접근이다. 필자(김덕준)는 지면에 제한이 있으므로 본 논문과 관계있는 (2)의 종교적 접근 방책을 들어 내(김덕준) 소신을 파보고자 한다.

폰시오넨(Ponsioen)은 '사회정책 이론의 문제해결을 위한 또 하나의 접근 방책은 종교적 접근책이다.'라고 하고 '사회정책에 대한 종교적 접근책의 가장 구체적인 예들은 교황 Leo XIII와 Pius XI의 회칙인 Rerum Novarum과 Quadrogesimo Anno에서 찾아볼 수가 있다.'라고 말하고 '이 두 개의 회칙은 모두 다음과 같은 것을 전제로 하여 출발한다. 즉 인류는 하나님의 가족이라는 것과 현존 계급 투쟁은 하나님 사랑의 명령에 대항하는 것으로써 통한다.'라고 하고 있다. 그는 이어 '투쟁의 제 원인을 분석하면 양 회칙은 개인주의와 결합한 물질주의와 또한 집단 이해 관계나 혹은 경제력이 있는 집단들이 그 안에서 가장 중요한 역할을 하고 있는 사회의 한 구조와 결합하고 있는 물질주의에 비상한 주의를 기울이고 있다.'라고 하고 '그들의 의견에 의하면 주요 구제책은 하나님과 인류의 사랑 안에서 나타나는 참된 종교로 돌아오는 길일 뿐이다.'라고 주장한다.

이 인류의 사랑은 법률상의 제도를 통해서 사회 속에 공고하게 되고 있는데 그것은 사람의 정신적 발전과 서로 대립하고 있는 이해관계 집단에 기초를 두지 않고 만인의 공동선을 위한 협동집단 위에 기초한 사회구조의 건립을 위한 하나의 조건으로서 그가 필요로 하는 최소한의 물질적 복지를 어느 누구에게나 수여하는 법률제도이다. 그 이유는 정신생활은 사회의 정신임으로 동료 인간에 대한 종교적 태도는 가장 중요한 것이라고 단언한다. 그는 이어 '그러므로 종교는 윤리의 자연적, 문화적 원리에 기본적 원리를 더하고 있는 것'이라고 하고, '첫째로 종교는 인간이 가끔 부도덕하게 되는 경향이 있어 구원이 필요하다는 사실에 주의하고 있으며 이렇게 하여 사회정책은 자발성의 흐름에만 따를 것이 아니라 악을 지향하는 이와 같은 경향을 저지하여야 하며 그리하여 비록 내적 저항에 반항하는 일이 있더라도 덕성을 촉진시키지 않으면 안 된다.'라고 하고, '둘째로 종교는 형제애의 사상과 사랑이란 점에서 개인주의를 제한하는 사상과 그리고 타인의 권리를 존중한다는 사상을 깨닫게 한다.'라고 말한다.

그러면서 그는 결론적으로 '그러나 종교가 가르치는 공동선은 기본적으로는 물질이 아니다. 그럼에도 불구하고 사회·심리적 복지와 문화적 복지와 꼭 같이 물질적 복지도 형제애나 공동선 보다 높고, 보다 정신적인 표현으로 인정받아야만 하는 것이다. 기독교는 다음과 같이 가르친다. 즉, 이와 같은 표준들의 하나하나는 타인들 속에서 표현하는 것이며 또한 타인들의 달성으로 누구나 촉진되는 것이다.'라고 하면서 신약성서, 야고보서 제2장에 있는 '실천이 없는 믿음은 죽은 믿음'이라는 것을 강조한다.

그러므로 폰시오넨(Ponsioen)의 믿음에 근거한 주장을 요약한다면 사랑을 공유하여 그것을 상호 실천하는, 즉 사랑이 압도하는 협동집단의 사회구조를 궁극적 이상으로 하고, 그것을 영속적으로 계획적으로 사랑의 원리를 실천 확산하여 전진하는 일이 기독교적인 사회정책이라고 생각하는 것이다. 아니 이것은 실제로 기독교의 역사적 방향이며 사회화의 방향이다. 시대와 배경은 현대사회와 다르지만 초대교회의 집단생활에서 선례를 볼 수 있으며 이 예는 현대를 살아가는 그리스도인이 지향하는 사랑의 사회화 미션(mission)에 확고한 신념을 더욱 북돋아 주고 있다 하겠다. 그 예에 대한 성경은 사도행전에 기록된 말씀이다.

사도행전 2장 41절과 42절에는 '그들은 베드로의 말을 믿고 세례를 받았다. 그 때에 새로운 신도가 된 사람은 삼천 명이나 되었다. 그들은 사도들의 가르침을 듣고 서로 도와주며 빵을 나누어 먹고 기도하는 일에 전념하였다.'라는 말씀이 있다. 사도행전 4장 32절부터 35절에는 '그 많은 신도들이 다 한마음 한뜻이 되어 아무도 자기 소유를 자기 것이라고 하지 않고 모든 것을 공동으로 사용하였다. 사도들은 놀라운 기적을 나타내며 주 예수의 부활을 증언하였고 신도들은 모두 하나님의 크신 축복을 받았다. 그들 가운데 가난한 사람은 하나도 없었다. 땅이나 집을 가진 사람들이 그것을 팔아서 그 돈을 사도들 앞에 가져다 놓고 저마다 쓸 만큼 나누어 받았기 때문이다.'라고 기록되어 있다.

아베(Abe)는 서기 1세기 중반을 전후한 '원시 예루살렘 교단이 예수의 교훈을 실천함으로써 긴밀한 공동생활을 영위한 사실이 유명하지만, 위에서 사도행전 2장과 4장에 있는 기사는 그 구체적 생활의 묘사'라고 트롤취(Troeltch)의 말을 빌려 지적하고 있는 바와 같이 이것은 '사랑의 공산체'이며 '생산 공산체'는 아니다. 초대 신도들이 형제애가 '공산 생활'로써 표현하지 않을 수 없을 정도로 불타서 높여진 것이지, 경제 제도 그 자체를 목적으로 한 것이 아니다. 즉 종교의 생명에 충만하였던 집단이 신앙의 구체적 발로로 '물질의 공유'를 실현한 것으로써 신앙공동체의 출현이었다고 생각된다고 하고, 원시교회의 신앙생활을 그대로 묘사하고 있다. (중략) 요약하면 하나님을 사랑하고 네 이웃을 네 몸과 같이 사랑하라는 복음을 믿고 실천하는 것이다.' 이와 같은 기독교의 본질과 확신과 그에 따르는 실천으로 트롤취(Troeltch)가 말한 '사랑의 공산체'가 출현 되었던 것은 오히려 자연스러운 결과라 하겠으며 그러므로 앞으로

도 언젠가는 '사랑의 지상천국'이 현재화 하리라는 것을 확신하는 것이 기독교 신앙이라 하겠다.

그러므로 우주는 하나님의 심오한 섭리와 경륜 밑에 창조되었으며 그 창조의 뜻을 따라 인간은 그의 영원한 목적을 달성하기 위한 성업에 순간적이나마 동참할 수 있는 역사적 방향을 인식하고 십자가를 통한 예수의 '사랑' 즉 하나님의 절대적 사랑 즉, '하나님을 사랑하고 네 이웃을 네 몸과 같이 사랑하라.'라는 그 복음을 믿고 그대로 실천하여 이것을 사회화하는 과정에 동참하는 일을 '공동선', '최고선'으로 확신하는 고로 기독교의 본질 속에서는 시초부터 그 목적 즉 역사적 방향과 목적인 동시에 수단인 사랑 즉, 사회학적 방향을 내포하고 있는 '사랑'인 것이다. 따라서 만일 '기독교 사회정책'이란 개념을 가정한다면 위에서 말한 기독교의 역사적 방향과 사회학적 방향이 그 개념의 두 개의 기둥이 되겠다 하겠다. 그러므로 이와 같은 기독교의 본질적 사상이 사회개량주의 사상에 따라서 사회정책의 근본적, 사상적 기반이라고 하는 연유가 여기에 있다고 믿는다(1981년 1월 15일 강남우거에서)."

이상과 같은 김덕준의 관점은 이미 '구미 사회사업 철학의 배경으로 기독교 복음의 본질을 설명'하는 그의 이전 글에서부터 구체적으로 드러나고 있다(김덕준, 1979: 87-96).

"하나님의 형상대로 창조된 인간 하나님의 위격 다음에 위치하면서 자주, 자존, 자유의 인간에서 인간의 존엄성을 찾을 수 있으며, 삼라만상의 지배를 위임 맡은 인간은 자기의 자주 결정에 의해서 하나님을 배신하여 신인 관계를 파괴했으나 인간의 힘으로는 원상회복을 할 수 없었던 고로 인간을 사랑하신 하나님이 스스로를 화신(化身)하여 인간의 죄를 대속하셔서 십자가를 지셨으니 여기서 인간은 원죄의 무서움과 그 원죄를 대속하기 위한 십자가의 절대적 사랑을 알게 되었으며, 그러므로 인간은 시간적으로 제한받는 짧은 생을 이 땅 위에서 사는 동안 하나님의 영원한 창조의 작업에 자유로 자기결정을 내려서 동참하여 그리스도를 모범하여 속죄의 길을 걸어간다. 하나님을 사랑하고 네 이웃을 네 몸과 같이 사랑하라는 복음을 믿고 실천한다. 이것이 기독교의 본질이요 여기에 구미 사회사업의 족적(足蹟)의 원천이 있는 것이다(김덕준, 1979: 94)."

이상의 내용을 종합할 때, 앞서도 언급한 것처럼 김덕준의 사회복지 사상의 근원은 "하나님을 사랑하고 네 이웃을 네 몸과 같이 사랑하라." 라는 복음을 실천하는 것임과 동시에 병자와 근심 걱정하는 사람들을 모두 고쳐주는 활동에 있다(김덕준, 1979; 1980a.; 1985b; 1987). 그리고 이와 같은 복음 실천은 궁극적으로 자본주의 제도 하에서 사회적 고립에 빠진 인간의 고통을 해결하는 일에 집중한다. 김덕준이 바라봤던 현대사회의 비극은 만연하는 소외, 고립, 단절, 차별, 주변화, 방치, 대립 등의 문제로부터 야기된다. 그에 의하면 현대사회의 고통의 뿌리가 본질적으로 사회적 고립과 관계의 단절에 있는 것이다(김덕준, 1975b; 1978; 1979; 1980a.; 1985b; 1987). 놀랍지 않은가! 대략 70년(1950년) 전부터 생존하는 내내 지속적으로 주장했던 김덕준의 입장은 현재에도 곧바로 적용될 수 있는 통찰이라고 판단되는 것이다. 그렇다. 김덕준이 자신의 시대로 표현했던 "현대 산업사회가 초래한 인간의 고통은 본질적으로 사회적 고립에 있다"라고 했던 그 지점이 4차 산업혁명의 시대로 불리는 지금, 이 현대사회의 상황과 거의 다르지 않다는 것이 놀랍기만 하다.

　오늘 우리의 산업사회에서 사회적 사망 즉 상호관계가 상실되는 현상이 만연하고 있다. 김덕준의 시대에도 그랬다. 그리고 이것은 구제 혹은 여기에 부가하여 미시적 사회복지실천 사업만을 통해서는 극복될 수 없으며 새로운 접근을 통해서만 극복될 수 있는 것이다. 바로 기독교적 인간관에 기초한 사회복지정책 실현과 사회사업 '거시·중시·미시적 차원'을 통합하여 융합시킨 혁신적인 사회복지실천으로 가능한 것이다. 김덕준이 지향했던 사회사업은 오늘날의 사회복지실천이 가고자 하며 치열하게 논의 중인 통합적이며 융합적인 사회복지실천과 그 맥이 맞닿아 있다고 할 수 있다.

　김덕준이 꿈꾸며 실현하고자 그토록 애썼던 기독교적 인간관에 의한 복음 실천을 지향하는 사회사업(사회복지실천)이야말로 사회복지적인 측면에서 진정한 '인간의 공생 관계'를 일으켜 세우고 사회통합을 가속화하게 된다. 그것은 다시 사랑 안에서 평등과 자유를 추구하는 평화 요인을 유도하고 이러한 기초적 지향성이 국가적 차원으로 확대되어 전 국민의 복리와 행복이 달성될 수 있는 것이다. 김덕준의 사회복지 사상은 병리적인 문제를 양산할 수밖에 없는 자본주의 제도 하에서 사람들의 자유와 평등을 보장해 나갈 수 있는 사회사업을 해 나가야 한다는 과제를 제시한다. 동시에 체계적이고 구체적인 사회복지 교육을 통해 김덕준이 지향하는 사회복지 사상을 실제 세상에서 실현할 유능한 사회복지사들을 양성해야 함도 다시금 깨닫게 한다.

제6장
김덕준의 사회복지
교육 실천원리

김덕준의 사회복지 사상은 성서에 기초한 기독교적 이념이면서 동시에 그 이념을 실현하는 실제적인 활동을 추구한다. 그러므로 김덕준의 사회복지 사상은 이를 실행에 옮길 수 있는 전문가를 양성해야 하는 데에까지 이르며 결과적으로 사회복지 교육의 실천원리로 이어진다. 이에 이번 장에서는 김덕준의 사회복지 사상을 현실화시킬 수 있는 사회복지 교육의 실천원리를 김덕준의 사상 속에서 도출하여 그것들이 구체적으로 무엇인지를 살펴보고자 한다.

1. 샬롬의 정신

김덕준이 강남대학교에 사회사업학과를 설치한 목적에 대해서 부성래(2003 : 20-43)는 다음과 같이 말하고 있다.

"김덕준 교수가 사회사업학과를 설치한 목적은 교회 내부 울타리 속의 신학으로부터 대사회의 교회 외적 신학을 만드는 데 있다고 할 수 있었다. 전 사회를 목회의 대상으로 하여 사회 전체가 교회의 장이 되고, '하나님의 나라'가 되는 것이었다. 학생들은 하나님의 의지가 전체 사회의 안녕을 위하여 존재한다고 배웠다. 하나님의 뜻은 생명이 번창하고, 그 생명의 번영에 장애물이 되는 모든 요소 즉, 사회문제를 제거하는 데 있다. (중략) 이 말은 이 사회가 샬롬화(Shalom化)해야 한다는 말이다. 히브리어에서 유래한 샬롬(Shalom)이란 말을 대부분의 사람들은 '마음의 평화'나 '개인의 내적 영혼의 화평'으로 알고 있으나 성서적 해석으로는 공동체 속에서 모든 사람들의 공생과 안녕을 의미한다. (중략) 고 김덕준 교수의 사회사업교육의 이념은 이와 같이 깨어진 샬롬(Shalom)을 회복하는 것이었다(부성래, 2003, 24-25)."

　김덕준(1985b)에 의하면 하나님은 사회구조 속에서 희생될 수 있는 자, 즉 가난한 자, 잡힌 자, 눈먼 자, 소외된 자에게 관심을 가지고 이 사회가 공생의 공동체가 되기를 원하고 있다고 했다. 이는 이 사회가 샬롬(Shalom)화해야 한다는 것이다. 김덕준이 주장한 성서적 해석에 따르면 샬롬(Shalom)은 공동체 속에서 모든 사람들의 공생과 안녕을 의미하였다. 김덕준(1987)은 이와 같은 샬롬을 진정한 복지의 상태로 보았다. 하나님이 이 세상을 완전하고 조화된 공생의 터전 속에서 공동의 복리를 이룩할 수 있도록 창조하셨다는 것이다. 그런데 인간은 하나님이 의도하시는 복지(Welfare) 즉, 샬롬(Shalom)에서 멀리 떨어져 나가 동서남북으로, 종교적 교파주의로, 집단 이기주의로, 빈부의 차로, 강약의 불균형으로 나누어 버렸다.

　김덕준의 사회복지 교육의 이념은 이상의 예와 같이 '깨어진 샬롬(Broken Shalom)'의 회복을 지향하는 것이었다. 광범위하게 펼쳐진 제반 사회문제로 가득 찬 이 세상을 공생의 공동체로 회복시키는 노력에 동참하고 도전해야 한다는 것이었다. 여기에서 특기할 사항은 김덕준(1987)에게 있어서 샬롬(Shalom) 즉, 복지란 개별성과 집합성을 동시에 갖고 있다는 것이다. 샬롬은 개인에게도 실현되지만 동시에 사람과 사람과의 관계, 가족과 가족, 국민과 국민 사이에도 이루어진다는 것이다. 그리고 이 모든 영역에서 언제나 샬롬이 있을 때 그 사회는 공생의 공동체가 형성될 것이며 국가공동체 혹은 국제사회공동체가 인류의 복리를 위하여 전 인간사회에 기여하게 될 것이며 당연히 샬롬은 개인에게도 삶의 풍요로움과 신체적 건강과 그리고 마음의 평화와 행복한 삶을 영위할 수 있게 할 것이다.

김덕준(1956)은 전문 사회사업의 중요한 사명도 모든 인간의 복리 향상과 개개인이 갖고 있는 인간의 기본 욕구를 충족시킬 수 있도록 원조하는데 있다고 했다. 특히 빈곤에 처해있는 사람이나 억압당하고 소외된 사람 그리고 상처받기 쉬운 약자에게 힘과 권한을 얻게 하는 것이 전문 사회사업이라고 보았다.

"현재의 자본주의 사회제도는 가난한 자와 부유한 자 간의 간격을 크게 하게 하므로 자본주의제도는 국민을 위험과 불안에 빠뜨릴 수 있는 가능성이 크다. 그리하여 온갖 위험과 불안에서 국민의 생명과 문화적인 생활을 보장하여 주는 사회보장제도가 있고 전문 사회사업이 존재한다는 사실이야말로 자본주의 사회를 지탱하는 필수요건이라 할 것이다. (중략) 사회보장제도를 포괄하는 광범위하고도 민주적인 사회정책이 실시되기 전까지는 어느 나라에서나 전문 사회사업은 자본주의제도가 내포하고 있었던 문제에서 오는 해악들을 부분적으로나 임시적으로 해결해나가는 눈부신 역할을 하여왔던 것이다(김덕준, 1956: 3)."

"인간은 어느 누구나 자기 혼자만으로는 살 수 없는 것이다. 인간은 어느 누구나 어떠한 사회적 집단과 일과 이웃, 지역사회, 조합, 교회와 같은 것에 속하여 생활하고 있다. 따라서 자기 한 사람의 사사로운 일이 아니라 모두 다 공생 운영하여 함께 살아가야만 곧 자기가 속하여 있는 집단과 동일하게 생활에 만족을 갖게 되는 것이다. 사회사업은 개인적 생활에 성공적 영향을 끼치도록 하여야 한다. 고로 그 개인의 힘을 토대로 하여 가족과 이웃, 지역사회 모두와도 공생하게 되는 것이다(김덕준, 1956: 9)."

이렇게 김덕준(1956; 1985a: 13-22)에게 있어서 사회복지실천은 인간을 둘러싼 사회 환경에서 생겨나는 여러 가지 역동적 요소가 만들어 낸 인간 생활의 다양한 사회문제를 제거하기 위한 전문적인 노력이고, 동시에 인간 개개인이 갖고 있는 심리사회적 기능을 어느 정도의 효과적인 선까지 높여줄 수 있는 응용사회과학적 방안이었다. 그리고 이는 샬롬을 실현하는 가장 현실적인 실천접근이었다.

아울러 김덕준(1987; 1955; 1965: 12-26; 1967a: 32-49; 1967b: 40-47; 1968b: 4-30; 1969b: 43-69)이 궁극적으로 꿈꾸었던 사회복지사를 위한 사회복지 교육의 기본적 개념은 인간 내면세계의 변화와 동시에 모든 인류의 복지와 번영이 보장되는 "공생적 사회", "공생적 공동체"의 건설과 성취를 위한 것이었다. 그래서 김덕준(1979: 87-96; 1980a: 17-38; 1982: 23-47; 1983a: 169-189; 1984: 45-54)에게 있어서 사회복지 교육이란 인간이 즉각적으로 정확하게 응답해야 하는 일련의 연속적인 하나님의 활동이었다. 정치 사회적 억압과 자본주의 사회 아래에서 고통받는 사회적 약자들을 보듬어 안는 참된 사회복지 교육을 실현하는 작업이 하나님의 일하심이었고 이것이야말로 진정한 사회사업 즉, 사회복지실천이었던 것이다.

[사진 16] 김덕준 저, 《기독교사회복지》 표지   [사진 17] 《사회사업의 기술》 표지

이렇게 김덕준(1956, 1967c: 19-27; 1975b)이 제시했던 사회복지실천은 서비스이용 당사자에게 억압으로부터 자유를 누리게 하는 일이었으며 스스로 자기 삶을 살아갈 선택의 자유를 주는 것이었다. 여기에서 사회 복지사는 서비스이용 당사자로 하여금 참된 '자기' 바로 진정한 '자아'를 찾게 해주는 실천가여야 했다. 억압과 차별에 종속된 '자아'가 아닌 참된 '자아'를 찾아주는 사람이 사회복지사였던 것이다.

"사회사업가는 피조자의 참된 자기를 발견하도록 해야 하며, 피조자 자신 스스로가 참된 자기를 발견하고 참된 자기를 실현해 나갈 수 있게 하여야 한다(김덕준, 1956: 171)."

부연하면 김덕준(1961; 1967d: 17-28; 1968a: 10-26; 1969a: 27-49; 1970: 39-51; 1975b)이 지향했던 사회복지실천은 사회복지사가 "피조자", 즉 서 비스이용 당사자의 참된 '자아'를 찾도록 돕는 활동인 것이다. 그리고 이 는 사회복지사도 자신의 참된 '자아'를 이미 찾은 존재여야 함을 전제한다. 김덕준(1977: 21-28; 1979: 87-96; 1984: 45-54)은 사회복지사가 참된 '자아'를 찾기 위해 기독교적인 신앙을 가져야 한다고 했다. 왜냐하면 사회복지사가 자신의 마음에 담겨진 하나님의 말씀을 육화시키면 예수를 닮을 것이며, 예수를 닮은 사회복지사는 예수님을 닮은 참된 '자기'를 나타냄으로써 서비스이용 당사자를 힘껏 도울 수 있게 된다는 것이다. 사회복지사가 하나님 앞에 서서, 성숙한 참된 '자기'를 갖추게 되면 하나님의 시각으로 세상과 사물과 사건을 바라볼 수 있게 되므로 이는 고스란히 서비스이용 당사자가 자신의 참된 '자기'를 찾아가도록 돕는 힘이 된다는 것이다.

2. 인간의 존엄성

김덕준이 일생 동안 추구했던 사회복지 교육과 사회복지 실천의 정신과 원리는 하나님의 형상대로 창조된 인간에 대한 하나님의 지극한 사랑에 기초하였다. 김덕준은 인간을 하나님이 창조한 그 하나님의 형상으로 이해하고 있다. 이러한 그의 인간관에 의해 인간은 모든 피조물들 중에서 지고한 목적과 잠재력을 가진 존엄한 존재가 된다.

"그러므로 하나님께서는 인간을 창조하실 때부터 하나님 다음에 위치하는 존엄성과 절대적인 자유를 그에게 부여하여 주셨다. 그러므로 절대에 가까운 존엄성과 자유를 지닌 인간 이것이 기독교 인간관이다. 이 인간관을 확신하는 그리스도인은 하나님을 두려워하고 사랑하며 하나님의 절대적 사랑으로 속죄받았으니 그는 일생 동안 그 속죄의 대가로 이웃을 자기 몸과 같이 사랑하면서 사랑의 빚을 갚아나간다. 이 삶이 기독교 인생관이다(김덕준, 1985b: 8)."

이와 같은 인간관에 근거한 김덕준의 사회복지 교육은 모든 인간의 새로운 인간성의 회복을 도모할 수 있는 사회복지사를 양성함으로써 가난과 억압을 극복할 수 있는 새로운 민주적 평등 사회를 도래하게 하는 데에 그 목적을 두게끔 하였다(1987; 1976a: 4-30; 1983c: 5-6). 즉, 김덕준은 참된 사회복지 교육을 모든 인간이 억압과 착취, 박해 등에서 해방되는 구체적인 사건들을 날마다 만들어 낼 수 있는 사회복지실천가를 창출해 내는 것으로 보았다.

특히 김덕준(1956)은 사회복지 교육의 목적을 인간성을 회복시킬 수 있는 전문 사회사업가를 양성하는 데에 있는 것으로 보았다. 이와 같은 그의 견해는 하나님으로부터 분리된 인간으로 하여금 본연의 창조적 질서로 복귀하는 과정에 예수 그리스도의 중보적 개입과 거듭난 인간의 성화의 변화를 필요로 하는 신앙적 구원의 확신과 그에 따른 삶의 결실이 성령의 역사로 이루어짐을 전제로 하고 있다.

"인간 존엄의 인간관을 받들고 출발한 사회사업도 인간 경시의 시대의 조류에 따라 바트림이 그녀의 저서《사회사업》의 본질에서 말하고 있는 것처럼 사회사업도 인격의 가치를 호소하는 것을 피하는 경향이 있다고 경고하고 가치관에 기초한 인격에 대한 존엄으로 시종하는 사회사업의 실천을 인간관 회복의 측면에서 주장한다. 이와 같이 인간관회복 운동은 사회사업학계에서도 끊임없이 일어나고 있다. 예수의 교육, 설교, 치유의 생활을 본받아 제자들의 치유의 생활, 초대교회의 원시 기독교 공생 공동체 생활, 자선사업, 중세기의 수도원을 통한 구제 상보, 봉건사회 말기의 구호사업, 초기 자본주의 사회의 박애 사업 또는 사회사업에 이르기까지 다양한 호칭 밑에 섬기는 자건, 자선가건, 구호사업가건, 박애 사업가나 사회사업가건 그 섬기는 대상이 주님 안에서의 형제자매라는 섬기는 자의 확신을 연면하게 이어받아 왔다는 것이다. 이 정신이 오늘날 사회사업가 신조에도 나타나 있으며 피조자, 클라이언트를 대하는 사회사업가의 계율에도 강조되고 있는 것이다(김덕준, 1983c: 5)."

이에 따라 사회복지 교육의 목표도 인간성 계발의 초점을 단순히 형이하학적인 체계에서 머물지 않고 형이상학적인 영역에 이르기까지 삶의 근본 목적을 의식화하게 함으로써 자아정체성의 확립이 보다 통합적이고 고차원적이 될 수 있도록 시도해야 하는 것으로 정리되었다(1982: 23-47; 1983a: 169-189; 1983b: 5-6).

3. 십자가 사랑

김덕준은 세로와 가로의 개념을 독창적으로 제안하면서 이를 십자가 사랑으로 연결시켜 기독교와 사회사업을 설명하였다(1985c: 13-22; 1983a: 169-189). 세로는 동양적인 개념으로서 유교의 영향으로 '자기를 중심으로, 가족 가문을 중심으로' 생각하는 사고방식이다. 그에 반해 가로는 서양의 개념으로 기독교의 영향으로 이웃을 중요하게 생각하는 사고방식이다. 이런 까닭에 세로 사랑은 가족 중심으로 일어나는 것으로 누구라도 실천할 수 있는 행위이다. 하지만 가로 사랑은 이웃을 사랑하는 것, 그것이 바로 하나님을 사랑하는 것으로 확신하고 실천하는 행위이기에 누구라도 할 수 있는 행위가 아니라고 말할 수 있다.

"십자가의 사랑은 예수님이 달리신 십자가의 형틀을 상징하는 것보다도 창조된 인간 가족부터 바로 이 시간까지 대대손손 면면하게 혈통으로 이어져 내려온 절대적인 세로의 사랑을 가로의 사랑으로 승화하여 세로와 가로의 결합으로 이루어지는 십자가의 사랑을 창조하셨는데 그 역사적 위대성이 있다고 확신한다. 이와 같이 위대한 의미를 지닌 십자가의 사랑이 초대교회에 이어지고, 지난 2000년 동안 구라파와 미주에 이어져 기독교 사회사업의 성장과 발전을 촉진케 하였으며 끝내는 100년 전에 복음 선교와 함께 거의 동시적으로 선교사업으로 전달되었다. 세로의 사랑에서 가로의 사랑으로 옮기는 데는 희생이 따른다. 예수님의 십자가 피의 공로가 그것을 여지없이 상징한다. 예수님의 뒤를 따르는 우리도 이와 같은 아픔과 마찰과 투쟁에서 예외가 될 수 없다(김덕준, 1985c: 19)."

이렇게 김덕준에 의한 십자가의 의미는 "세로와 가로의 사랑"이며 특히 세로의 사랑을 바탕으로 한 가로의 사랑을 강조하며 사회복지사가 가로의 사랑을 실천하기 위해서는 사회사업의 실천기술이 필요하다는 것을 깨닫게 한다. 더욱이 십자가 사랑에 기초한 김덕준의 사회복지 사상과 사회복지 교육의 실천원리는 현재 한국 사회복지 교육의 근본적 변혁을 위해 상당히 유용한 접근으로 고려할 만한 통찰들을 제공해 줄 수 있다.

사회복지사들이 사회복지실천을 단지 '유용한 밥벌이 수단'으로 인식하려는 왜곡된 현상이 증가하고 있는 최근의 경향에서 사회복지사라는 직업에 대한 근본적인 성찰을 하게끔 도와줄 수 있다. 더욱이 사회복지조차도 점차 성과와 편익의 논리에 따라 운영되어가는 현실에서 '한 인간에 대한 소중성'을 담보로 하는 우선적인 서비스 실천개입을 할 수 있게끔 하는 근거로서도 작용할 수 있다. 진정한 사회복지실천은 사회복지사가 서비스이용 당사자의 존재 이유에 대해 어떤 합리적 타당성이나 사회적 효용을 찾을 수 없다 하더라도 하나님이 인간을 조건 없이 사랑하심과 같이 무조건 서비스이용 당사자를 돌보며 지원해야 하는 활동(김덕준, 1976b: 1-20; 1980b: 7-40)임을 인식하게 도울 것이다.

4. 사회정의

김덕준(1979: 87-96; 1985c: 13-22; 1980a: 17-38; 1971: 3-36; 1972a: 21-34; 1972b: 10-26; 1973a: 5-22; 1973b: 1-32, 1987)에게 있어서 사회정의를 정립하는 일은 사회복지가 실현해야 할 가장 중요한 책무였고 이는 하나님이 인류에게 반드시 달성하라고 명령하신 사명이기도 했다. 심지어 김덕준(1987)은 "예수 그리스도가 '하나님 나라'가 이 지상에 임해야 인류의 구원과 창조의 질서 회복을 완성할 수 있다는 선교적인 사명을 그리스도인들에게 위탁하고 있기 때문에 정의로운 사회의 구현은 그러므로 사회복지 교육의 기본이념으로 계속 지속되어야 한다."라고 주장했던 것이다.

"세상에서 말하는 '큰 것은 좋은 것이다'라는 스펜서의 사회적 다위니즘으로 비롯되는 거대 물신 숭배의 의식은 보편적인 사회철학적 기초를 획득했고, 마침내는 1870년대부터 1890년대에 이르기까지 이 사회적 다위니즘은 미국에 도입되어 기업가의 성공을 적자생존의 증명으로 찬양하는 기풍을 양성하였던 것이다. 이 사실은 거꾸로 경제적 약자(또는 패자)를 '우승열패'의 필연적 소산으로서 경시, 경멸하는 풍조를 낳았다. 그러므로 스펜서의 사회적 다위니즘의 논리적 귀결은 약자나 요구호자나 패자는 우둔하고 무절제하고 악덕하고 게으름뱅이이므로 생존 부적격자이며 즉 그들은 사회를 위하여 죽어 없어지는 것이 최선의 길이며 우승자, 성공자만이 생존 적격자이므로 행복한 생을 누릴 권리를 가질 수 있다는 결론이며 생존 적격자의 희생으로 생존 부적격자를 구제한다는 것은 언어도단이란 말이다. 이 얼마나 비참한 인간관인가? 이 엄청난 사회적 다위니즘이 지배하는 악독한 상황 밑에서도 전통적인 인간관으로 '생존 부적격자'의 편에 서서 면면히 사랑을 실천해 오고 있는 것이 기독교 사회복지사업이다. (중략) 사회개발에 대한 우리의 관심은 우리의 신앙의 결과에서 온 것이다. 인류의 인간성은 하나님이 주신 선물이며 그리하여 그 보존과 촉진은 하나님이 우리에게 주신 책임이라는 사실을 믿는다. 만일 모든 사람들을 우리의 형제자매로서 우리가 받아들이지 않는다면 우리는 하나님을 우리의 아버지로 받아들일 수 없다. 가난한 자와 착취를 당한 자의 고통 속에서 우리는 그리스도의 고통을 보는 것이다. 병자가 낫고 배고픈 자가 배부르며, 포로가 석방되는 곳에서, 또 개인들과 지역사회들이 화해하고 나라들이 평화롭게 살고 협동하는 곳에서 우리는 일하시는 하나님의 손길을 보는 것이다. (중략) 교회와 기독교인들에게 책임사회운동에 적극 참여하여 솔선수범할 것을 요청하는 일이라 하겠다. 그러므로 책임 사회운동이란 기독교 인간관 회복 즉 생명의 본질의 회복과 생명의 표현을 회복하는 운동이다. (중략) 기독교사회복지는 사회정의를 위한 사회운동이어야 하며 전문사회사업은 기독교사회복지를 그 근원적 사상이어야 하는 바이다(김덕준, 1983c: 5-6)."

그래서 김덕준(1985b; 1987; 1955; 1975b; 1978: 5-16)은 사회복지의 가치와 철학의 근간에는 사회정의 사상이 자리 잡고 있다고 했다. 그에게 있어서 사회정의 사상은 구약시대에서뿐만 아니라 신약시대를 거쳐 오늘에 이르기까지 물질 만능주의, 경제사회의 빈부격차, 지배자들의 권력구조의 부조리에 대한 쇄신과 피해자(약자와 빈민)들에 대한 인권의 옹호를 그 기본으로 삼고 있다. 나아가 하나님이 구하시는 것은 힘차게 흐르는 강물과 같은 정의로 가득 찬 민중의 희열의 소리이며 사회복지사는 사회정의의 예언자로까지 인식될 수 있는 민중들에게서 사회적 동력을 이끌어낼 수 있어야 한다고 했다.

즉, 신약시대의 예수는 바로 구약시대의 선지자 이사야가 외쳤던 사회정의를 실현키 위해 인간의 구세주로 온 자신을 복음의 진리로 선포하였다고 김덕준(1985b; 1987)은 다음과 같은 성서의 구절을 인용하면서 밝혔다.

"주님의 성령이 나에게 내리셨다. 주께서 나에게 기름 부으시어 가난한 이들에게 복음을 전하게 하셨다. 주께서 나를 보내시어 묶인 사람들에게는 해방을 알려주고 눈먼 자들은 보게 하시고 억눌린 사람들에게는 자유를 주며 주님의 은총의 복음을 선포하게 하셨다(이사야 58: 6, 눅 4: 18-19)."

더욱이 1963년에 '지역사회개발 강의안'으로 작성한 김덕준의 육필 원고 '지역사회운동(地域社會運動) 전개(展開)의 동인(動因)과 방향성(方向性)'은 큰 울림이 있다. 그 내용을 요약적으로 정리하여 소개한다.

"의학적(醫學的), 생리학적(生理學的) 조건(條件)의 사회적(社會的) 의미(意味) (중략) 의료적, 생리적 장애는 반드시 개인의 과실(過失)은 아니다. 오히려 현대의 도시화(都市化), 산업화(産業化)하는 사회 속에서 생기는 선천적, 후천적 장애에 대해서 현대 수준의 평균의학, 임상의학, 사회의학이 대처할 수 없는 사태의 귀결이다. (중략) 장애자(현재는 장애인)에 대해 사회가 계획적(計劃的), 의식적(意識的)으로 복지정책(福祉政策)을 가지고 방어(防禦)하려고 하지 않는다면 그것이 원인(原因)이 되어 이차적(二次的)으로 발생하는 결청상(結淸上), 사회상(社會上)의 문제까지도 지게 된다는 무방비(無防備)한 상황(狀況)도 사회적으로 방치(放置)되는 주체(主體)이다. (중략) 복지정책의 참모습은 획일적이고 단순치는 않다. (중략)

한 사람 한 사람의 생존을 최대한으로 보장-인간의 존엄성-인간으로서의 평등-기본철학 (중략) 기본적(基本的)으로 소외(疏外)당한 자를 사후처리(事後處理)로서 타동적(他動的)으로 구(救)하는 사용(使用)을 의미(意味)하는 것은 아니다. 오히려 주민운동(住民運動) 등으로 적극적으로 국민대중(國民大衆)이 연대(連帶)로부터 소외자(疏外者)를 끊어버리지 않는 사회의 인식을 구성하여 나가면서 한편으로는 고도(高度)이면서도 복잡한 의학(醫學), 심리학(心理學), 교육학(敎育學), 사회(社會) 제반 학문을 응용하여 소외자의 주체성(主體性)을 인정(認定)한 사회원조(社會援助) 노력(努力)의 총체(總體)가 나타나야 하는 것이다."

1962년에 작성한 김덕준의 육필 강의안 원고 '가치 혼란과 무질서 속의 기독교 운동의 본질'도 시사하는 바가 크다.

"봉건제도의 붕괴와 초기 자본주의 제도에서 결과된, 암담한 상황은 19세기 중엽의 영국 기독교계에 새로운 운동을 일으켰으니 그것은 사회문제를 기독교적으로 해석하고 어디까지나 그리스도의 원칙과 정신에 입각하여 사회문제의 해결을 도모하여 보자는 기독교 사회주의 운동이며 계속되지는 않았지만 그러나 노동 계층의 종교, 교육, 경제, 사회 및 정치면에서의 향상에 근본적으로 공헌했을 뿐만 아니라 사회사업의 발전에도 크게 영향을 주어 1869년 전후해서 영국 런던에서 일어났던 자선조직협회 운동과 인보사업 운동에도 결정적인 힘이 되었음은 물론이다.

한편 개인 구원에 사로잡힌 개인주의적 신앙 태도를 비판하고 사회

전체의 구원을 강조한 미국의 사회복음운동은 미국 NCC에 사회신조위원회(Committee for Social Creed) 조직을 결성하는 데 영향을 주었을 뿐만 아니라 미국 경제 상태에 대한 기독교의 관계를 기독교의 준거표 안에서 다년간 주의 깊고도 면밀하게 조사 연구케 하여 그 결과를 출판하여 자유방임적인 자본주의 사고방식에 경종을 울렸던 것이다.

위에서 말한 양대 기독교 운동이 세계교회협의회(WCC)에 크게 영향을 미친 것은 물론이지만 1948년 WCC 암스텔담 대회는 급기야 '책임사회'의 표준을 확립하여 기독교인으로서 인간관과 인간 대우에 대해서 '가', '부'를 분명히 하여야 한다고 강조한 바 있다. 1970년 동경에서 열렸던 '개발을 위한 아세아 기독교 대회'는 대회 메시지에서 '개발에 대한 우리의 관심은 우리의 신앙의 결과에서 온 것이다. 인류의 인간성은 하나님이 주신 선물이며 그리하여 그 본존과 촉진은 하나님이 우리에게 주신 책임이라는 사실을 믿는다. 만일 모든 사람들을 우리의 형제자매로서 우리가 받아들이지 않는다면 우리는 하나님을 우리의 아버지로 받아들일 수 없다. 가난한 자와 착취를 당한 자의 고통 속에서 우리는 그리스도의 고통을 보는 것이다. 병자가 낫고 배고픈 자가 배부르며 포로가 석방되는 곳에서, 또 개인들과 지역사회들이 화해하고 나라들이 평화롭게 살고 협동하는 곳에서 우리는 일하시는 하나님의 손길을 보는 것이다'라고 하고 있음은 교회와 기독교인들에게 책임사회운동에 적극 참여하여 솔선수범할 것을 요청하는 일이라 하겠다. 그러므로 책임사회운동이란 기독교 인간관 회복, 생명의 본질의 회복과 생명의 표현을 회복하는 운동이다. (중략) 평등 쟁취를 위해 국가 간섭을 주장하는 사회주의가 생명의 본질을 무시하고 혁명을 수단과 방법을 가리지 않음으로써 인권 말살과 살육을 다반사로 한 공산주의와 쾌별하여 서구의 사회민주주의로 궤도를 수정하게 된 것도 근본적으로 기독교 가치관 수호의 확신에서 이루어진 것이다.

요컨대 자유방임주의의 자본주의를 수정케 하고 그리고 국가 간섭이나 혁명으로 평등을 쟁취하려던 사회주의를 수정하게 하여 인격의 존엄과 평등을 핵심으로 한 복지국가의 방향으로 몰아오게 한 힘이 바로 기독교의 가치관이며 인간관이다. 그러므로 복지국가는 기독교가치관의 거시적 내용이며 개체 기독교회가 존재하는 지역사회에서 실천되는 각종의 사회복지사업은 기독교가치관의 미시적 내용이라고 확신한다. 거시적인 내용, 복지국가의 내용에 대해선 이미 말한 바 있지만, 미시적 내용 중의 핵심이며 사회복지사업의 주체인 동시에 객체인 개체 인간에 대하여 접근해 보고자 하는 것이다."

5. 경천애인(敬天愛人)

강남대학교의 설립자인 이호빈 목사와 김덕준은 경천애인을 대학교육의 이념이며 목표로 삼았다. 동시에 경천애인은 이호빈과 김덕준의 인생 비전이었으며 김덕준에게 있어서는 사회복지 교육의 구체적인 교과과정이 지향하는 궁극적인 목표이기도 했다(이부덕, 2003). 이호빈과 김덕준은 한국의 교파적 분열을 염려했으며, 교조적 기독교의 신학을 우려했다. 신학교였지만 교육 목표는 틀에 박힌 교회 목사의 양성과 배출이 아니었다. 그들은 평범한 회사원으로부터 상인, 교사, 사회사업가

(현 사회복지사), 의사, 간호사, 군인, 목수에 이르기까지 누구든지 함께 모여 그리스도의 가르침을 따르는 평신도들로서 사회 각 분야에서 일할 수 있는 기독교인을 교육시켜야 한다고 믿었다. 목표는 모든 교파의 청장년들을 교육시켜 하나의 하나님, 하나의 교회, 그리스도의 권속이라는 공동 유대를 가지고 각 교단 간의 상호 이해를 통해서 교회와 사회에 봉사하는 사람, 참 경천애인인 그리스도 속에서의 우애를 실천할 수 있는 하나님의 사람을 육성하는 것이었다.

특히 김덕준(1979: 87-96; 1980a: 17-38; 1975b; 1983b: 7-19; 1983c: 5-6)은 이러한 신념이 한국 문화의 맥락 속에서 뿌리내려져야 하고 한국의 역사와 전통 그리고 문화적 유산 속에서 자양분을 섭취하면서 자랄 수 있다고 믿었다. 그것은 보편적 기독교 신앙과 한국의 문화유산, 그리고 현재의 생활경험을 통합하고 조화시킴으로써 스스로의 문제를 해결해 나갈 수 있다는 믿음에 토대를 둔 신념이었다. 나아가 이러한 신앙적 신념 속에서 전문 사회사업을 통해 실천적 활동을 수행하는 사회사업가를 양성하기 위한 사회사업학과의 창설은 경천애인의 사상을 가장 극명하게 드러내는 사건이었다(부성래, 2002: 1-22; 2003: 20-43).

"강남대학교 사회사업학과는 1953년에 한국에서 제일 먼저 순수한 현대적 전문사회사업교육의 커리큘럼을 구성한 사회사업학과로 대학인가를 받아 창설되었습니다. 졸업생들이 전문사회사업가로서 정부(보건복지부)나 사회복지기관에 고용되어 활동한 것은 국내에서 처음 있는 일이었습니다. 김덕준 교수님은 언제나 한국에서 제일 먼저 사회복지 분야에 전문적인 사회사업실무자(social work practitioner)를 배출시킨 데 대한 긍지와 사회에 대한 책임감을 갖고 있었습니다. 사회사업학과의 커리큘럼은 강남대학교의 창학이념 및 교육 목표와 밀접한 연관을 갖고 졸업 후 기독교 사회사업가로서의 가치와 사명을 생활화할 수 있도록 교육 및 목표를 세웠습니다. 사명은 전문 직업(vocation)으로서의 전문사회사업의 가치와 하나님에게 부름 받았다(calling)는 신앙에 기초한 것이었습니다(부성래, 2002: 2-3)."

이와 같은 경천애인의 사회복지 사상과 사회복지 교육은 강남대학교 사회복지 교육의 진정성과 성실성을 담보하는 데에 크게 기여하였다. 경천애인의 정신은 강남대학교에서 양성된 사회복지사들로 하여금 '부름 받아 나선 사명'을 받은 실천가가 되게끔 했다(부성래, 2002: 1-22).

나아가 경천애인의 정신은 확고한 사회복지사로서의 정체성을 확립시켜 주었다고 할 수 있다. 즉, 김덕준이 이해하고 가르치고자 했던 경천애인의 정신에 의하면, 그리스도인에게 있어서 사회복지는 부르심을 향하여 나서는 하나의 소명이었다. 일반적으로 목회나 선교와 같은 직업을 소명으로 받아들이는 것처럼 사회복지도 헌신과 희생을 요구하는 하나님의 소명으로 받아들여야 했다.

6. 이웃 사랑의 관계성

"이웃을 너희의 몸과 같이 사랑하라"는 도덕률은 성서의 기본정신이지만 특히 예수의 교훈 가운데 핵심이 되고 있다. 김덕준(1985c: 13-22)은

'가로 사랑'의 실천으로 사회사업이 예수의 섬기는 사역에서 출발될 수 있도록 그 실천가들의 양성에 자신의 생애를 바쳤다. 기독교는 사랑의 종교라 할 수 있다. 사회사업도 이웃의 아픔과 고통, 가난과 굶주림, 고독과 소외, 압박과 인권유린, 버림과 외면 등 많은 위기와 절망의 상황에서 인간이 자유로움과 사람의 대우를 받고 살 수 있도록 돕는 일에 소명을 갖게 되며 이에 필요한 지식, 기술 및 자원을 갖출 수 있도록 교육과 훈련을 요하는 것이다. 누가복음의 기자는 예수의 이웃 사랑에 대한 가장 정확한 실례를 다음과 같은 이유로 설명하였다(부성래, 2003: 20-43)

"어떤 사람이 예루살렘에서 여리고로 내려가다가 강도들을 만났다. 강도들은 그 사람이 가진 것을 모조리 빼앗고 마구 두들겨서 반쯤 죽여 놓고 갔다. 마침 한 사제가 바로 그 길로 내려가다가 그 사람을 보고는 피해서 지나가 버렸다. 또 레위 사람도 거기까지 왔다가 그 사람을 보고 피해서 지나가 버렸다. 그런데 길을 가던 어떤 사마리아 사람은 그의 옆을 지나다가 그를 보고는 가엾은 마음이 들어 가까이 가서 상처에 기름과 포도주를 붓고 싸매어주고는 자기 나귀에 태워 여관으로 데려가서 간호해주었다. 다음 날 자기 주머니에서 두 데나리온을 꺼내어 여관 주인에게 주면서 '저 사람을 잘 돌보아 주시오. 비용이 더 들면 돌아오는 길에 갚아드리겠소.' 하며 부탁하고 떠났다(눅 10: 30-36)."

김덕준(1980b: 7-40)은 빈부격차의 심화가 외면되고, 기술 과잉 의존으로 인한 인간 존엄성의 격하 현상 등 세속적 다수주의의 위세로 양심의 벽이 무너지고 있는 위기에 직면한 현대사회에서 이웃 사랑의 패러다임이 요긴하게 전파되어야 한다고 했다. 무엇보다도 이러한 현대사회의 위기를 극복하기 위한 사회복지사들의 노력이 크게 요구된다(함세남, 2007: 11-29; 김덕준·김영모·이명흥·지윤·강만춘, 1970)고 주장하였다. 이에 따라 사회복지사들은 도덕적인 시민으로서의 의식과 바른 생활 태도, 건실한 행동의 단계를 모범으로 실행하면서 개인, 단체 및 사회제도에 이르기까지 변화를 위한 헌신적인 용감성을 발휘해야 한다고 했다.

김덕준(1985a: 74-101)에게 있어서 이러한 용기는 사실상 사회복지사들에게 반드시 필요하였고, 이는 기독교 신앙이 그 뒷받침을 해주어야 하는 것이었다. 김덕준은 이러한 실천적 신앙에 의해 나타나는 '가난한 자들에게 기쁜 소식'을 전하는 사역이야말로 진정한 사회사업이라고 했다. 아울러 이와 같은 실천적 사역인 사회사업 현장과 접목시키는 작업이 사회복지 교육이라고 하였다.

김덕준(1987)의 경우 실제로 예수의 구속사업의 핵심도 바로 이완된 인간과 하나님과의 관계성 회복을 통하여 자기중심적인 탈 이웃 관계를 사랑의 대상관계로 승화시키는 패러다임을 제시하신 데에 있다고 보았다. 그래서 진정한 사회사업의 관계론적 패러다임도 예수 그리스도가 본으로 보여준 사랑의 실천을 그 표본으로 삼아야 할 것이라고 했다. 시대와 제도와 대상을 초월한 하나님의 자녀로 피조된 귀중한 존재로 본 이웃들, 가난과 질병과 저버림과 억압된 자들, 어린아이들, 여인들, 이방인들을 가리지 않고 사랑과 용서와 치유와 인정이 필요한 그 누구에게도 온정과 확신과 회복을 갖도록 대하신 관계적 정의를 지향하는 규범을 예수가 확립해 주셨기에 이를 원칙으로 관계성의 계발을 사회복지 교육의 중심과제로 삼아야 할 것이라고 주장했던 것이다.

7. 탁월한 전문성과 실천기술에 의한 사회사업

김덕준이 집필한 《사회사업의 기술》(김덕준, 1956년)을 보면 그가 얼마나 사회사업의 전문성을 추구하였는지를 보게 된다. 《사회사업의 기술》에 나오는 내용들은 오늘날의 실천 현장에서도 충분히 활용할 수 있는, 당시로서는 대단히 창의적이고 혁신적임과 동시에 실용적이며 전문적이라 평가된다.

이 책에는 사회사업의 기술로 개별사회사업(케이스 워크), 집단사회사업(그룹 워크), 지역사회사업(커뮤니티 오거니제이션)을 전체적으로 정리한 후 가장 핵심 기술로 개별사회사업(케이스워크)을 말하면서 구체적으로 개별사회사업(케이스워크)에 대해 설명한다. 김덕준의 용어로 말하면 '케이스워크'인 것이다. 그는 사회사업의 개념과 사회사업 기술을 통해 사회사업가가 수행해야 하는 구체적인 업무와 더불어 케이스워크의 개념을 케이스워크의 용어에 대한 설명으로 분명히 한다.

그런 다음 케이스워크의 역사를 통해 케이스워크의 기원과 자선조직운동과 케이스워크의 발달, 사례연구와 케이스워크의 실제 등을 심도 있게 다룬다. 그리고는 실제적인 면접 방법을 제시한다. 면접의 목적은 어떠해야 하며 면접의 당사자를 어떻게 대해야 하는지, 면접 장소와 면접의 때, 세부적인 면접 방법 등을 상세하게 설명한다. 그런 후에 케이스워크의 모든 과정은 기록으로 남겨야 할 것을 강조하면서 기록의 방법을 아주 구체적으로 정리한다. 기록을 하지 않으면 안 될 이유, 기록을 하는 구체적 목적, 기록할 사항은 어떠한 것인지, 기록은 어떠한 방법으로 하여야 할 것인지, 기록의 종류에는 어떤 것들이 있는지, 기록의 사용법까지 시시콜콜한 느낌이 들 정도로 상세하게 설명한다. 그러면서 실제적인 사례를 제시하면서 지금까지 설명한 내용을 독자가 스스로 생각해보도록 이끈다. 바로 '제6장 문제의 탐구법'을 통해서다. "1절 A소년의 경우, 2절 문제라고 하는 것은 무엇인가, 3절 인간이 가지고 있는 요구의 유형"으로 구성되어 있는데 매우 흥미로우면서도 실제적으로 책을 읽는 독자가 머릿속으로 그려볼 수 있게 하였다.

이 책이 대단히 전문성을 강조하고 있다는 판단을 하는 데에 커다란 근거로 작용하는 부분이 '제7장 진단과 평가'다. "1절 진단과 평가의 의의, 2절 진단의 과정, 3절 문제 원인의 탐구, 4절 평가, 5절 평가의 과정, 6절 실례"로 구성되어 있다. 또한 제8장은 사회복지실천의 정체성을 분명하게 나타내 주는 내용으로 구성되어 있다. '사회치료'다. "1절 사회치료의 의의, 2절 자원의 제 영역, 3절 치료의 계획, 4절 치료의 방법, 5절 결론"이다.

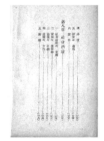

(사진 18) 《사회사업의 기술》 목차

입이 다물어지지 않을 정도로 대단한 책이라는 생각이 든다. 특히 '사회치료'는 '사회치료' 대신 '사례관리'라고 용어를 바꾸기만 해도 거의 큰 문제가 없을 정도로 오늘날 우리가 하고 있는 사례관리실천과 유사했다. 어떻게 이런 전문적인 개입실천을 1956년에 제시할 수 있었는지 그저 감탄만 할 뿐이다. 김덕준이 이 책을 출간하고 이를 강남대학교 사회사업학과의 수업 교재로 사용했다는 사실 자체만으로도 강남 사회복지교육의 탁월성은 보증되고도 남음이 있는 것이다.

이에 《사회사업의 기술》의 제1장을 중심으로 김덕준이 목표로 삼았던 전문적인 사회사업의 실행과 이를 뒷받침할 수 있는 사회사업의 기술이 왜 필요하며 중요한지를 정리하려고 한다.

'사회사업이란 무엇인가?' 학자에 따라서 표현이 다를 수도 있겠지만 그것은 특정한 시간과 공간에서 살고 있는 인간 생활에는 표준이 있을 것인데 이 표준적 생활에 경제적으로나 도덕적으로나 보건적으로 미달한 사람들을 스스로가 도달할 수 있도록 도와주는 일, 이것을 말해서 사회사업이라고 한다. 이와 같은 의미에서 본다면 사회사업의 분야는 비단 유아 사업만이 아니라 그 분야가 대단히 광범위하다는 것을 알 수 있다. 사회사업의 가치나 능력에 대해서는 여러 가지 각도로 의논할 수가 있을 것이다. 그러나 온갖 사회문제가 사회사업으로 인하여 해결될 수 없다는 것만은 명백한 사실이다.

과거 실업 문제가 사회문제의 초점이 되었을 때에는 빈곤이라는 것이 사회사업의 대상이 되었기 때문에 단지 경제학적인 견지에서 해결책을 구하여 보았으나 얻지 못하였고, 다음에 문제의 복잡성을 인식하여 사회학적으로 해결하려고 하였으나 만족을 얻지 못하고, 근래에 와서는 심리학적인 견지에서 대상을 찾아내어 분석하여 해결 방법을 찾으려고 하고 있는 것이 현상이다.

(중략) 문화생활이 복잡해 질수록 사회사업의 대상에 대한 해결 방법도 단순에서 복잡화하여 가는 것이다. 따라서 경제 조직이나, 정치형태의 여러 부분을 막론하고 사회사업의 범위나 투입에는 변화가 있을지 몰라도 어떠한 형식으로든지 사회사업은 영속될 것이다. 여기에 사회사업의 영원성이 있다. 이 영원성을 내포하고 있는 사회사업을 이해하고 실천하려면 전문적인 지식과 기술이 필요한 것이다. (중략) 사회사업의 객체는 인간이다. 이 인간을 이해하는 방법이 즉, 사회사업 기술의 제1단계이다. 이 기술 중에 세 가지가 있으니, 하나는 '케이스워크'와 '그룹워크'요 다음 하나가 '커뮤니티오게니제이션 워크'이다. 이 세 가지 중에서 케이스워크는 가장 기본적인 것이며, 여타 기술의 기초적인 자료를 제공하는 중요한 역할을 하는 것이다. 이 기본적인 기술인 케이스워크를 소개한 것이 이 소책자인 것이다.

(중략) 케이스워크는 개인 또는 가정과 같은 작은 집단 단위를 대상으로 하여서 발전한 사회사업의 한 방법이며, 기타의 방법 즉, 그룹 워크나 공동사회조직사업 등이 모두 집단적이고 대중적인 것에 반하여 개별적이고 몹시 인상적이며 인격적 요소를 가지고 있으며, 또한 기타의 방법에 기초적 자료를 제공하는 것으로 사회사업에 종사하는 자에게는 기반이 되고, 반드시 배워두어야 할 지식과 기술이다. 그러나 케이스워크의 원리는 단지 사회사업에 종사하는 사람들뿐만 아니라 이것을 모든 인간관계에 적용한다면 가정을 명랑하게 하고, 학교 교육의 효과를 증가케 하며, 회사, 상점, 공장, 관청, 기타 기관의 인사(人事)상의 능률을

올리게 하고, 사람들의 개인적 교제까지도 건전케 하며, 따라서 민주화를 돕게 되는 것이다. (중략) 우리들이 살고 있는 세상은 날이 가면 갈수록 복잡해 가고 있는데, 이와 같은 세상에서 사람들이 영위하고 있는 만사를 간단히 말한다면 사람들이 그 욕망하고 있는 것에 대한 만족을 채우기 위한 노력이라고 말할 수 있으며, 만일 그 만족이 정상적인 방법으로 얻어질 수 없을 때에는 사람들은 이따금 복잡하고도 이해할 수 없는 행동을 가지고 만족을 얻으려고 하는 것으로 현대 특히, 휴전 후의 사회는 이 때문에 한없이 복잡하고 풀 수 없는 것으로 꽉 차고 있는 것이다 (중략). 사회사업의 목표는 사람의 사람다운 생활과 사람과 사람과의 바른 관계를 도와주는 데에 있는 것으로, 이것은 몸과 마음이 아울러 건강한 사람과 건전한 사회에 대한 노력이며, 이것이야말로 민주사회를 지향하는 노력이라고도 할 것이다.

이상에서 말한 바와 같이 케이스워크는 사회사업에서 최선의 방법 중 하나일 뿐만 아니라 기타의 방법에 대해서 기초적인 자료까지도 제공하는 사회사업과는 끊을래야 끊을 수 없는 관계를 가지고 있다는 것을 알았다(중략). 현대의 사회문제는 근원적으로 경제문제인 것이며 따라서 현대는 경제적 사회문제의 시대라고 하는 것도 검토한 결과 충분히 알고 있다. 그러나 만일 현대의 사회문제가 경제문제만이라고 생각한다면 그 구제책은 강력한 정치운동이나 사회정책의 추진에 달려있을 것이다. 그리하여 때가 오면, 이 경제문제를 해결할 수 있는 완전한 사회정책이 실시될 것이다(중략). 그러나 안타깝게도 경제적 문제만 해결된다 한들 모든 인간의 문제가 해결되는 것은 아닐 것이다. 모든 인간은 개성을 갖고 있으며, 각 개개인의 개성을 갖고 있는 인간들이 모여 사회를 조직하고 있기에 사회구조의 변화와 더불어 각 개개인의 문제를 해결하고자 개입하는 작업이 반드시 필요하다.

(중략) 인간은 어느 누구나 자기 혼자만으로는 살 수 없는 것이다. 인간은 어느 누구나 어떠한 사회적 집단과 가족, 이웃, 지역사회, 조합, 교회와 같은 것에 속하여 생활하고 있다. 그럼에도 그 집단 속에 각 개인은 개성을 갖고 있다. 그리하여 집단적 공생성과 개별적 개성이 모두 함께 다루어져야 하고, 케이스워크는 개인의 개별성에 초점을 두고 개입하는 활동이면서 동시에 경제 조직과 사회조직, 근린 조직 등을 같이 고려하여 개입 활동을 하는 것이다.

(중략) 현대 과학적 사회사업의 발달은 의학의 발달에 비할 수 있을 것이다. 의학의 발달만큼 과학적 사회사업의 일환으로 추진되는 진단과 치료를 겸용하여 개입하는 케이스워크가 있기 때문이다. 케이스워크는 개인의 개별성에 초점을 둔 개인적 치료만을 추구하지 아니한다. 개별적이고 심리 내적인 변화를 통해 치료하는 것뿐만 아니라 사회병리 상황을 변화시키는 입장에서 사회치료적인 개입을 함께하는 것이다. 그럼으로써 케이스워크는 종합적으로 취급하여야 하는 기술인 것이다. 케이스워크의 출발점으로서의 케이스 스터디라는 말은 개성의 이해, 개개의 인간에 대한 심층적 이해라는 것을 말하는 것이나, 그것은 현대의 제 과학이 인간에 관하여서 주는 지식의 종합으로서의 인간 이해를 구체적으로 개개인에 관해서 구하는 일이다. 따라서 그것은 적어도 다음과 같이 제 과학을 기초 지식으로서 요구한다.

1. 개인의 인간을 구체적으로 사회 환경에서 이해하기 위하여서는 그 인간의 '물체로서의 정황(물리적 정황)', '생활체로서의 정황(생물적, 생리

적, 병리적 정황)', '원시적 인간으로서의 정황(심리적, 사회적, 경제적, 정치적 정황)', '문화인으로서의 정황(도덕, 법률, 교육, 학술, 오락, 예술, 종교 등의 정황)' 등을 파악하여야 한다.

2. 극히 복잡하게 동시적 또는 일시적으로 공존하고 중복하고 얽히고 있다는 것을 미리 안 뒤에 의학, 정신의학, 심리학, 사회학, 윤리학, 교육학, 경제학, 법학, 기타 제 과학의 지식을 활용하지 않으면 안 된다.

말한 각 방면의 기초 지식이 실제로 활용되게 될 때에 문제가 되는 것은 종합적 결론을 내리는 방법이다. 예를 들면 '1. 개인의 행동'을 문제로 할 때도 정신의학적으로 사회심리학적으로 교육학적으로 생리학적으로 또는 기타 제 과학의 학적 추구의 대상으로 될 수 있는 것이다. 그것이 개개의 학적 분야에서 결론만 내려지면 된다는 것이 아니라 그 개개의 결론이 종합이 되어서 하나의 대책으로서 행동화 되어지는 것이 요구된다. 따라서 우리들은 제 과학을 기초 지식으로 하는 과학적 사회사업에 관하여 논하였으나 이 과학적 사회사업에는 환경 조정의 방법 여하에 따라서, 세 가지 방법이 있다. 즉, 케이스 스터디의 결과에 따라 문제의 개인과 환경과의 관계를 조정하게 되는 것이다. 첫째, 양자를 직접 결부시켜서 조정할 환경에는 케이스워크의 방법이 취하여지고 둘째, 그 개인과 환경을 간접으로 그룹의 형태를 통하여서 조정하든지 또는 그룹의 형태로 재구성할 경우에는 그룹 워크의 방법이 취하여지고, 끝으로 개인을 직접적 목적으로 하지 않고 개인이 생활하는 공동 사회의 구성이나 재구성이 행하여질 때는 커뮤니티올게니제이션의 방법이 취하여지는 것이다.

(중략) 인간은 잘 살기 위하여서 제도를 만든다. 그러나 저들은 그 제도를 만든 그 직후부터 그 제도에 대하여서 불만을 가진다. 그것은 인간이 이상을 가지고 있기 때문이다. 그리하여 저들은 낡은 제도를 깨트려버리고 또다시 새로운 제도를 만든다. 인간의 역사는 이 사실을 되풀이하면서 단순한 제도를 가졌던 저 아득한 고대로부터 시작하여 복잡 무상한 현재까지 굴러왔으며 또한 무한한 미래를 향하여 굴러갈 것이다. 낡은 시대의 사회적 질병은 새 시대를 맞이하면 그 자취를 감추게 될 수도 있을 것이다. 그러나 동시에 새 시대, 현실은 인간의 이상과는 거리가 멀기 때문에 새로운 관점에서 허다한 소외, 불합리, 사회적 질병이 사회에서 발견되기 때문에 어떠한 시대에 있어서도 과학적인 기술적 사회사업은 그 존재의 의의를 가질 것이다. (중략) 인간의 역사는 끊임없이 되풀이되고 인간이 잘 살기 위하여 제도를 만들고 그 제도가 또 인간을 소외시키고, 그 속에서 또 인간은 제도를 변화시키며 그 제도 속에 인간은 개별적 변화를 추진한다. 여기에 사회사업의 영원성이 있는 것이다.”

또한 김덕준은 이 책을 통해 사회사업에서 케이스워크가 매우 중요하다고 강조하면서 동시에 케이스워크의 핵심 활동인 면접을 잘 수행하는 것이 사회사업가에게 요구되는 필수적인 기술임을 주장했다. 《사회사업의 기술》 34쪽부터 37쪽까지의 내용을 요약해서 소개한다.

“사회사업의 핵심은 케이스워크이고 케이스워크에 있어서 면접이 중요하다는 것은 두말할 필요도 없거니와 그러면 면접은 어떠한 목적에

의해서 행하여지느냐고 질문받는다면 상식적으로 (중략) 조사와 지시를
위해서 필요하다고 대답하는 것이 일반적이라고 할 것이다. 그러나 결
코 면접은 이러한 일방적인 목적만을 위한 것은 아니다. 면접은 사실을
알아가는 것이다. 피조자(서비스이용 당사자)를 이해하는 데 깊은 관심을
가져야 하는 것이 면접의 시작이다. 면접의 중요한 목적은 피조자의 사
실을 알기 위함이다. 또한 피조자의 사실을 알리기 위함이다. 그러므로
면접은 피조자의 진술을 잘 들어야 된다. 다음으로 피조자의 태도를 알
아야 할 것이다. 더구나 피조자의 감정을 표현시켜야 한다."

《사회사업의 기술》 51쪽부터 55쪽까지를 통해 반복적으로 강조하는
내용은 큰 울림이 있다.

"좋은 사회사업의 면접은 피조자를 존중함으로 피조자를 돕기 위함
이어야 하는 것이다. 그렇다면 사회사업가는 왜 피조자를 존중해야 하
는가를 면접을 하는 내내 한시도 잊어서는 안 되는 것이다. (중략) 사회
사업가의 존재 이유는 피조자를 존중하기 위함이며 피조자의 변화를 만
들어 내기 위함인 것임을 결코 잊어서는 안 된다."

심지어 61쪽에서 김덕준은 이렇게까지 말한다.

"피조자는 조물주가 만들어 주시고, 이 땅에 보내주신 존재인 것이
다. 이와 같은 인간관이야말로 사회사업이 절대 놓쳐서는 아니 될 중요
한 사항이다(중략). 사회사업가는 자고하지 말아야 하며 혹이라도 피조

자를 허투루 보아서는 아니 되는 것이다."

171쪽부터 173쪽까지 나오는 내용들을 정리하면 이렇게 말할 수 있다.

"인간은 존엄하다. 따라서 사회사업가는 피조자의 참된 자기를 발견하도록 해야 하며, 피조자 자신 스스로가 참된 자기를 발견하고 참된 자기를 실현해 나갈 수 있도록 도와야 한다."

154쪽부터 155쪽까지의 내용을 통해 김덕준은 사회사업의 기술을 구사함으로써 달성해야 할 사회사업의 성과가 다름 아닌 인간의 욕구를 충족하는 것임을 강조한다.

"인간의 욕구는 여러 가지로 표출된다. 예술적 욕구가 있으며 안전의 욕구가 있으며 관계에 대한 강한 욕구가 있다. 사회생활 상의 제 욕구들은 인간 생활의 개인적인 방면에 있어서 여러 가지 욕구가 표출됨으로 나타난다. 사회사업은 인간의 욕구를 해결해나가야 하는 것이다."

이렇게 볼 때, 김덕준에게 있어서 사회사업은 정말 잘 준비된 전문가가 수행해야 할 고귀한 접근이자 사역이었던 것이다. 지식과 기술만 갖춰서는 안 되며 피조자를 진정으로 존중할 줄 아는 올바른 사회사업적인 가치를 갖고 있는 사회사업가가 해야 할 거룩한 소명(召命)적인 사명(使命) 사역(使役)이었던 것이다.

1961년 5월에 작성한 자필 메모 내용 중 일부를 소개한다.

"참된 사회사업가는 성직자와 같은 소명(召命)이 있어야 한다고 확신한다. 디모데후서 4장 7절과 8절처럼 "나는 선한 싸움을 싸우고 나의 달려갈 길을 마치고 믿음을 지켰으니 이제 후로는 나를 위하여 의의 면류관이 예비 되었으므로 주 곧 의로우신 재판장이 그 날에 내게 주실 것이며 내게만 아니라 주의 나타나심을 사모하는 모든 자에게도니라"는 고백을 할 수 있는 사명(使命) 의식을 굳게 갖고, 목숨을 바칠 각오로 사회사업을 사역(使役)하는 사람이 사회사업가여야 한다고 믿는다(중략). 나의 제자들이 이와 같은 길을 '십자가의 도'로 여기고 묵묵히 걸어가길 기도한다."

제4부

김덕준 사상의
적용

지금까지 김덕준의 생애와 사회복지와 관련된 행적 그리고 그의 사회복지 사상과 사회복지 교육의 실천원리를 고찰해 보았다. 그가 남긴 빛나는 업적들과 사회복지 교육의 성과들을 비롯하여 주옥같은 그의 저작물(저서, 논문, 기타 육필 원고 및 자필 메모로 작성된 다양한 형태의 글 등)들까지 심도 있게 탐구하여 소개하였다는 데 이 책은 큰 의미가 있다고 본다.

오늘날 우리 사회의 여러 가지 문제들에 대하여 많은 사람들이 공통적으로 토로하는 말들이 있다. 무엇인가? 이 세상은 너무도 '비인간화'되었고, 인간성을 상실하고 있으며 심지어 인간의 존엄성조차도 철저하게 훼손되어 버렸다는 것이다. 그런데 김덕준의 행적과 사회복지 교육 그리고 그가 쓴 글들을 통해 김덕준의 시대에도 거의 유사한 모습들로 가득 차 있음을 보게 된다.

김덕준의 표현을 빌리면 자본주의 체제하에서는 구조적으로 비인간화를 심화시킬 수밖에 없다는 것이다. 인간의 존엄성을 가장 강조하면서 출발한 민주주의와 자본주의가 인간의 존엄성을 스스로 말살하는 방향으로 변질되어간다는 김덕준의 고통 어린 주장은 현재 우리들에게도 고스란히 과제로 주어진 현실임을 부인할 수 없다.

이 책을 통해 고찰한 김덕준의 '사회복지 사상과 사회복지 교육'은 여전히 많은 문제들을 안고 살아가는 우리 모두에게, 그리고 사회복지사들에게 커다란 교훈과 더불어 다시금 힘을 낼 수 있는 인식의 지평을 확장시켜준다.

제7장
사회복지 교육에
적용할 수 있는 통찰들

1. 적용 가능한 통찰들

이 책에서 제시한 김덕준의 사회복지 사상과 사회복지 교육의 실천원리는 현재 한국의 사회복지 교육의 문제를 해결할 수 있는 가치적이며 이념적인 사회복지사 양성의 본질적인 목적과 목표를 재정립할 수 있는 다음과 같은 통찰들을 도출하였다고 본다.

첫째, 김덕준의 사회복지 사상의 핵심은 십자가 사랑에 기초한 인간에 대한 존엄성과 사회정의를 '경천애인'하는 자세로 이 세상에 구현하고자 하는 샬롬의 정신이었다.

김덕준에게 있어서 일생일대의 과업은 부서지고 깨어진 샬롬의 상태를 개인과 가족, 집단, 사회 나아가 전 세계에서 다시 회복하는 것이었다. 이와 같은 김덕준의 샬롬의 정신은 현재 한국의 사회복지 교육에 반드시 필요한 가치로 적용되어야 한다. 한덕연(2016)에 의하면 사회복지의 핵심은 '사람을 사람답게, 사회를 사회답게'로 정리할 수 있어야 하며 사람이 사람다워지려면 각 사람이 주체화되어야 하고, 사회가 사회다워지려고 하면 사회가 상부상조의 공생적 사회가 되어야 한다고 했다.

하지만 한국의 사회복지는 예산과 규모의 급성장에 비해 서비스이용 당사자의 주체적·자립적 삶을 실현해내는 데에는 여전히 성과를 내지 못하는 것으로 보인다(최성균·이준우, 2017). 서비스이용 당사자는 시혜적 존재로 고착되는 일이 빈번해 보이고, 사회복지시설이나 사회복지사의 이름과 영광이 드러나는 경우가 다반사인 현실이다(한덕연, 2016).

둘째, 김덕준에 의하면 샬롬의 회복을 주도적으로 성취해 나가야 할 실천가가 바로 사회복지사였고, 사회복지사는 샬롬의 정신으로 사회복지를 사람과 세상을 향해 실천해야만 하는 전문가였다.

특히 김덕준에게 있어서 사회복지사는 신앙과 행동이 일치된 삶을 사는 실천가였다. 서비스이용 당사자 위에 군림하거나 전문가라는 특권의식을 갖고 서비스 개입 활동을 하는 것이 아니라 서비스이용 당사자 자신이 주인공이 되어 스스로 자신의 문제를 해결해나가도록 샬롬의 회복을 구현하는 실천가였다.

더욱이 서비스이용 당사자의 삶에서 샬롬이 실현되도록 하기 위해 실천가는 서비스이용 당사자가 스스로 생각하고 스스로 의사를 결정할 수 있는 여건을 마련해주어야 했다. 이는 오늘날 사회복지실천 윤리에서 강조하는 서비스이용 당사자의 자기결정권을 보장하는 원칙과도 연결된다(전오진·박선화·박현식, 2015; 이준우·홍유미·김연신·신빛나·이현아·임수정, 2001).

셋째, 김덕준에게 있어서 사회복지실천은 세상을 향하여 나아가 그 삶의 현장에서 발생하는 구체적인 문제들을 붙들고 고뇌하며 해결해나가기 위한 사회 동력, 즉 사회운동이었다.

이는 최근 한국의 사회복지 교육에서 가장 간과되고 있는 사회복지실천의 사회행동에 대한 자기반성적 성찰을 하게끔 한다. 사회복지 교육에서 사회행동 내지 사회운동과 같은 급진적 사회복지실천에 대한 교과 내용을 찾아보기란 쉽지 않다.

그런 면에서 김덕준이 추구했던 사회 동력, 즉 사람의 생명이 소중하다고 자각하는 의식이 사회화할 때 발휘되는 사회운동의 힘이야말로 다시금 한국의 사회복지 교육에 구체적으로 반영되어야 할 핵심 과업인 것이다.

넷째, 김덕준의 사회복지실천은 세상의 중심에서 서비스이용 당사자들의 인간성을 회복시키고 이웃 사랑의 패러다임을 널리 확산시킴으로 각각의 사람들을 주체자로 세우고 지역사회를 공생적 관계로 만들어 가는 소명을 실행하는 활동이었다.

사회복지를 사회제도로만 보고, 그 제도를 관리 운영하는 일에만 집중하게 되면 기능적이고 방법론적인 접근이 보편화되고, 그런 와중에 정작 존중받고 스스로 변화해가야 할 기회를 부여받아야 되는 서비스이용 당사자의 주체성은 사라질 가능성이 크다. 김덕준의 사회복지실천이 오늘 이 시점에서도 유용한 이유가 여기에 있다.

결국 김덕준에게 있어서 생생하게 살아있는 사회사업이란 사회복지사와 피조자(서비스이용 당사자)의 삶 속에서 구체화되어 실현되는 문제해결의 과정을 경험하게 될 때 참 의미를 지닐 수 있었다. 그의 사회복지실천을 가장 극명하게 드러낼 수 있는 성서가 있다. 바로 미가서 6장 8절이다.

"사람아 주께서 선한 것이 무엇임을 네게 보이셨나니 여호와께서 네게 구하시는 것은 오직 정의를 행하며 인자를 사랑하며 겸손히 네 하나님과 함께 행하는 것이 아니냐" (개정개역판)

"야훼께서 너희에게 요구하시는 것은 이것이다. 네가 정의롭게 행하는 것, 네가 따뜻하게 사랑하는 것, 네가 겸손되이 네 하나님과 함께 걷는 것, 오직 이뿐이다"(공동번역판. 저자 수정)

이 말씀 속에는 세 가지 요소가 나온다. 그 첫째가 정의롭게 행하는 것(사회영역), 둘째가 따뜻하게 사랑하는 것(사람 간 영역), 그리고 세 번째는 겸손하게 하나님과 함께 살아가는 것(개인영역)이다. 나는 이 세 가지가 김덕준이 평생을 붙잡았던 사회복지실천이었으며 그 실천의 현장에서 일하게 될 사회복지사를 양성하는 교육의 핵심 요소였다고 본다.

2. 사회복지사의 정의와 자세, 역할, 기능

이상과 같은 김덕준의 사회복지 사상과 사회복지 교육의 실천원리를 현재의 한국 사회복지 교육에 적용하면, 다음과 같이 사회복지사의 정의와 자세, 역할, 기능에 대한 내용으로 정리될 수 있을 것이다.

첫째, 사회복지사에 대한 정의이다.
사회복지사는 사회의 전반적인 복지를 증진하기 위해 모든 사회적 억압이나 차별을 막고 제거할 뿐 아니라 모든 사람들이 자신이 요구하는 자원, 서비스, 기회에 접근할 수 있도록 보장하고, 모든 사람들의 기회와 선택을 확대하기 위해 활동해야 하며, 불이익을 당하거나 고통받는 집단과 개인에 대해 특별한 관심을 기울이고 위기 상황에 처한 사람들에게 적절한 전문적인 서비스를 제공하고, 사회적 상태를 향상시키고 사회정의를 증진시키기 위한 입법, 정책의 변화를 옹호해야 하는 것으로 이해된다.

둘째, 사회복지사의 자세이다.

사회복지사는 서비스이용 당사자와 그와 관련된 다양한 체계 속에 있는 사람들을 능력과 잠재력을 가지고 있는 존재로 인정해야 하며 특히 서비스이용 당사자가 진정한 '자기'를 발견하도록 도와야 한다. 그 결과 서비스이용 당사자와 그와 연결되어 있는 많은 사람들마다 자기 자신을 능력과 가능성을 지닌 존재로 볼 수 있게 될 것이다.

셋째, 사회복지사의 역할이다.

사회복지사는 서비스이용 당사자의 관점을 변화시키는 역할을 해야 한다. 시각 혹은 가치관의 변화는 새로운 선택을 열어 주는 열쇠가 되고 더 많은 변화가 가능하도록 해 준다. 그러므로 사회복지사는 서비스이용 당사자가 새로운 선택과 변화를 꾀할 수 있는 관점의 변화를 도모해야 하는 것이다. 사회복지사들은 서비스이용 당사자들이 자신에게 주어진 기회와 한계의 의미를 생각할 수 있고, 자신이 선호하는 선택을 할 수 있게끔 인식의 변화를 촉진해 주어야 한다.

넷째, 사회복지사의 기능이다.

사회복지사가 수행하는 실천 업무의 기능은 실질적인 사회복지사의 개입을 통해 나타난다. 사회복지사의 개입은 서비스이용 당사자가 스스로 상황을 판단하고 긍정적인 가능성을 열어가도록 여건을 조성하는 것이다. 그러므로 사회복지사가 수행하는 실천개입의 가장 중요한 기능은 어떤 기술이나 사실을 가르치거나 교정하는 직접적인 개입에만 주목되는 것이 아니다. 오히려 서비스이용 당사자의 힘과 선택의 기회를 증진하는 상호 교류와 상호 존중, 상호 배려 등을 유지해 가는 것에 있다. 아울러 서비스이용 당사자의 삶에 관심을 갖고 그 삶의 내용과 이야기에 우선권을 줌으로써 진정한 변화를 창출해야 한다.

3. 사회복지실천의 원칙

김덕준이 추구했던 사회복지 사상과 사회복지 교육의 실천원리를 적용하여 오늘날의 상황에 맞게 사회복지실천의 원칙으로 제시하면 다음과 같다.

첫째, 성육신적 접근의 원칙이다. 김덕준이 한평생 천착했던 예수 그리스도의 십자가 정신의 출발은 예수의 성육신에 있었다. 하나님이신 그분께서 이 땅에 육신으로 오신 것이다. 김덕준에게 있어서 이 사실은 가장 낮은 자리로 내려오신 겸손의 절정이었다. 신이 인간의 욕구와 감정, 한계와 고통 등을 모두 경험하신 것이다. 그런 면에서 성육신적 접근이라는 사회복지실천의 원칙은 김덕준에게 있어서는 아래로부터의 변화를 추구하는 것이었다. 이러한 김덕준의 성육신적 접근의 원리를 지역사회에 적용하면 지역사회복지실천은 지역사회 스스로 자신의 욕구와 이를 충족시킬 방법을 결정하고, 지역사회 구성원들이 지역 차원에서 자신이 필요로 하는 것이 무엇인지 정확히 알고 있는 지역사회를 지향하는 접근이 된다. 동시에 자율적이고 독립적인 지역사회를 추구하게 된다.

이렇게 성육신적 접근의 원칙을 지키고자 애쓰는 사회복지사는 지역주민들보다 자신이 우월하다는 인식을 가져서는 결코 안 된다. 만약 우월감을 갖게 되면 그 순간부터 사회복지사는 자신도 모르는 사이에 지역사회 구성원이 가지고 있는 중요한 능력들과 기술들을 경시하게 된다. 주목해야 할 것은 주민들이야말로 지역사회와 지역 상황을 알고 있는 사람들이며 자기 지역의 문제를 실질적으로 해결할 수 있는 소중한 인적자원이라는 사실이다. 그러므로 사회복지실천은 지역주민을 귀히 여기고 최대한 중시하고 지역사회의 문제를 해결해 나갈 동역자로 삼고 함께 하는 활동이어야 한다. 아울러 사회복지실천은 가능한 지역사회의 주체성을 강화할 것을 목표로 해야 하고 사회복지실천 프로젝트는 언제나 주체성 증대를 목표로 해야 한다. 지역주민을 존중하며 지역사회를 들여다보고 그곳으로 겸손하게 나아가면 바로 그 지역사회에 문제해결을 위한 자원과 능력, 기술 등이 있음을 알게 되는 것이다.

둘째, 결과 보다 과정을 중요시하는 원칙이다. 김덕준에게 있어서 사회복지실천은 본질적으로 결과 보다는 과정이 더욱 중요한 것이었다. 특히 김덕준이 지향했던 샬롬은 사회복지실천에서 전망으로 작용했다. 즉 전망으로 제시되었던 샬롬은 사회복지실천의 과정이나 절차에 목적의식을 부여하고, 궁극적인 지향점을 환기시키는 것이었다. 지금 당장

눈앞에 엄청난 변화가 성과로 나타나지 않더라도 서로 협력하며 사회적 문제를 해결해 나가기 위해 마음을 모아 노력해가는 실천의 과정이 중요한 것이었다. 사회복지실천의 성과는 변화된 결과만이 아니라 그 결과를 산출해내기 위해서 밟아가는 과정 또한 대단히 소중하다는 것이었다. 특히 김덕준은 실천의 과정에서 변화를 향한 목적의식이 지역사회의 각 구성원들에게 공유되는 것이 매우 중요하다고 생각했다. 그래야만 문제가 해결되었을 때 모두가 다 기뻐하고 만족할 수 있다는 것이었다. 그래서 김덕준의 경우 사회복지실천의 과정은 결과보다 중요할 뿐만 아니라 진정한 의미에서 과정이 곧 결과였던 것이다.

셋째, 협력의 원칙이다. 사회복지실천은 경쟁 보다는 협력하는 활동이어야 했다. 김덕준에게 사회복지실천은 경쟁을 부추기는 자본주의적인 기득권의 지배에 도전하는 접근이었고, 경쟁 중심의 사회적 경향이 잘못된 가설에 기초한 것임을 끊임없이 밝혀내는 과학적 실천도구였다. 그런 의미에서 사회복지실천은 과도한 경쟁으로 발생하는 갈등이 아니라 협력에 기초하는 대안적인 질서를 만들어가는 것이기도 했다. 특히 김덕준에게 협력은 하나의 지역사회에만 국한되지 않았다. 공동의 이슈와 보편적인 관심 사항이 있으면 다른 지역사회와도 기꺼이 협력해야 하는 것이었다. 그리고 이러한 협력은 실제적으로는 사람 간, 지역사회 간, 국가 간의 소통과 합의로 가능한 것이었다. 사실상 합의는 협력의 유용한 형태였고, 의사결정 과정의 유기적인 소통과 의견 일치로 이해될 수 있다. 합의는 모든 사람이 그 과정 또는 절차에 동의하고 그 과정의 결과가 그 집단의 이해에 적합한 최선의 결정을 대변한다는 점에서 모든 사람을 만족시키는 것이다.

넷째, 힘을 부여해주는 원칙이다. 김덕준에게 있어서 사회복지실천의 목표는 피조자(서비스이용 당사자)에게 힘을 부여해 주는 것이었다. 힘을 부여해 줌으로써 서비스이용 당사자나 또는 지역주민들이 스스로의 미래를 결정하는 능력을 증대시킬 수 있다. 아울러 이들이 지역사회 생활에 능동적으로 참여하고, 영향력을 행사할 수 있도록 자원과 기회, 어휘, 지식, 기술 등을 제공하는 것이 힘을 부여해 주는 데에 포함된다. 이렇게 힘을 부여하는 원칙은 지역주민들의 권력행사를 방해하는 실제적 장벽들이 있음을 인식하고, 이러한 장벽에 저항하여 이를 극복할 것을 깨닫게 한다. 이러한 관점에서 볼 때, 힘을 부여해주는 원칙은 현재의 잘못된 구조와 질서를 개선하고자 시도하는 진보적 변동을 추구하는 것이라고 할 수 있다.

다섯째, 개별성과 관계성의 원칙이다. 하나님의 본성으로서 성부 성자 성령의 삼위일체는 '하나님의 형상'을 따라 지어진 인간의 본질로서 개별성과 관계성을 제시하는 것으로 김덕준은 생각했다. 즉, 예수 그리스도는 하나님의 성품과 뜻을 몸으로 실현하심으로 모범이 되셨으며, 십자가는 그 실현하는 과정과 방법으로써 사회복지실천을 제시하는 것이었다. 하나님의 나라는 그 십자가의 길이 도달하는 종말의 상태로서 사회복지실천의 최종적이고 궁극적인 목표였다. 하나님 나라는 그 형상이 사회화된 영역에서 이루어지고 경험될 것이다. 사회복지실천이 지향하는 것은 하나님의 형상과 성품, 본질, 그리고 당신의 뜻과 방법이 지역사회 안에서 사회화 되도록 하는 것이었다. 이것이야말로 김덕준이 지향했던 사회복지실천의 골격이었다. 사회복지실천이란 결국 한 개인이 주체적이고 독립적인 인간으로서 자립함과 동시에 가족과 지역사회, 그리고 전체 사회에 상부상조의 공생적 관계를 맺는 사회적 통합을 목적으로 진행되는 활동이었기 때문이다.

여섯째, 치유의 원칙이다. 김덕준이 강조했던 사회복지실천은 서비스이용 당사자들의 정서적 상처를 치유하고 심리적 안정을 갖도록 돕는 것이었다. 사회복지사는 서비스이용 당사자의 내면을 깊게 들여다보며 따뜻한 마음으로 공감하는 인간 개인의 내면을 지향하는 전문가였다. 이렇게 인간의 내면을 지향하는 삶의 형태가 심리정서적인 변화를 주도하여 정서적 안정을 유인하고 삶에 대한 인지적 관점을 재구조화하며, 삶의 의미와 존재의 가치에 대한 진지한 질문과 성찰을 하도록 도움으로써 자신의 가치를 인식하고 태도와 행동에 변화를 가져오게 하는 것이다.

제8장

김덕준 사상을 적용한
사회복지 교육과정 설계

김덕준의 사회복지 사상에 기초하여 사회복지 교육을 68년 동안 수행해 온 강남대학교는 학부와 대학원(석사, 박사과정)에서 탁월한 사회복지 교육과정을 선도적으로 운영해 왔다. 강남대학교가 시도한 사회복지 교육은 언제나 국내 최초였고, 유일했으며, 최고로서 한국의 사회복지 교육을 이끌어갔다고 할 수 있다. 강남대학교가 시작했던 사회복지 교육은 한국 사회복지 교육의 일반적 현상으로 보편화되었다.

몇 가지 중요한 예를 들면 우선 1953년부터 '사회보험론'과 '협동조합론'을 개설하였고, 1963년 3월 학기부터는 '근로자 복지론'과 '사회보장론' 등과 같은 혁신적인 교과목들을 개설했던 것을 들 수 있다. 이후 강남대학교는 국내 최초로 산업복지학과를 개설 운영하였고, 산업복지학과는 현재 사회복지학부 내 사회서비스정책학 전공에 융합되어 통합적 차원에서 발전 계승되고 있다.

또한 1979년 3월 학기부터는 국내 최초로 '자원봉사' 교과목을 개설하였는데 현재 자원봉사 관련 교과목은 강남대학교뿐만 아니라 사회복지 영역을 넘어서서 여러 대학들의 '사회봉사' 교과목으로 확대되었다. 나아가 초·중·고등학교에서 인성교육의 핵심으로도 자리 잡았다.

한편 1992년 3월 학기부터는 국내 최초로 노인복지학과를 개설하였다. 노인복지학과는 노인복지에 특화된 전문인력을 양성하는 최고의 교육 내용으로 국내외에서 큰 관심과 벤치마킹의 대상이 되었다. 이러한 노인복지 분야에 주목한 강남대학교 사회복지 교육은 이후 특성화 사업을 꾸준히 시행하면서 2005년 8월에 국내 최초의 실버산업학부를 탄생케 하는 모태가 되었다. 현재 노인복지학과는 사회복지학부 내의 사회사업학 전공과 별도의 실버산업학과로 유기적으로 통폐합되었다.

나아가 강남대학교는 시대적 흐름을 선도적으로 개척해 나갔던 김덕준의 선구적 역량을 이어 받아 더욱 힘차게 사회복지 교육을 실행해나가고 있다. 무엇보다도 복지기술(Wel-tech)을 사회복지에 융합한 '스마트복지' 전문가를 양성해나가는 것을 자신 있게 말할 수 있다. 빅데이터 생성 및 관리 운영과 AI 등 첨단과학기술 분야에서 발휘되는 다양한 역량을 익혀서 사회복지 현장에 적용할 수 있는 사회복지 인재를 키우기 위해 국내 최초로 '복지기술(Wel-tech) 창의 융합 전공'을 자율연계 전공의 형태로 개설하였다. 또한 2026년 커뮤니티 케어의 보편적 제공을 앞두고 커뮤니티 케어를 주도적으로 운영해나갈 수 있는 사회복지 전문인력을 양성하고자 2017년에 사회복지학부 내에 사회서비스정책학 전공을 신설하여 운영 중에 있다.

그 결과 현재 강남대학교 학부 과정은 사회복지학부 내에 두 개의 전공, 즉 사회사업학 전공과 사회서비스정책학 전공으로 구분되면서도 동시에 이 두 개의 전공이 통합적으로 운영되고 있다.

사회사업학 전공(주간/야간)에서는 '사회복지 임상실천 전문가'를 양성하는 데에 초점을 모으고 있다. 여기에는 전통적으로 사회복지관을 비롯한 기존의 사회복지시설 종사자들은 말할 것도 없고, 최근의 사회적 필요에 부합하는 임상실천 분야의 전문가까지 양성할 수 있도록 교과과정을 심화하여 운영하고 있다. 대표적인 접근을 소개하면, 첫째, 위기관리 임상실천 전문가(예: 학대 및 폭력 가정의 위기관리 임상실천 전문가), 둘째, 보건복지 건강서비스 전문가(예: 지역사회 신체, 정신, 사회적 건강 및 복지서비스 제공 전문가), 셋째, 사회서비스 진단 및 운영 전문가(예: 생애 주기 및 생활환경 맞춤형 복지서비스 욕구 진단 및 제공 전문가) 양성이다.

사회서비스정책학 전공에서는 '사회서비스 행정 및 정책 전문가'를 키워내는 데에 집중하고 있다. 이를 위해 첫째, 지역사회 복지전문가 (예: 지역사회 복지공동체 활성화를 주도하는 지역사회복지전문가), 둘째, 사회 서비스 행정전문가(예: 사회복지 조직의 기획, 자원개발 및 관리 역량을 갖춘 사회서비스 행정전문가), 셋째, 사회적 경제실천 전문가(예: 나눔과 상생의 공동체경제를 선도하는 사회적 경제실천 전문가) 양성에 최선을 다하고 있다.

앞서도 언급한 것처럼 구분된 이 두 개의 전공은 사회복지학부 학생 들이라면 모두 하나는 주전공, 또 다른 하나는 부전공의 형태로 복수 전공하도록 설계되어 있다. 그러면서 동시에 복지기술(Wel-tech) 창의 융합 전공까지 학생 개개인이 노력하면 충분히 이수할 수 있게끔 해 놓 았다.

이렇게 시대의 욕구와 요구에 부응하면서 동시에 시대를 선도하고자 통합과 융합의 사회복지 교육을 끊임없이 시도하고 정착시켜 나가는 강 남대학교 사회복지 교육의 특성은 김덕준의 정신이 면면히 계승되었던 결과라고 볼 수 있다. 특히 김덕준이 강남대학교 사회복지 교육을 통해 끊임없이 추구했던 '사회영역(정의로운 사회복지사)', '사람 간 영역(서비스 이용 당사자를 사랑과 권리로 대하는 사회복지사)', '사회복지사 개인 영역(겸

손하게 하나님 앞에서 자신을 성찰하며 자기관리를 철저하게 하는 사회복지사)'
에서 준비된 사회복지 인재 양성이 지금 이 시간도 강남대학교에서 현
실화되고 있는 것이다. 바로 샬롬의 김덕준 사회복지 사상의 본질이 계
승되고 확산되고 있는 것이다.

당연히 대학원 사회복지 교육도 마찬가지다. 현행 강남대학교 대학원
(석사, 박사 과정)의 사회복지 교육은 이원화되어 있다.

하나는 일반대학원의 사회복지학과 석사과정과 박사과정이다. 일반
대학원 체제에서 이루어지는 사회복지 교육은 실천 현장에서 요구되는
다양한 체계의 서비스 개입을 위해 통합적 방법을 활용할 수 있는 '능력
있는 실천가'와 사회복지 정책과 행정조직에 대한 계획과 실행은 물론
프로그램의 평가와 정책들을 세우기 위한 '이론과 기술을 갖춘 전문가'
양성을 위한 교과과정으로 구성되어 있다. 특히 박사과정의 경우 연구
자로서의 학문적인 역량을 충분하게 키울 수 있게끔 교과과정을 튼실하
게 마련하여 운영하고 있다.

다음으로는 융복합대학원의 사회복지학과 석사과정이다. 융복합대
학원 사회복지학과는 사회복지사와 사회복지 분야 종사자들의 전문성
을 고양하고, 변화하는 사회복지 환경에 부응하는 전문적 실천 역량과
연구 능력을 갖춘 인재를 양성하기 위해 노력하고 있다. 무엇보다도 다
양한 사회서비스와 커뮤니티 케어에 대응할 수 있도록 사회서비스 행정
분야와 사례관리 분야를 중심으로 변화하는 지역사회를 이끌어가는 현

장의 리더와 높은 역량을 갖춘 전문인력을 배출하고자 노력하고 있다.

이렇게 김덕준으로부터 출발한 창의적이며 혁신적인 사회복지 교육은 강남대학교 학부와 대학원의 사회복지 교육을 통해 찬란하게 펼쳐져 나가고 있다. 다만 아쉬운 것은 십자가 사랑과 그리스도의 성육신에 기초한 김덕준의 기독교사회복지, 즉, 경천애인의 '샬롬 복지실천'을 수행하는 기독교사회복지 전문가 양성을 위한 특화된 교과과정은 계승되지 못했다는 사실이다. 그 이유는 한국에서 사회복지가 급속하게 제도화되면서 사회복지사의 책무가 공공성에 집중됨으로 민간 영역에서 종교적 행위가 사회복지실천에서 철저하게 분리된 데에 있다고 본다. 아울러 교회라는 현장에서 기독교사회복지실천가들이 일할 수 있는 여건이 상당히 제한적이었던 것도 중요한 요인이 될 것이다.

하지만 최근에 와서 민간의 역할, 특히 종교의 역할과 기능이 크게 주목받게 되었다. 무엇보다도 사회적 지탄을 받고 있는 한국교회의 현실에서 개신교에 대한 무너진 사회적 신뢰를 회복하기 위한 사회참여와 사회봉사, 사회적 역할 등이 그 어느 때보다도 크게 부상하였다. 한국교회가 기독교적인 사회복지실천에 본격적으로 눈을 돌리기 시작한 것이다. 또한 한국교회가 전 세계에 파송한 한국인 선교사들의 선교 활동에도 급격한 변화가 이루어지고 있다. 예를 들면 현지 지역사회와의 융화와 원활한 소통 등이 매우 중요하게 부각되면서 예배당 짓고, 성경공부와 노방전도 등에 매진된 전통적인 선교방식에 문제제기가 일어나게 되었다. 지역사회에서 공공성과 공공선을 인정받지 못하면 선교도 위축될 수밖에 없는 현실에 직면하게 된 것이다. 그러면서 그 대안으로 복지선교에 대한 관심이 커지고 있다.

이런 상황 속에서 이 책의 결론을 쓴다는 심정으로 김덕준의 사회복지 사상과 사회복지 교육의 원리를 적용하여 "복지선교 전문가 양성 사회복지 대학원 석사 교육과정"을 설계해본다. 김덕준의 사회복지 사상을 오늘 이 시대에 가장 직접적으로 반영한 사회복지실천을 나는 '복지선교'로 보았다. 김덕준이 한결같이 추구했던 사회복지와 신학의 접목이 바로 '복지선교'가 아니었을까 싶다. 그런 면에서 사회복지 대학원(융복합대학원) 석사과정에서 김덕준의 사회복지 사상에 토대를 둔 사회복지 교육과정을 설계해본다면 '복지선교 전문가' 양성에 초점을 두는 것도 요긴하리라 본다. 이와 같은 사회복지 교육과정을 개략적으로나마 설계해보면서 김덕준의 사상이 여전히 지금 여기에도 유효하고 유용함을 다시금 깨닫게 된다.

1. 복지선교 전문가 양성 교육과정의 필요성

1) 선교, 사회복지, 경영을 융합한 창의적 학문의 필요

• 전 세계 곳곳에서 활동하고 있는 해외 선교사들의 사역들이 점차 사회복지적인 성격을 띠게 되는 경우가 빈번해지고 그 비중 또한 급격하게 커지고 있다. 이를 테면 장애인 선교, 빈곤인 선교, 의료

재활 선교, 국제구호적인 선교 등 전통적인 교회 중심의 사역 일변도에서 복지선교적인 형태의 사역으로 전환하는 것을 들 수 있다.

• 또한 교회 내 사회복지 시설 및 프로그램을 운영하는 목회자들과 기독교인 사회복지사들이 늘어나는 가운데, 전문적인 사회복지실천과 경영 활동의 미숙으로 시설 운영에 한계를 느끼는 목회자들과 실천가들이 늘어나고 있다.

• 이들 선교사 및 목회자들과 실천가들을 대상으로 재교육(re-education)적 관점에서 공공신학과 기독교 정신에 기초한 사회복지실천의 지식과 방법, 아울러 경영의 원리와 기술 등을 함양할 수 있도록 교육의 방향과 내용을 창의적으로 개발할 필요가 있다. 특히 교회의 공공성을 지향하는 공공신학은 사회적 존재감을 상실해가는 오늘날 교회의 본질을 회복하는 데에 대단히 중요한 신학적 접근이라 할 수 있다. 또한 사회복지실천이 지역사회 중심의 접근이라고 할 때, 지역사회에서 공공성을 인정받는 교회로 성숙될 수 있기 위해서도 공공신학은 유용하다.

2) 기독교 사회복지 NGO 전문가 소진 현상

• 밀알복지재단, 월드비전, 굿네이버스, 컴패션 등 국제구호 및 국제사회복지실천을 열정적으로 하고 있는 기독교 사회복지기관들의 중간 관리자들의 소진 현상이 늘어나고 있으며 이를 극복할 뿐만

아니라 창의적이고 혁신적인 기독교 사회복지 재교육에 대한 욕구
가 증가하고 있다.

• 아울러 민간 사회복지시설 평가 강화에 따라 시설장 및 중간 관리
자들의 시설 경영과 관리 운영 등에 대한 관심이 증대되고 있으며
동시에 이들 관리자들의 스트레스 또한 심각해지는 상황이다.

3) 사회복지실천 현장의 양적 성장과 사회복지 교육시장 팽창

• 국정의 주요과제가 될 정도로 사회복지는 한국의 핵심적인 정책
영역으로 그 실천 현장이 양적으로 크게 확산되었다. 보건복지부
의 내부 자료를 중심으로 고찰해 보면, 전국적으로 사회복지기관
은 2005년에 정부보조금을 지원받는 사회복지관, 장애인복지관, 노
인복지관을 모두 합해 총 156개 기관에서 2020년 12월 현재에는 총
1,029개 기관으로 증가하였다. 정부보조금을 지원받지 않고 신고
시설인 경우까지 모두 포함한 경우는 거주시설과 이용시설을 모두
합하여 2015년 말 기준으로 1만 9천여개소인데 이는 2005년의 경우
2,000여개소인 것을 감안하면 지난 10년 동안 거의 9배 가까이 시
설 수가 늘어났음을 나타낸다.

• 이와 같이 급작스럽게 늘어난 현장의 수요는 사회복지사들의 취업
을 촉진시키는 결과를 가져왔고, 사회복지 교육 시장도 팽창하게
했다. 사회복지사 1급 및 2급 자격 소지자가 2020년 12월 31일 기

준 120만 7천 343명이며, 이들 중에 사회복지 현장에 종사하고 있는 사회복지사는 대략 45만 3천여 명으로 추정된다. 또한 사회복지사 3급 자격 소지자도 1만 3천 284명에 이르고 있다. 한편 대학(사이버대학 포함) 및 대학원, 평생교육원과 학점은행제 과정 등을 통해 사회복지 교육을 수행하는 교수들이 7,500여 명으로 추산된다(물론 중복으로 계산되는 경우도 있을 것임). 사회복지사 양성과 교육 부문이 지난 10년 사이에 10배 이상 성장하였다.

• 하지만 이러한 사회복지 교육의 급속한 확대에 비해 전통적인 사회복지시설 중심의 실천 현장에서 정규직 사회복지사 자리는 이미 포화 상태라고 할 수 있다. 이를 테면 이미 사회복지관의 경우 신참 사회복지 전공자들이 취업하기란 마치 하늘에서 별을 따는 것으로 비유될 만큼 대단히 어려운 실정이다. 아울러 예상을 뛰어넘는 사회복지 시장의 엄청난 확장은 충실한 사회복지 교육을 받지 않고도 현장에 갈 수 있는 기형적인 현실을 만들게 되기도 하였다. 사회복지사 자격증의 남발과 자격증 취득을 위한 교육기관의 남설은 결과적으로 사회복지사에 대한 전문성 약화와 누구나 사회복지사가 될 수 있다는 잘못된 사회적 인식을 형성하게 하였다. 이에 따라 성실과 사명으로 최선을 다해 사회복지실천을 수행하고 있는 탁월한 현장 사회복지사들의 자괴감은 커져 가고 있으며 동시에 재보수 교육에 대한 욕구가 매우 커져 가고 있다. 또한 기독교적 가치관을 갖고 사회복지실천을 수행하는 기독교인 사회복지사들은 자신의 업무 속에 신앙을 투영할 수 없는 현실에 크게 좌절하고 있다.

4) 공공 사회복지 부문 확장

• 공공 영역의 사회복지 인력 충원이 점차 확대되고 있다. 2015년 7월 '사회보장급여법' 시행으로 사회복지전달체계를 읍면동까지 확대하면서 보건복지부는 복지사각지대를 해소하고 맞춤형 서비스, 찾아가는 서비스를 표방한 읍면동 복지허브화 사업을 추진하였고 2020년 현재 상당부분 안착해가는 상황에 있다.

• 이에 따라 기존 시·구에서 실행하던 업무가 읍면동에서 제공됨에 따라 서비스의 접근성이 향상되고 통합서비스를 기대할 수 있게 된다. 바야흐로 동 복지기능이 강화될 것으로 기대된다. 사회복지공무원 확충은 2020년까지 지속적으로 이루어지고 있다. 이와 같이 공공 영역에서의 사회복지 비중이 높아짐에 따라 효과적이며 효율적인 공공 사회복지서비스 전달체계 경영에 대한 관심과 필요성이 커지고 있는 상황이다.

• 서비스를 제공할 때, 기존의 공급자 중심의 관점에서 이제는 수요자 중심으로 사회복지의 패러다임이 급격하게 전환되면서 수요자의 욕구를 파악하고 이에 기초한 사회복지실천을 수행할 수 있는 사회복지사의 전문성 향상이 중요하다는 인식이 높아지고 있다. 공공영역 사회복지공무원들 가운데에서 체계적이며 전문적으로 사회복지전달체계를 관리 운영할 수 있는 사회복지 경영에 대한 교육적 욕구가 점차 증대하고 있다. 특히 기독교적 가치의 핵심인 인권

존중과 하나님의 '공의'를 실현하고자 하는 사회복지 공무원들이
늘어나고 있다.

5) 사회적 경제 부문과 사회복지 기관의 효율적인 운영에 대한 관심 증대

• 최근 사회적 서비스 확대 정책에 따라 사회복지 분야에서도 사회적
기업, 사회적 협동조합 등과 같은 사회적 경제에 대한 관심과 연구
가 늘어나고 있고, 실제 실천 현장에서 다양한 접근들이 시도되고
있다. 그러나 사회적 경제 영역에서의 경영과 마케팅에 대한 수요
가 늘어나고 있는 반면 일반 경영이 아닌 사회복지의 독특성을 감
안한 접근은 매우 미흡한 실정이다. 구체적으로 사회적 경제 영역
에서 일하고 있는 전문가들을 돕고 그들의 역량을 강화할 수 있는
교육훈련 프로그램 또한 매우 미흡한 실정이다. 이에 사회적 경제
영역에서 사회복지 경영적인 접근과 실천 전략 및 방법 등을 수립
할 수 있는 교육적 욕구가 크다고 할 수 있다.

• 특히 사회적 기업과 사회적 협동조합을 운영하거나 새롭게 시작하
려고 하는 주체가 기독교 단체 내지 교회인 경우가 늘어나고 있는
가운데에 '공적 신학'과 '선교적 교회'라는 패러다임이 급부상되면
서 교회 공동체를 통해 지역사회를 섬기는 사회적 경제 모델에 대
한 연구와 관심 또한 증가하고 있다.

• 한편 기독교 사회복지재단에서 운영하는 사회복지 시설 내지 기관

의 입장에서 효과성과 효율성 그리고 서비스 개입실천에 따른 성과 측정에 대한 관심이 높아지고 있다. 그와 같은 경향 속에서 복지선교적이며 복지경영적 관점을 도입하려고 하는 움직임이 가시화되고 있다. 가령 복지선교 및 기독교 사회복지서비스 마케팅, 인사조직, 재무회계, 사회복지서비스 관리운영, 전략과 리더십에 대한 능력 등을 향상시켜 복지선교단체 및 기독교 사회복지시설을 관리 및 운영할 수 있는 지식과 기술을 도모하고, 기관 운영의 가치와 미션, 전략방법 등을 현실화시킬 수 있는 능력을 극대화시키고자 하는 노력이 나타나고 있다.

6) 기존 사회복지 대학원 교육의 한계

• 많은 대학들이 대학원 석사, 박사 과정을 설치하여 교육하고 있다. 하지만 학부 과정과 교과내용의 차별화가 이루어지지 못한 가운데서 대학원 교육의 만족도는 매우 낮은 상황이다. 급변하는 사회복지 현장의 욕구와 수요를 반영하지 못하고 있다.

• 이에 공공과 비영리 부문 모두에서 실질적으로 도움이 되는 실용적이며 체계적인 교육과 훈련을 받고자 하는 대학원 수준에 준하는 전문가 양성 교육에 대한 수요가 충분할 것으로 예상되며, 향후 교육의 수월성이 담보되면 그 수요는 더욱 커질 것으로 기대된다.

7) 실천 가능한 학문(practical), 성과(outcome), 사회적 가치(social) 의 달성

- 최근 사회복지실천 현장에서 요구하는 자질로 '다양한 기술의 활용 과 높은 수준의 지식'이 강조되고 있다. 이는 향후 전문가 양성 교 육이 다양한 전공을 융합하고 이를 환경에 맞게 전문화시켜 나갈 수 있는 능력을 배양하는 데 초점을 두어야 함을 의미한다. 즉, 실 천가능성을 지닌 학문으로서 '인간'의 성장과 발달을 다루고, 사회 적 유용성을 갖춘 교육, 그로 인한 성과가 실천 현장의 성장과 성숙 으로 나타나는 긍정적인 변화인지, 궁극적으로 하나님나라 확장으 로 볼 수 있는지, 사회적 가치를 부여하는 가로 설명해볼 수 있다.

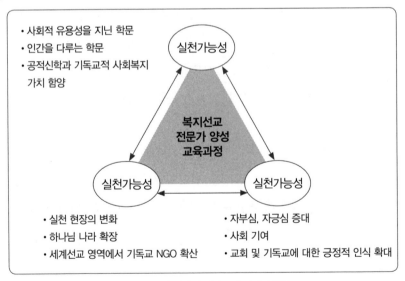

[그림 1] 복지선교 전문가 양성 사회복지 대학원 석사 교육과정의 방향

- 따라서 새로이 시도되는 복지선교 전문가 양성 교육과정의 방향은 [그림 1]과 같이 공적신학을 바탕으로 실천 가능한 학문, 성과, 사회적 가치 달성을 추구해나갈 수 있어야 한다.

2. 복지선교 전문가 양성 사회복지 대학원 석사 교육과정 소개

1) 개설 의의

- 국내외 선교와 NGO, NPO 그리고 사회복지 분야에서의 정책과 행정, 실천의 효율성을 높이는 국가적·교회적 '아키텍처(architecture : 구조 내지 시스템의 설계방식)'를 만들어 나가야 할 때가 되었고, 복지선교 전문가 양성 사회복지 대학원 석사 교육과정은 이를 실현할 수 있을 것이다.

2) 교육 목표

- 양질의 선교와 NGO 및 NPO 활동 나아가 사회복지 정책과 행정, 실천을 실현할 수 있는 기초적인 '아키텍처'를 만드는 '설계자(architect)' 즉, 공적신학과 기독교 신앙에 기초한 혁신적이며 탁월한 능력의 '복지선교 경영 설계자(welfare mission management architect)'를 양성하고자 한다.

- 이를 실현하기 위해 첫째, 공적신학 이해와 영성과 인성을 융합한 선교 지향 교육을 실천하고자 한다. 둘째, 복지경영 기법과 복지선교 실천기술 향상을 통한 경영적 안목과 자질을 도모하고자 한다. 셋째, 지역(국외와 국내 모두 포함)과 교회를 섬기며 복지 현안에 대한 실천 지식과 기술을 향상시키고자 한다.

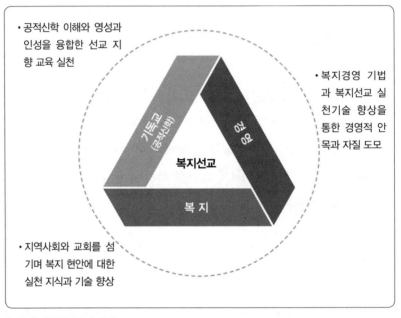

[그림 2] 세부적인 교육목표

3) 연구 및 교육 주제 분야

- Public Theology and welfare ministry (공적신학과 복지선교)
- Welfare management and operation (복지경영 및 운영)

- Welfare ministry and strategy (복지선교와 전략)
- Christianity and International social welfare (기독교와 국제사회복지)
- Organizational Christian leadership (기관 및 조직 기독교 리더십)
- NGO and community environments (NGO와 지역 환경)
- Policy and advocacy (정책과 옹호)
- Diversity and inclusion (다양성과 통합)
- Christianity and Social justice (기독교와 사회정의)
- Christianity and Social welfare marketing (기독교와 사회복지 마케팅)
- Human resources in public and non-profit sector (공공 및 비영리 부문에서의 인적 자원 관리)

4) 교육과정과 교과목

과정	과목명
필수	기독교 영성과 세계관
필수	세계평화와 국제인권
필수	다양성과 통합
필수	공적신학
필수	복지선교학
필수	복지선교 연구방법
선택	국제개발협력과 NGO
선택	사회적 경제
선택	기독교와 사회행동

선택	세계선교와 복지경영
선택	복지선교 마케팅
선택	사회복지 인적 자원 관리
선택	복지목회와 복지선교
선택	복지선교 리더십
선택	NGO와 지역사회
선택	사례연구
선택	복지선교 세미나
선택	교회와 NGO, 사회복지기관 간 협력 사역

5) 연구 트랙

(1) 지역사회 개발 및 사회변화

• 지역사회와 기관에 대한 문제의식을 갖게 하고, 변화를 위한 개입을 설계하는 것으로 전략적인 기독교 리더십과 경영적 스킬을 발전시키고 사회적 책임을 계획하고 도와주며, 지역사회 간에 긍정적인 관계를 형성하기 위함이다.

• 하나님나라의 관점에서 이 세상을 바라보고, 그와 같은 시각으로 전 지구적인 문제에 대응할 수 있는 복지선교적인 접근을 연구하고 모색하고자 한다.

• 통일한국을 바라보며 북한을 복지선교적으로 섬길 수 있는 구체적

인 전략과 방법 등을 살펴보기 위함이다.

(2) 복지선교와 NGO

• 세계선교 및 한국교회와 한인 디아스포라 등에서 이루어지고 있
는 선교사역이 공적신학의 기초 위에서 지역사회를 섬기는 NGO
로서의 역할과 기능을 전문적으로 수행할 수 있는 역량을 갖추고
자 한다.

(3) 기독교 사회복지시설 및 사회적 경제 부문 관리 운영

• 교회 및 기독교재단이 운영하는 사회복지 조직 및 시설, 사회적 경
제 부문을 효과적이며 효율적으로 관리 운영할 수 있는 경영적 능
력을 배양하기 위함이다.

• 일반 사회복지실천과 선교 현장에서 요구되는 공적신학 및 경영적
안목과 성과 산출을 해낼 수 있는 기술을 갖춘 기독교적인 가치관
에 충실한 전문적인 개입활동을 창출하기 위함이다.

6) 복지선교 전문가 양성 사회복지 대학원 석사 교육과정 대상 표적
집단 및 직업군

• 공적신학과 기독교적 가치관에 기초한 '복지선교 경영 설계자
(welfare ministry management architect)'로 양성할 수 있는 교육 대상 표
적집단 및 공공, 민간, 비영리 부문에서의 직업군은 다음과 같다.

- Global welfare missionary/minister (국제 복지선교사·목회자)
- Executive director (사무국장)
- Policy analyst (정책 분석가)
- Consultant/coach (컨설턴트/코칭)
- Advocate (옹호자)
- Program evaluator (프로그램 평가자)
- Restructuring specialist (구조 조정 전문가)
- Corporate social responsibility manager (기업 사회적 책임 매니저)
- Employee Assistance Program (EAP) clinician (근로자지원프로그램 임상 전문가)
- Behavioral health care manager (행동건강관리 전문가)
- Organizational change management consultant (기관 변화관리 컨설턴트)
- Global diversity and inclusion manager (세계적 다양성 및 통합 매니저)
- Employee wellness specialist (직원복지 전문가)
- Social welfare government official (사회복지공무원)

7) 기대효과

(1) 한국교회 및 기독교사회복지 분야에서의 인적자원 가치 극대화를 위한 복지선교 프로그램 창출
- 교회 내 잠재인력의 발굴을 통한 복지선교 지도자 양성
- 국내외 사회복지 전문가 및 실무자, 선교사 목회자 등을 대상으로 하는 재교육 프로그램

- 기독교사회복지 CEO 재교육 프로그램
- 기독교 복지선교 지역 공동체 구축을 위한 지도자 양성

(2) 온라인 복지선교 교육 시스템 및 디지털 기반의 교육지원체계 구축
- 학습자의 교육기회를 혁신적으로 확대
- 다양한 복지선교 멀티미디어 콘텐츠 개발
- 신학교 교육환경의 급속한 변화에 대한 창의적 대응 방안 개발

(3) 세계선교의 새로운 패러다임으로서 복지선교 이론과 실천방법 구축
- 세계 곳곳에서 열정과 사명으로 사역하고 있는 한국인 선교사들과 그들이 사역하고 있는 선교 현장과의 네트워크 구축
- 세계 복지선교 능력 향상을 위한 기반 조성과 활발한 국제 교류 달성
- 체계적인 세계 복지선교 지원과 실제적인 선교 사역 수행을 위한 전문적인 역량 함양

에필로그

드디어 끝났다. 한 사람의 인생을 고찰한다는 것이 참으로 녹록치 않은데 하물며 김덕준 교수님에 대한 연구라니 정말 어떻게 글을 썼는지 모르겠다. 그래도 감사한 것은 집필하는 내내 교수님의 글들을 읽으면서 누렸던 감동과 기쁨이 끊이지 않았다는 것이다.

무엇보다도 사회복지사는 사람과 세상을 변화시키는 전문가인데 사회복지사마저도 사람을 변화시키는 힘을 잃어버렸다고 비난받게 되면 그건 정말 불행한 일임을 김덕준 교수님을 통해 나는 몸서리칠 정도로 깨닫게 되었다. 김덕준 교수님에 의하면 사회사업 교육을 받지 않았거나 받았다고 해도 대충 받았음으로, 또는 사회사업가로서 교육을 받았어도 그 교육의 방침에 동의하지 않을 경우 그와 같은 사회사업가가 수행하는 사회사업 실천 현장에서는 아무런 변화가 일어나지 않게 된다는 거다. 더욱이 그런 사회사업가가 아무리 오랫동안 현장에 있었다고 해도 사회사업가 자신이 스스로 삶의 목적이나 가치관, 정직성, 성품, 태도, 행동 등 인간을 구성하는 중요한 부분들에서 뚜렷한 변화가 없다면 절대로 피조자(서비스이용 당사자)와 가족, 집단, 지역사회를 변화시킬 수 없다는 것이다.

김덕준 교수님에 의하면 사회사업의 진정성은 결국 사회사업가 자신의 진정성에서부터 출발한다는 것이다. 그러므로 사회복지 교육의 가장 궁극적인 목적은 무엇인가? 김덕준에게 있어서는 예수 그리스도를 닮은 참사람으로서의 사회사업가를 양성하는 것이었다. 기독교적 인간관으로 피조자(서비스이용 당사자)와 관련 체계들을 대할 수 있는 사람이 사회사업가이며 이들 모두를 바람직하게 변화시킬 수 있는 변화의 창출자가 사회사업가인 것이다. 김덕준은 이와 같은 사회사업가를 양성하기 위해 자신의 사회사업 교육에서 예수의 정신이 공유되도록 부단히 노력했고, '경천애인'과 '십자가의 도'가 인격적으로 경험되는 교육 공동체를 형성하기 위해 불철주야 애썼다. 아울러 하나님 나라의 기쁨과 감격이 경험되는 사회사업실천 공동체로서의 역할과 기능이 사회복지 교육 현장에서부터 미리 체험되고 나누어져야 한다고 생각했다. 그 결과, 정말 훌륭한 사회복지 지도자들과 학자들이 그의 품에서 쏟아져 나왔다.

한편 김덕준의 사회복지 사상은 기독교 인간관에 기초한 총체적 삶의 경험과 기독교인이라고 하는 근원적 정체감을 아우르는 인간 사랑과 인간 존중의 실천 활동을 추구하는 것을 의미한다. 김덕준에게 영향을 주었던 가가와가 그랬던 것처럼 그가 걸어갔던 사회복지 교육의 길은 결국 예수의 삶처럼 자신을 비우고 고난의 십자가도 기꺼이 감내하는 실천적 행보였다. 그는 끊임없이 자신을 예수 그리스도로부터 투영하여 자신의 내면에서 참 자아 혹은 통전적인 자아(the whole self)를 발견하려고 몸부림쳤던 것으로 보인다. 김덕준에게 있어서 참 자아는 자신의 삶의 의미를 추구할 뿐만이 아니라 하나님과의 관계, 그리고 김덕준의 표현대로 물(物)과의 관계를 정립하게 하고 각 시대 속에서의 세계관과 가치, 그리고 방향 설정을 통합하게 하는 것이었다.

그러므로 김덕준에게 사회복지실천이란 단지 사회복지사가 업무로 해야 하는 일 정도가 아니었다. 기독교적 인간관에 기초하여 사회복지사가 실행하는 구체적이며 전문적인 실천개입 활동과 더불어 사회복지사로서 살아가는 복지적인 사회복지사 자신의 삶 자체였다. 당연히 사회복지사에게 사회복지 '가치와 지식, 실천'은 개입 현장에서 뿐만 아니라 삶의 전 영역에서 모두 함께 병행되어야 하는 숙명이었다. 즉, 목사가 되면 목사의 삶을 살듯이 사회복지사로 사회복지의 삶을 살아야 하는 것이다.

특히 김덕준이 간절히 소망하며 추구했던 기독교사회복지실천의 '동력' 또는 '힘'은 사회복지사의 기독교적 신앙을 기초로 시대적 정황 속에서 성서적 정의를 실현하고자 행동하고 개인에게만 국한되지 않는 타자를 향한 경천애인의 사랑을 실천하는 것이라고 할 수 있다. 그래서 진정한 사회복지사는 '자기 초월'과 '자기 이탈'이 경험적으로 삶 속에서 체험된 실존적 의미를 찾아가는 사람이어야 하는 것이다. 김덕준에게 있어서 사회복지실천은 사회복지사가 자신이 수행하는 실천개입 활동의 의미를 발견하고 이를 통한 우주와의 연결점을 찾아가는 것이었다. 그리고 이는 자연스럽게 사회복지사로 하여금 예수그리스도를 닮은 모습으로 인생의 의미를 찾는 것으로서 일상적인 삶의 정황 속에서도 사회복지실천을 감당하는 전문가로서 살아가는 것을 의미했다.

모든 글을 마무리하면서 내 자신에게 던지는 질문이 생겼다. '나는 진정한 교육자인가? 나는 신실한 사회복지사인가?'다. 이제부터라도 더욱 진지하게 내 자신을 성찰하며 김덕준이 품고자 했던 예수의 삶을 나 또한 따라가려고 한다.

나는 이 책을 많은 사회복지사들이 읽었으면 한다. 아울러 '사회복지를 전공하려는 사람들'과 '사람과 세상을 사랑하는 사람들'에게 일독을 권한다.

이 책이 세상에 나올 수 있도록 물심양면으로 지원해주시고, 늘 사회복지사로서 내 삶을 이끌어주시는 최성균 이사장님께 감사드린다. 아울러 주옥같은 추천사를 주신 김만두 교수님, 노상학 교수님, 이부덕 교수님, 유재건 전 국회의원님, 김신일 전 교육부총리님, 차경애 회장님, 김성이 전 보건복지부장관님께도 감사드린다. 또한 여러 자료들을 정리해

주고 이런저런 일들을 도맡아준 제자 강이슬 선생(강남대학교 일반대학원 사회복지학 박사과정)에게 고맙다는 말을 전한다.

끝으로 늘 내게 힘이 되어주는 가족에게 감사하며 이 모든 일을 행하신 하나님께 영광과 찬송을 올려 드린다.

2021년 1월 15일

강남대학교 연구실에서

이준우

참고문헌

강남대학교 사회복지학부 50년사 편찬위원회(2003). 강남대학교 사회복지학부 50년사(1953-2003). 용인: 강남대학교 출판부.

강남사회복지교육 60주년 기념사업추진위원회(2013). 한국의 사회복지를 개척한 강남 사회복지교육. 용인: 강남대학교 한국사회복지연구소.

고 김덕준 교수 10주기 추모집 간행위원회(2003). 한국사회복지 제8집 2003 고 김덕준 교수 10주기 추모 및 강남대학교 사회복지학부 50주년 기념 특집 기독교 사회복지의 사상과 실천모델. 서울: 인간과복지.

고 김덕준 교수 10주기 추모행사준비위원회(2002). 고 김덕준 교수의 한국 사회복지 교육과 실천에 미친 영향.

김덕준(1955). 사회사업사의 단계설과 사회보장제도. 중신학보, 1.

김덕준(1956). 사회사업의 기술. 서울: 애린사.

김덕준(1961). 미국 공동모금의 역사적 발전과 그것에 대한 시비. 서울: 동광.

김덕준(1965). 한국 사회사업 교육의 현황과 전망. 사회복지, 13, 12-26.

김덕준(1967a). 사회사업교육의 방향. 사회복지, 19, 32-49.

김덕준(1967b). 인권의 향유와 실천면에서의 사회복지: 국제사회복지사협의회 코미숀 토의를 중심으로. 사회복지, 23, 40-47.

김덕준(1967c). 도시발전에 있어서의 시민참여의 극대화. 사회복지, 17, 19-27.

김덕준(1967d). 사회복지연합기구의 조직강화문제. 사회복지, 18, 17-28.

김덕준(1968a). 영아원 존립에 대한 고찰. 사회복지, 21, 10-26.

김덕준(1968b). 한국사회사업의 철학적 시고. 복지연구, 1, 4-30.

김덕준(1969a). 사회복지 장기 계획과 인력수급 지침에 관한 소고. 복지연구, 4, 27-49.

김덕준(1969b). 현대사회사업의 기본원리와 방향. 사회사업가 대회보고서: 국가발전과 사회사업가의 역할, 43-69.

김덕준(1970). 1960년대 사회복지 분야의 전문성과 1970년대의 그 전문성의 방향. 사회복지, 30, 39-51.

김덕준(1971). 집단력학론(Ⅰ). 사회복지연구, 5, 3-36.

김덕준(1972a). 집단력학론(Ⅱ). 사회복지연구, 6, 21-34.

김덕준(1972b). 한국의 사회복지현황과 문제점. 사회복지, 20(2), 10-26.

김덕준(1973a). 한국의 사회복지 현황과 문제점. 사회복지연구, 7, 5-22.

김덕준(1973b). 가족계획에 있어서의 사회사업참여의 필요성. 가족계획에 의
    한 사회사업교육 세미나 종합보고, 1-32.

김덕준(1975a). 산업복지에 관한 전문사회사업의 개입에 관한 연구. 중앙대학
    교 대학원 박사학위논문.

김덕준(1975b). 전문사회사업과 산업복지. 사단법인 한국사회복지연구소.

김덕준(1976a). 사회복지의 개념적 고찰. 한국사회복지, 4, 4-30.

김덕준(1976b). 의료사회사업 연구. 사회복지연구, 10, 1-20.

김덕준(1977). My Adolescence. 사회복지연구, 11, 21-28.

김덕준(1978). 산업복지 : 그 발생적 배경과 개념연구. 사회복지, 56, 5-16.

김덕준(1979). 구미사회사업 철학의 배경에 대한 시고 : 기독교의 본질을 중심
    으로. 사회사업학회지, 1, 87-96.

김덕준(1980a). 사회정책의 개념에 대한 기독교적 해석 시고. 사회사업학회지,
    2, 17-38.

김덕준(1980b). 민간사회복지사업의 재원확보 방안 : 공동모금의 가능성. 사회
    복지, 65, 7-40.

김덕준(1982). 기독교회와 사회복지사업. 사회복지, 75, 23-47.

김덕준(1983a). 기독교와 사회사업의 접선 : 그 역사적 배경과 한국적 상황에
    관한 연구. 논문집, 10, 169-189.

김덕준(1983b). 기독교와 사회복지. 기독교사회복지, 1, 7-19.

김덕준(1983c). 권두언. 기독교사회복지, 1, 5-6.

김덕준(1984). 없어서 안 될 것은 단 하나. 기독교사회복지, 2, 45-54.

김덕준(1985a). 재해 구호사업의 현황과 과제. 사회복지, 85, 74-101.

김덕준(1985b). 기독교사회복지 : 사상, 역사, 운동. 한국기독교사회복지학회.

김덕준(1985c). 세로의 사랑과 가로의 사랑. 기독교사회복지, 3, 13-22.

김덕준(1987). 수정판 기독교사회복지 : 사상, 역사, 운동. 한국기독교사회복지
학회.

김덕준·김영모·이명흥·지윤·강만춘(1970). 신사회사업개론, 용인 : 강남대학
교 한국사회복지연구소.

김만두(2003). 한국 기독교사회복지의 역사적 조명. 기독교 사회복지의 사상
과 실천모델, 171-206.

김범수(2013). 부산 피난길에서도 학생모집 사회사업학과를 독립학과로 만들
다-김덕준 초대 한국사회사업학회장, 후학 양성에 매진한 1세대 사회복
지학자. 복지저널, 12, 72-73.

김통원·윤재영(2011). 한국 사회복지교육 인증기준 및 매뉴얼 개발연구 최종
보고서. 한국사회복지교육협의회.

백인립(2013). 사회복지학의 정체성 : 21세기 한국사회와 사회복지의 역할. 한
국사회복지조사연구, 36, 297-332.

부성래(2002). 故 김덕준 교수의 韓國 社會福祉 敎育과 實踐에 미친 영향. 고
김덕준 교수의 한국 사회복지 교육과 실천에 미친 영향, 1-22.

부성래(2003). 故 김덕준 교수의 한국 사회복지 교육과 실천에 미친 영향. 기
독교 사회복지의 사상과 실천모델, 20-43.

서울대학교 사회복지학과 50년사 편찬위원회(2009). 서울대학교 사회복지학
과 50년사 : 1959~2009. 서울대학교 사회복지학과.

선우남(2003). 김덕준 목사님을 생각하며. 기독교 사회복지의 사상과 실천모
델, 18-19.

윤기(2003). 소공 김덕준 선생을 기리며. 기독교 사회복지의 사상과 실천모델, 11-15.

이부덕(2003). 기독교사회사업의 사상과 철학. 기독교 사회복지의 사상과 실천모델, 133-170.

이선혜·정지웅(2010). 가가와 도요히코와 한국의 관련성에 관한 고찰: 한국 사회복지교육의 선구자, 김덕준에의 영향을 중심으로. 교회사회사업, 13, 155-178.

이윤구(2013). 한국 사회복지 중흥 여명기와 전문가 교육의 개척자 김덕준 교수. 한국의 사회복지를 개척한 강남 사회복지교육, 21-30.

이준우(2011). 사회복지실천기술론. 서울: 파란마음.

이준우(2014). 복지선교와 복지목회. 파주: 나남.

이준우(2015). 복지경영 입문. 서울: 파란마음.

이준우(2019a). 김덕준의 사회복지 사상과 사회복지 교육 실천 원리를 통해 본 현재의 한국 사회복지 교육. 한국콘텐츠학회, 19(1), 496-512.

이준우(2019b). 한국 기독교사회복지 연구의 선구자들 제1편 고 김덕준 교수. 기독교사회복지, 1, 15-55.

이준우·홍유미·김연신·신빛나·이현아·임수정(2001). 전문 사회복지사를 위한 사회복지용어사전, 고양: 서현사.

이혜경·남찬섭(2005). 한국 사회복지학의 고등교육 50년: 사회복지의 제도화와 고등교육의 대중화를 배경으로. 한국사회복지교육, 1(1), 69-95.

이혜원 외(1997). 이화여대 사회복지학과 50년사. 서울: 이화여자대학교 사회복지학과.

임상사회복지실천연구회(2014). 사회복지 역사를 세운 실천현장의 인물들. 서울: 학지사.

전오진·박선화·박현식(2015). 사회복지사의 윤리 요인 인식이 직무태도에 미치는 영향. 한국콘텐츠학회 논문지, 15(8), 236-257.

진재문(2014). 사회복지정책 교육의 진단 및 개선 과제. 비판사회정책, 42, 212-248.

최명민(2011). 사회복지실천을 둘러싼 전문가-이용자 관계의 전근대적 측면과 대안적 실천의 모색. 한국사회복지학회 추계학술대회 자료집, 21-49.

최성균·이준우(2017). 한국 사회복지 실천과 복지경영. 서울: 파란마음.

최원규(1991). Kidneigh의 한국사회사업교육자문활동에 관한 사례연구. 사회복지연구, 3(1), 201-223.

최재성·정세정·조자영(2016). '한국사회복지행정'의 최근 10년간 연구경향 특성. 한국사회복지학, 68(1), 73-94.

하상락(1989). 한국 사회복지사론. 서울: 박영사.

한국사회복지사협회 50년사 편찬위원회. (2017). 한국사회복지사협회 50년사.

한국사회복지사협회. http://lic.welfare.net

한국사회복지학회 50년사 편찬위원회. (2007). 한국사회복지학회 50년사.

한국사회복지협의회 60년사 편찬위원회(2012). 복지 한국을 향한 위대한 여정: 한국사회복지협의회 60년사. 서울: 한국사회복지협의회.

한덕연(2016). 복지요결.

함세남(2007). 강남대학의 사회복지교육과 지역사회복지실천. 강남대학교 강남종합사회복지관 개관 15주년 기념 국제세미나 자료집, 11-29.

A. Rubin and E. R. Babbie(2006). Research methods for social work. Cengage Learning.

C. Zastrow(2013). Empowerment series: introduction to social work and social welfare. Cengage Learning.

N. Coady(1993). The worker-client relationship revisited. Families in Society:

The Journal of Contemporary Human Services, 32, 291-298.

S. Robert(2018). Toyohiko Kagawa : apostle of Love and social justice. 서정민·
홍이표 역. 사랑과 사회 정의의 사도 가가와 도요히코 평전. 서울: 신앙과
지성사.

竹中正夫(1960). 賀川豊彦における 基督教 倫理. 同志社大學 人文科學 硏究紀
要, 3, 127-144.

嶋田啓一郎(2003). 기독교와 사회복지가 만나는 점(接点): 기독교사회복지의
성립을 위하여. 기독교 사회복지의 사상과 실천모델, 79-102.

부 록

〈부록 1〉 김덕준 교수 이력과 연보

1. 성명 : 김덕준

2. 생년월일 : 1919년 12월 29일생

3. 학력

1933년 4월-1938년 3월 경성공립고등보통학교 졸업

1938년 4월-1940년 3월 일본 동지사대학 예과 수료

1940년 4월-1942년 9월 일본 동지사대학 문학부 신학과 사회사업전공 졸업
(문학사 취득)

1959년-1960년 8월 미국 Florida 주립대학 대학원 수료(사회복지학 석사)

1975년 7월 중앙대학교에서 문학박사 학위 취득

1977년 1월-1978년 2월 일본 사회사업대학장의 초청으로 도일 연구

4. 교육경력

1945년~1946년 경성공립중학교 교사

1946년~1947년 의정부농업학교 교사

1947년~1964년 중앙신학교 교수(사회사업학), 사회사업학과 주임교수, 학장 역임

1964년~1969년 원주대학 교수 사회사업학과 주임교수

1953년~1968년 연세대학교 신과대학 강사 역임

1953년~1973년 이화대학교 신과대학, 국립서울대학교, 감리교신학대학 및 숭
전대학교 강사 역임

1959년~1973년 국립사회복지지도자연수원 강사 역임

1969년~1977년 중앙신학교 교수 사회사업학과 주임교수

1978년 3월~1980년 5월 강남사회복지학교 학장 역임

1981년 2월 강남사회복지학교 교수 사임

1981년 3월~7월 중앙대학교 대학원 박사학위과정 강사

1981년~1982년 중앙대학교 대학원 강사

1981년 10월~1984년 9월 강남사회복지학교부설 한국사회복지연구소장 역임

1983년 3월 연세대학교 신과대학 강사(교회와 사회복지론)

1983년 3월 단국대학교 행정대학원 강사(사회복지행정론)

1984년 9월~12월 대구대학교 대학원(사회사업) 박사학위과정 강사

1984년 9월~12월 서울신학대학 사회사업학과 강사 역임

1985년 3월 강남사회복지학교 사회사업학과 강사

1985년~1992년 강남대학교 명예교수

해군군목에 응하기 위하여 목회안수를 받았으나 약시로 인하여 실기

5. 일반경력

1953년 한국기독교사회사업학생연합회 창립

1953년 우원 이호빈 목사와 함께 사회사업학과 창설

1957년~1958년 한국사회사업학회 초대회장 역임

1957년~1968년 대한 YMCA 및 서울 중앙 YMCA이사, 소년부위원장, 학생부
  위원장, 간사 자격심사 위원장, 체육교육부 위원장 역임

1961년~1974년 한국사회복지협의회 이사 역임

1961년~1963 한국보건사회부장관 자문 역임

1962년~1973 한국보건사회부 중앙아동복지위원회 초대 위원장

1964년~1973 국제사회복지협의회 ICSW한국위원회 위원 및 부위원장

1964년~1977 서울가정법원 조정위원

1964년~1978 사단법인 전국재해대책협의회 이사

1967년~1969 한국사회복지연구소장

1970년~1978 사단법인 한국사회복지연구소장

1970년~1974 재단법인 한국중앙공동모금회 이사, 국제사회복지협의회 실행
　　이사

1970년~1971 한국사회사업대학협의회 회장

1971년~1974 서울특별시 윤락여성선도위원회 부위원장

1971년~1978 보건사회부 사회사업 교육관계 외자위원회 위원

1973년 국제사회복지협의회, 아시아 및 태평양 지역사회계획위원회 위원장

1978년 제1차 한일사회복지세미나 한국측 조정위원장

1979년 제1차 동북아 사회복지교류세미나 조직위원장

1980년 5월 사단법인 한국청소년문제연구소 대표이사

1981년 7월 한국기독교사회복지학회 창립 초대회장

6. 사회활동

1956년 제4차 아시아 YMCA 지도자회의 한국대표(홍콩)

1957년 제1자 국제 Y's Men's Club 아시아지역대회 한국대표(홍콩)

1960년 제5차 아동 및 청소년을 위한 백악관회의 참석(미국 워싱턴)

　　제36차 국제 Y's Men's Club대회 한국대표(미국 미네아폴리스)

1963년 제4차 Y's Men's Club 아시아지역대회 한국대표(싱가폴)

　　제39차 국제Y's Men's Club대회 한국대표(미국 버팔로)

1967년 국제사회복지협의회 아·태 지역사회복지인력회의 한국대표(동경)

1968년 제4차 국제사회복지대회 한국대표(핀란드 헬싱키)

1970년 제15차 국제사회복지대회 상임이사회 참석(벨기에 브뤼셀)

1971년 아시아·유럽·북미 사회사업 교육기관 시찰, UNICEF 초청
　　국제사회사업교육자세미나 한국대표(인도 봄베이)

1972년 국제사회사업대학협의회(IASSW) 주최
　　제2차 아시아지역사회사업교육자세미나 한국대표(태국방콕)

1973년 제2차 한일사회복지연구회 주제강연(동경)

국제사회복지회의(ICSW) 아·태 지역대회 한국대표(한국 서울)

국제사회사업대학협회(LASSW) 가족계획과 사회사업교육 세미나 발표
(싱가폴)

1974년 제17차 국제사회사업대학회의 참석(케냐 나이로비)

제17차 국제사회복지대회 한국대표(케냐 나이로비)

1978년 제1차 한일사회복지교육세미나 참석(일본 오사카)

1979년 제1차 동북아사회복지교육세미나 조직위원장(한국 서울)

7. 사회복지 저서

김덕준(1959). 사회사업의 기술. 애린사출판부.(연보는 56년)

김덕준 외(1970). 신사회사업개론. 한국사회복지연구소.

김덕준(1975). 전문사회사업과 산업복지. 한국사회복지연구소.

8. 논문

김덕준(1961). 미국공동 모금의 역사적 발전과 그것에 대한 시비. 동광.

김덕준(1965). 한국사회사업 교육의 현황과 전망. 사회복지, 13.

김덕준(1967). 도시발전에 있어서 시민참여의 극대화. 사회복지, 17.

김덕준(1967). 사회복지 연합기구의 조직강화 문제(상,하). 사회복지, 18.

김덕준(1967). 사회사업교육의 방향. 사회복지, 19.

김덕준(1968). 한국사회사업의 철학적 사고. 복지연구. 창간.

김덕준(1968). 인권의 향유와 실천면에서의 사회복지. 국제사회복지사협의회
코미숀 토의를 중심으로, 23.

김덕준(1969). 사회복지 장기계획과 인력수급지침에 관한 소고. 복지연구, 4.

김덕준(1969). 사회복지 초기계획과 인력수급계획지침에 관한 소고. 사회복지, 4.

김덕준(1969). 현대사회사업의 기본원리와 방향. 한국사회사업가대회 보고서, 국가발전과 사회사업가의 역할, 국립사회사업지도자 훈련원.

김덕준(1970). 사회복지와 공동모금(기1) 한국에서의 방향. 사회복지.

김덕준(1970). 1960년대의 사회복지 분야의 전문성과 1970년대의 그 전문성 방향. 사회복지, 30.

김덕준(1970). 사회관계의 전개과정. 복지연구, 3.

김덕준(1971). 사회복지와 공동모금(기2) - 외국의 공동모금 제도를 중심으로. 사회복지.

김덕준(1971). 집단역학론(1). 사회복지연구, 5.

김덕준(1972). 집단역학론(2). 사회복지연구, 6.

김덕준(1973). Proposed undergraduate curriculum of social Work Education on population Dynamic and Family Planning. 중앙대학교사회사업학과.

김덕준(1973). 한국사회복지 현황과 문제점. 사회복지, 21.(연보는 7집)

김덕준(1973). 우리나라 사회보장 제도의 전망. 국회보, 133.

김덕준(1973). 한 Case record를 중심한 집단상호 작용과 매개체에 대한 소고. 중앙대학교 문리대학보, 32.

김덕준(1973). 가족계획에 있어서의 사회사업참여의 필요성. 가족계획에 의한 사회사업교육세미나종합보고, LASSW의 가족계획교육시범대학(서울대·이대·중앙대).

김덕준(1975). 산업복지에 대한 전문사회사업의 개입에 관한 연구. 중앙대학교 대학원, 박사학위논문.

김덕준(1975). 전문사회사업과 산업복지. 한국사회복지연구소.

김덕준(1975). 산업복지에 관한 전문사회사업의 개입에 관한 연구. 중앙대학교 박사학위논문.

김덕준(1976). 의료 사회사업 연구. 사회복지 연구.

김덕준(1976). 사회문제의 개념적 고찰. 한국사회복지, 4.

김덕준(1976). 사회복지 시설 사업의 방향 모색과 지역사회의 공동의식 제고에 관한 연구. 전국사회복지 새마을 촉진대회.

김덕준(1977). My Adolescence. 사회복지연구.

김덕준(1978). 일본 사회 보장제도의 발전적 추세에 관한 연구. 중앙신학교 사회사업학회, 3.

김덕준(1978). 미국에 있어서의 산업복지 발전 추이에 관한 연구. 강남사회복지학교논문집, 6.

김덕준(1978). 산업복지 – 그 발생적 배경과 개념 연구. 사회복지, 봄.(연보는 56호)

김덕준(1979). 산업화사회에 있어서의 사회문제와 그 대응책. 교육발전, 1.

김덕준(1979). 구미 사회사업 철학의 배경에 대한 시고. 사회사업학회지, 창간.

김덕준(1980). 산업사회의 사회사업. 강남사회복지학교논문집, 7.

김덕준(1980). 민간사회복지사업의 재원확립방안 연구 – 공동 모금의 가능성 –. 사회복지, 여름.(연보는 65)

김덕준(1980). 일본의 소비생활협동조합에 대한 소고. 강남사회복지학교 논문집, 8.

김덕준(1980). 사회정책의 개념에 대한 기독교적 해석 시고. 한국사회복지학회, 사회사업학회지, 2.

김덕준(1982). 외국의 재해대책과 공동모금. 전국재해대책협의회 20년사.

김덕준(1982). 봉사활동과 재협의 사명. 전국재해대책협의회.

김덕준(1982). 기독교와 사회복지사업. 사회복지, 75.

김덕준(1983). 기독교와 사회사업의 접선. 강남사회복지학교논문집, 아산.

김덕준(1983). 자원봉사의 철학에 관한 고찰. 기독교사회복지, 창간(춘계).

김덕준(1983). 기독교와 사회복지 – 한국기독교 사회복지학회의 과제. 한국
  기독교사회복지학회, 기독교 사회복지, 창간.

김덕준(1985). 재해구호사업의 현황과 과제. 사회복지, 85.

김덕준(1995). 사회사업사의 단계설과 사회보장제도. 중앙학보, 창간.

중앙 신학교 (강남사회복지학교전신)와 나 김덕준과의 배경적 사연

1984년 11월 6일   김덕준

1. 나 김덕준은 1947년 7월 당시 서울 중앙 YMCA 종교부(총무.변성옥목사) 종교부위원장 김우현목사)관장하에 종교부 간사 이호빈과 주도로 개원 했던 중앙신학원 (중앙신학교 전신)의 초청으로 교수로 선임 받고 "사회사업개론, "사회문제", "영어,및 "육연어 강좌를 개설 강의를 개시 하였읍니다 초대원장은 Y총무 변성옥 목사 였읍니다

2. 1952년 6.25동란으로부산 피난시 원래 서울 YMCA 종교부 소관으로 출발한 중앙신학교의 학교법인 우암재단(이사장 정일형 박사)과 대한YMCA연맹 이사회(에감 김우현목사)의 합의로 YMCA 대학 설립을 결의하고 당시 붕괴의 위기에 처해 있었든 중앙신학교(학장 이호빈목사)와 Y간사 양성을 포함한 사회 사업가 양성을 그 목적으로 한 두 학과 신학과 와 사회사업 학과를 설치신청서 를 문교부에 신청 하였든 데나 1953년 6월 중에 인가를 받고 일단 폐교의 위기를 넘겼을 때에 앞선 실무책 임을 다했던 것을 아직도 영광 스럽게 생각하고 있읍니다

3. 이 시점을 계기로 제3대 학장 정일형 박사를 모시고 나의 사회사업학과교육 이 시작 되었읍니다 1953년 9월 장사동 교사로 수복 이전 하였으며 창고로 이 교사 (구 일본인 사찰)의 임 대계약체결은 이호빈목사의 공미며 그 완전 임시불하는 정 일형의 공입니다

4. 전술한 Y연맹 이사회 와 우암재단 이사회간의 합의는 소위 5000불 사건 (중앙신학교 의 재전을위해 그당시 Y연맹 협동총무 Cotton씨 가 재단에 대여 하였으나 회수하지 못한사건, 당시 Y맹 총무는 이환신목사)으로 그 반환책임 을 우암재단 에 물어 Y연맹측이 일방적으로 합의 를 파기한다는 선언을 이환신총무가 당시 학교사무실에 혼자만 있었던 나에게 통고 했읍니다

5. 그러므로 당초 계획했던 YMCA 대학안은 무산되었고 그러나 다행히도 중앙신학교는 존속하면서 사회사업학과도 설치할 수 있었던 셈입니다

6. 1960년 10월 나의 도미 유학에서 귀교후 학교의 정세를 관찰하니 4.19 여파라고 생각하나 해체상태에 있었고 맡을 후보가 없어서이지로 7대학장 직을 맡게 되었읍니다 그러나 1961년초 경기도 소사(현 부천)소재 학교 대지 위에 별동 2층 교사를 신축중 5.16 군사혁명으로 인하야 중단 그 뜻을 이루지 못했던 것을 아직도 한으로 생각하고 있읍니다 (학교소유 소사 대지와 계기는 정인형 학장 재임시 그당시 사회사업학과 재학생 한덕순씨가 자기소유 토지 와전물 한동을 학교에 기증한 것이 계기가 되여 학교발전 100년 대계를 위하여 철도와 축도사이의 토지를 구입확장하는 동시에 철도후면 농림부 소관 임야도 6만평 이상 임대하였음)

7. 1961년 5.16 이후 혁명정부 문교부의 신학교에는 이전의 학과 둘둘 수 없 다는 지시를 받고 나는 이호빈목사와 재단이사회(모두 동감)에 우양재단에 두각하도 사회사업대학을 설치해 줄것을 요청하고 그것이 않되면 재산의 일부를 사회사업대학 설립의 기본재산으로 분할해 줄것을 요청한바 있었으나 아무런 반응이 없었습니다

8. 이때부터 폐과를 앞둔 사회사업학과의 독립존속 등을위한 몸부림이 시작됩니다
① 중앙신학교와 YMCA와의 원초적 관계가 있어서인지 나는 YMCA 평회원 생활을 성의껏 했읍니다 그것은 중신의 탄생처인 서울Y 이사로, 대한Y의 이사로 시무한 것으로 나타납니다 만 Y연맹이사서에 당시 총무 김치묵목사. 이사장 고병간박사 부이사장 신태식박사, 실행이사 홍현설박사, 기타 당시 Y연맹 이사 모두들방문 중신도 서울Y에서 탄생했고 6.25피난시절 중신의 위기를 YMCA대학설치 합의로 면계해 주었음에 중신 사회사업학과도 Y연맹이 낳은 학과로 해께되고 그렇고 장래도 그 필요성이 대단한 것이나 과거의 YMCA대학을 설립을 재고 설치하자는 제의에 전략 이사회 에서 만장일치로통과 되었으나 Y재단은 문공재단이므로

문교재단으로 이전할 수 없다는 법적해석으로 모처럼의 만장일치합의가 수포로
돌아가고 말았읍니다

② 나는 세계 기독교 선명회 자문으로 있었던 관계로 그당시 총무 이윤재씨
와 선명회 재단으로 사회업 대학을설치하여 중신 사회사업학과를 계승하길
것을 함의하고 이윤재 총무와 강만춘교수 등도 당제 보건사회부장관을받문 이해와
후원을요청했던바 막대한 사회복지 재단을 문교재단으로 이전시켜 수없다고하여
이것도 역시 실패 하였읍니다

③ 공생 재단 회장 윤기씨의 자당 고 윤학자 여사가 영식 기교에 재학시
상경할때마다 합석 학교의 어려움을 근심한바 있었는데 학교에대한
고인의 고마운 마음씨를 기뻐하면서 우선 독립한 사회복지 대학을창립하는
전제로 학교법인을 조성하기 위한 인천소재 교지 약 1만평기부하여
법인혀가를 받은바 있읍니다 그러나 후속조처가 안되어 이 역시 꿈을이루지
못했던 것입니다

9. 그당시 사회사업학과 를 책임지었던 강만춘교수도 최후까지 노력해봤으나
안되는 것은 하나님의뜻인것같으며 중신으로 환원 하는것이 최선의책이라고
동감하고 뒤에서 절충화해를 밀어 왔던것입니다

10. 위와같은 영욕을 다 경험 하면서 1965년 제7대 실패 학장직과 교수직을
사임하면서 나의 교육의 장소가 달라젔읍니다 1965년 원주대학(상지대학)
사회사업학과에서 주임교수로 4년 1969년 중앙대학 사회사업학과에서 9년
동안 주임교수로 재임중 중신시절에 거의 상실했던 나의 학문적분위기와 기반을
회복하게되었다는 사실 입니다 그것은 나의 연구논문 및 저성 실적표가 말해주
고 있으며 바로 이 시절에 문학 박사학위도 받았던 것입니다 그러나 중신을위한
기도생활은 끊은바 없었읍니다 (별지 연구실적표 참고)

11. 바로 이 시기가 국제 사회복지협의회 실행이사로 그리고 국제 사회사업 대학협의회의 계획위원을 비롯 국내에서는 한국사회사업 대학 협의회장등을 지내 면서 국내 및 국제 사회복지관계회의 와 연계를 위한 봉사활동 전개되던 기간입니다 (별지 이력서참고)

12. 1977년 중대 교소로 재임서 일년동안 머리를 쉴경 연구조사와 일본으로 떠나기 직전 이호빈목사와 당시 상무이사 고 박영주 목사의 간곡한 초청 용청이 있었지만 나는 기후후 조용히 집필하며 강의를 하다가 종생할 결심이나 또 전직 실패 하장이나 천부당 만부당한 말이라고 나는 단호하게 거절하였던 것입니다

13. 그런데 별지와 같은 이호빈목사의 친필편지와 국제 전화를 통한 요청과 이사회의 취임요청 결의를 나에게 알려주기 위한 고 박영주목사의 동경내방등은 이것이 혹 하나님의 뜻이 아닌가 하는 의심을 가지게 하였고 또 승낙 여부를 결정키가 있어야 1977년 11월 일시 귀국시 본인 내외가 유숙중인 YMCA호텔에 이사장의 내방을 요청하여 그의 학교에 대한 신앙고백인 「제가 재산이 있다면 하나님의 재산을 임시 맡아 관리할 뿐이며 …… 하나님께서 세우신 학교에 몸과 마음와 재산을 모두 바치겠다는 감동적인 신앙적인 고백을 듣고 내자와 더불어 종생 섬겨할 장이라고 믿고 승낙 하기로 한 것 입니다

14. 1978년 3월 제12대 학장으로 취임후 당시 본교사(대치동원본교사)를 둘창하나 외빈이 와도 실례가 되지 아니할 만큼 교유. 수세신 고지를다 찾아 올라다리와 은신 그리고 제4층을 몰리고 환경을 조성 하면서 자나 깨나 최선의 노력을 하였던 것은 인정하리라 믿습니다 그러나 가자가 박사학위 사건과 연이어 있으므자 격교수나가 하는 수차의 학생 데모로 인한 긴장 과 피로는 나를 심리적 긴장으로는 고혈압으로 몰아넣었습니다

15. 나의 약 한달간의 세부관스병원 임원은 하나님께서 나에게 종 위면서 지난날을 반성추라 하시는 시간인 줄알고 그러니까 꼭 다시 회복시켜 주실것이다 믿고 지금도 그소신엔 변함이 없습니다

최훈공의 분당한동에도 불구교

퇴원후 나는 대망의 신간 교사 이전에 앞서 당서 교수들의 이전 전제조건인 속도에서 본관 까지의 아스팔트포장, 운동장 조성, 통로, 통학 버스 5대 준비, 고문건립 등을 이사장과 합의 비록은행융자 이긴 했지만 준비완료 하고 1980년 2월말 까지 역사적 대 이전을 완료하고 '80년도 신학기를 신간 대 캠퍼스 에서 개시하게 된것을 이사강과 더부러 괘사중 쾌사요 영광중 영광이라 생각합니다 그러면서 나의 건강은 엇진 원장하여 보행과 집필과 독서력을 하나님 께서 회복하여 주었음바 나의민음바 대로

16. 기쁨에 넘쳐야 할 새 캠퍼스에 양운이 돌기시작하였음니다 그것은 불행하게도 고의로 일어난 종교음악과학성들의 교육 배척 데모였음니다 이 에모는 자아를 잃고 학장자리른담받 이사와 그를 둘러싼 몇 이사들의 부당하고 악의적인 처사 와도 관계가 있읍니다 그러치안하도 역사적인 은 역사도 해 썼으니 이제는 좀 쉴때가 왔다고 생각하고 또 하나님께서 나에게 다시 구신 건강을 보존 하고젇 학장자을 잠시 쉬어야 하겠다고 결심하던 차에 이사회의 나의 제자 이사들의 간곡한 조언도 있고 고래서 잠잠친 환경에서 벗어 난것을 결심하고 5월 중순경 구두로 이사장에게 학장사 임을 전했던 것 입니다

17. 이사기중에 가장 빼이 아픈것은 박영주 목사의 주검입니다 나도 관계 이사나 이호빈 목사 만큼 그를아끼고 그를 사랑 했읍니다 그의 생전에 이사장과 도 그리고 이호빈 목사하고도 그가 원하는 자리를 얻지로 만들어 줌아면 그 순간 그는 죽는다고 충고한바 있읍니다 그러면은 그의 사후에 이사장과 만나 박목사주검을 당신과 나에게도 책임이있야고 했고 이호빈목사에게는 그의 죽음을 원없었다 한바더 No 라고하지못한것을 책임저야 한다고 말하고 순간이나마 분은충칟이 있읍니다 그러므로 이순간은 앞으로의 발전 과정에 충릉았게끔 되어야 한다고 생각합니다

18. 그러므로 나와 학교와의 관계도 전기 18년 후기기년 도합 25년 이란 진세월을 가지게되였읍니다 그런고로 전기 18년의 사연이 없는 김 덕준은 있을 수 없다는 것을유의 하시기를바랍니다

〈부록 3〉 중앙신학교 신분증 사진

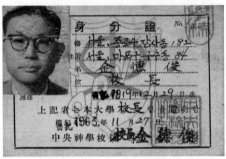

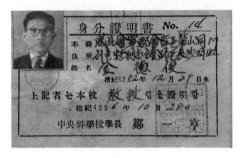

김덕준(金德俊)의 사회복지 사상과 사회복지 교육

〈부록 4〉 중앙신학교 교칙

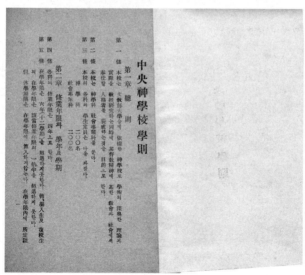

第四頁

2. 學力考查
1. 口述考查 (信仰、人物)

第十五條 入學、轉學、復校를 包含하되 許可는 各部長이 上申에 依하야 學長이
2. 身体檢查

第十六條 入學은 許可된 者는 所定期限內에 本校所定의 入學金을 同時에 本校所定의 節次를 ...

第四章 校內輯科

第十七條 校內輯科는 第二學年初에 前部學科所定學分을 全部取得한 者에 限하야

第五條 納入金
第十八條 學生은 每學期初 十五日以內에 授業料及 其他所定의 納入金을 納

第六頁

第六章 教科 및 履修

第十九條 入學金、授業料 其他、納入金은 一切 返還하지 아니한다.

第二十條 各科 教科는 必修科目과 選擇科目으로 하고 各今 教養科目과 專攻科로 ...

第二十一條 各科 教科目의 履修科目과 學點으로 한다.

第二十二條 學點은 一週一時間式의 一學期授業을 一學點으로 한다.

第二十三條 各科 專攻及 敎養科目은 別表와 같이 配定한다.

但 各科目은 ...

第二十四條 學生은 學期初所定의 各科敎授會의 審議를 거처 學長

附則

第八頁

3. 社會事業科와 神學科目 六學點以上 修得할것
4.
5. 6. 專攻科目은 神學科 八〇學點以上 其外科目 七二學點以上 修得할것

第三十三條 卒業生은 ...

第七章 休學 退學 除籍 및 復校

第三十四條 休病으로 ... 一個月以上 登校치 못할때에
但 疾病의 ...

第三十五條 休學期間은 通算二年 ...

第三十六條 退學이 ...

第九頁

第八章 規律 및 賞罰

第三十七條 學生은 다음 各項에 該當할때에는 ...
1.
2.
3.
4.

第三十八條 學生은 陰籍된다.

第三十九條 學生은 提供과 ...

第四十條 學生은 疾病 其他 ...
但 疾病으로 ...
科長이 ...

第四十一條　學生은　다음各項에는　學長의　許可를　얻어야한다.
1.　校內에서　集會하고　또는　出刊할때
2.　他人主催의　集會에　參與하고　또는　團體에　加入할때

第四十二條　品行이　正하고　學力이　優秀한　學生에게　獎學金을　授與할수　있다.

第四十三條　學長은　다음各項에　該當한　學生中　一人또는　數人을　選定하여　獎學生으로　決定한다.

第九章　獎學制度

第四十四條　本校生중　有爲한　人材를　養成하기　爲하여　獎學制度를　두고　本校獎學金　또는　有志者獎學金으로써　入金總額　또는　學費初年分을　施行한다.
1.　信者로서의　篤實한　信仰을　가진者

第四十五條　獎學金은　敎授會의　推薦에　依하여　學長이　이를　決定한다.

第十章　職制

第四十六條　本校의　職制는　이를　別途로　定한다.

第十一章　敎授會

第四十七條　本校의　敎授로써　敎授會를　組織한다.
第四十八條　敎授會는　助敎授以上으로　組織한다.
第四十九條　敎授會는　學長이　召集한다.
第五十條　敎授會는　會員過半數의　出席으로　開會한다.
第五十一條　敎授會에서　特別히　附議할　事項은　左와　如하다.
1.　學則改正에　關한事項
2.　入學에　關한事項
3.　各科目進退에　關한事項
4.　敎員人事에　關한事項
5.　其他　學長이　附議하는　事項
6.　人事問題는　除外로　하고　다음　事項

第十二章　敎務委員會

第五十二條　本校에　敎務委員會를　둔다.

十一

組織神學	基督敎倫理學	宣敎學	敎理史演習	現代神學特講	待講學	信仰	有志者特講	敎會音樂活動	宣敎事業活動	說敎演習	敎理史演習
四	四										
	二	四	四								
	三	三		二	二						
八	三	三	四	四	二	二	二	二	二	二	二
		選擇							選擇		

敎會史演習	宗敎心理學	哲學	心理學·論理學	國敎學	敎會敎育演習	社會事業演習	宗敎敎育	說敎學	牧會敎學	敎會史演習	文化·科學
		四	四		四	四		一	四		四
				一	四						二
			一	一			一	四	四	一	二
四	二	二	四	二	二	二	二	二	四	四	四
選擇		選擇	選擇								

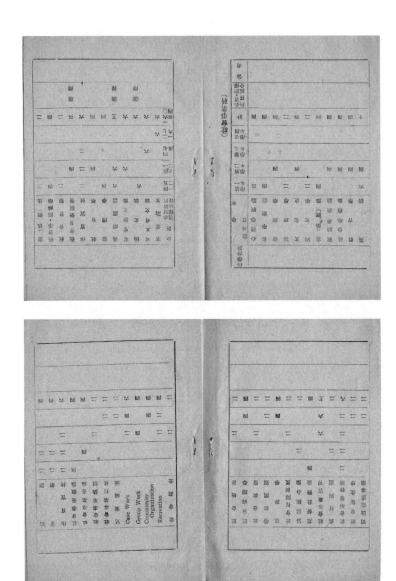

〈부록 5〉 중앙신학교 졸업생 명단

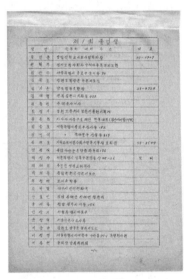

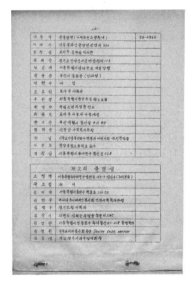

김덕준(金德俊)의 사회복지 사상과 사회복지 교육

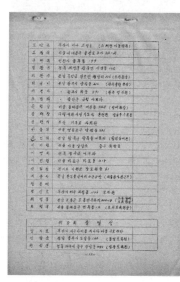

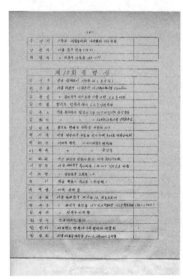

⟨부록 6⟩ 중앙신학교 창립 제10주년 기념식 순서지

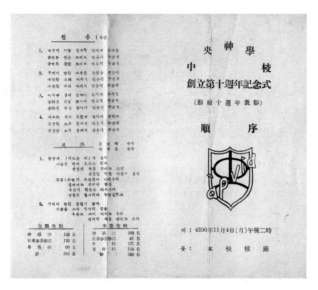

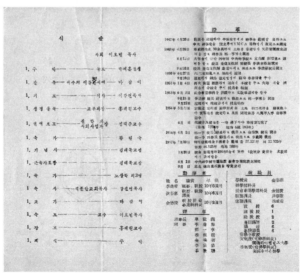

〈부록 7〉 1963년 중앙신학교 졸업식순

〈부록 8〉 김덕준 유필원고: 1980년도 졸업식 훈사

훈사에 앞서서

오늘, 이 경사스로운 날에
학교로서는, 또하나의 큰,
경사가 있음을, 졸업생과
더부러, 참당하신 여러분에게
알려드리지 않을수 없읍니다.
이번, 방순열 여사 께서 金
훈사萬원을 순열장학기금 으로,
회사 하셨읍니다. 방여사는, 본교
재단 이상 장이신, 윤도한 장로님의
영부인 이십니다. 그리고, 전달및축하
식은, 신 교사 에서 가지게 되는,
입학사 때에, 가지려고 합니다.

졸업사 (제29회)
훈사
1980. 2. 20. P.m. 2:00
강당에서

지난 2월 1일자 조선 일보 는
서울대 인기학과 편중 이란 제목하에
서울대가 올해 그 학년에 진급하는
2천 1백 72명에 대한 1차학과 배정
결과 경제. 정치. 외교 등 인기학과에
학생들이 집중적으로 몰린 반면에
지원자가 없는 학과도 무려 9개학과
로 나타났으며 그중에 사회 학과
도 포함 되어 있다고 하였다.

경애하는 설립자 이호빈 목사님
재단 이사장 윤도한 장로 님
동창 회장 박축전 장로님
감리교신학대학장 김용옥박사님
내빈 여러분
교직원 제위 재학생 제군

먼저 오늘 본교 제29회 졸업식을
맞아 졸업생 여러분 그리고
여러분의 뒷바라지를 하시느라고 피와
땀을 흘려 오신 학부형 가족 여러분
마음으로 축하의 말씀을 드리고저합니다

인기항 파 라고 하는, 경제 무역
외 교. 정치등 학파의 장래는,
금력과 명예와 권력이
약속되어 있는 지 또, 모를
일이다

하기야 만 류병으로, 마비 되
어 버린것 같은, 사 회에서는,

또 금력만능의 사회에서는,

그리고, 권세 권력이 지배하는 사회
에서는. 가장 지혜로운 진학

二, 방향 이라 하겠다.

이현상은, 비단 금년 의 일반이
아니다. 나는 그동안 몇해를두고
주시하여 왔다.

결 국, 수년 동안, 매년 2,200여명
의 2학년 졸업생 중, 단 한사람
도, 사회사업학 과 지망생이
없었다. 이르는바 "에리트"
들의 마음가짐을 안다깝게,
생각되지 않을 수 없었다.

파 여고눈이 인 사회를 지배적인
가기로에서, 불때에,

섬기는 자 는
어리석은 사람이다.
약한 사람이다.

그리고 보기도 것 없는 사람.

플 아 무엇도 아닌 사람 이다.

그러므로, 여러분을 내보내는 심정은,

마치 어린양을 이리떼 가운데로 내 보내는,
안 타까운 심정이다.

사랑하는 졸업생 여러분.

우리는 그동안 명예 나 권세 나
지위 나, 재물이, 얼마나 허무하며,
어리석은 가를, 우리의 눈으로 봤다.
나는 이 시간, 여러분의 졸업을,
마음으로 축하 하는 이유는, 다른데
있는것이 아니라, 여러분의 스스로
섬기는 자의 길을 향여, 지식을 쌓아
오늘, 섬기려는 자로, 확신을 가지고
교문을 나서리라고, 믿기 때문이다.

오랜 시대 따라, 여러분은 분발, 싸기 시켜
주는 것은, 목적의식의 제일 안 했어다.
적 뭐든 존재 돈 목적을 가진다.
따라서, 여간도 목적을 가진다.
그러므로, 오늘 교문을 나서려는,
여러분들도, 학교한 목적을 가지고,
있다고 믿습니다. 나는 믿기를,
그 목적은, 최고선을 목표로 하고,
그것을 성취하려는, 성실한
노력이라고, 생각합니다.

최고선이란 무엇인가?
~~전통~~ 믿고, 행하는 최고선이란
하나님을 우러러 보며, 내 이웃을
내 몸과 같이 섬기는 일이다.

7

2기나

고린도 (전) 1, 27-29

하느님께서는 지혜있는 자들을 부끄럽게 하시려고 이 세상의 어리석은
사람을 택하셨으며, 강하다는 자들을 부끄럽게 하시려고 이 세상의
약한 것을 택하셨습니다. 그리고 유력한 자들 무력하게 하시려고 이 세상의
천하고 멸시받는 것 없는 사람들과 멸시받는 사람들, 곧 아무것도 아닌 사람
들을 택하셨습니다.

답 따 교 사로 비몽은 말하였다.

이 세상의, 그릇된 가치관 이, 도전
해 있어서, 하나님을 항상 모시고,
있을 때에, 하나님 께서는, 여러분을,
지혜로운 자로, 강 한 자로, 그리고
유력한 자로, 변화 시켜 주실 것이다
점으로, 바른 마음 속 에, 품어 고쳐 한다.
인생을 살아 가는 데, 실망도 있겠고,
곤경에 빠지기도 하며, 때로는, 절 망할
때도, 있을 것이다.

9

그리면서, 영원하신 하나님의,
제 화 속에서, 축히 잡은 생명을,
가지면서, 양팔을 펴들고,
하늘을 우러러 보며, 다 위는 땅에
붙이고 산다. 축히 잠시 동안이지만,
하 냄 여 영원 하사, 성업에,
동참하는 님이다.

동참하려고, 교문을 나서려 하는,
졸업생 여러분의 앞 앞에, 보이시기
않는 손길이, 항상 같이 하시 물,
기 원 하면서, 훈사를 대신 하는
바 이 다   감사합 니다.

1980. 2. 20. Ph.4 2000
졸 업 식

〈부록 9〉 김덕준 유필원고: 1980년도 입학식 훈사

경애하는 설립자 이호빈 목사님
재단이사장 윤도한 장로님
동창회장 이함섭 사장님

내빈 여러분
교직원 제위. 재학생 여러분
그리고 입학의 기쁨을 안겨주신
학부형 모범님들과 신입생 여러분
오늘, 본교, 신고사 이전의 기쁨과
때를 같이 하여, 80학년도, 신입생
여러분을, 환영하게 됨을, 진심으로
기쁘게 생각하는 바이다

1980년도
입학식
훈사

1980. 3. 3. P.m. 2:00
신학교사 에서

여러분은, 이렇게, 명암이 혼재하는
시대에, 중등교육 과정을, 마쳤다
그러므로, 명암이 혼재하는 사회에
서는, 진정한, 가치관을, 자신 있게,
배워줄 수도, 없거니와, 배울 수도
없다고 본다
그런고로, 금력만능, 권력만능,
을, 신봉하고, 명예와 지위
만을, 추구하는 것을, 유일한
목적으로, 착각하는 무리들이,
날뛰고 있음을 본다

사랑하는 신입생 여러분
우리는, 지금, 우리민족 국가와, 더불어
영원무궁 하기를, 바라는, 새사회를,
창조 하려고, 힘을 모으고 있다.
우리는, 그동안, 눈부신 발전에,
도전 해왔다. 그리하여, 밝은면에
서, 위대한 성공을, 거두 었지만,
그러나, 반면, 어두운 면에서도,
걷잡을 수 없을 정도로, 발전을
보았다

4

인생을 <del>성장하게 보내면,</del> 얼마 과정에서 보낸다면,

여러분의 시기도 바로, 청년기이다.

이 청년기의, 특징의 하나는, 맹목적이다.

그럼으로, 인생이란, 무엇인가?

그리고, 인생의 목적이란, 무엇인가? 라면서

고민하다 못해, 스스로의 목숨까지도

끊어 버리를, 시기도, 바로, 이청년기이다.

여러분의, 시작 하려는 학문은, 소중하나

동시에, 진정한, 인생의 목적을, 확신

하는 일은, 더욱, 소중하나, 그 이유는,

학문도, 인생의 목적을, 구하려 하는데

빛나는, 수단이, 될수 있기 때문이다.

5

사랑하는 신입생 여러분,

영원한 시간 속에서, 여러분이나 나나 간에, 무한한, 생명을 가지고

사는것 처럼, 절망은 없다고 본다. 그러나, 재정한, 인생의

목적을, 의식 하는 순간, 이, 절망은,

벅찬 희망으로, 바꾸어 지게,

마련이다. 이순간시부터,

여러분의 학문은, 희망에 찬,

학문이 될것이다.

6

살고 보면, <del>역사</del> 이 지식의 근본은,

하느님을 ^{안계가} 아는 일이다 라고 하였다

하느님은, 영원 ^{성동시에} 불어시다

그러므로, 여러분이, 만약 하느님을

믿고는, 그, 성립 정신에 입각 하여,

여러분의 인생관 자, 인생의 ^변목적을,

이, 영원성 자, 직결 시켜 드리는데

힘을 다 하겠다. 그함으로는,

이 간 만이, 생과 사를, 초월 할수 있고,

절을, 극복 할수 있으며, 금력이나,

권력이나, 지위나 명예를, 자제하여,

올바르게, 행사 할수 있고, ^{또한}

7

나는, 오늘, 이 경사스러운, 시점에서

첫 출발을, 하려고 하고있는, 신입생 ^{여러분에게}

특별히, 간곡한, 충고를, 한마디 하고,

훈사로, 대신 하려고 합니다.

지금까지, 여러분들은, 입시준비에,

쫓기다 서피 하였고, 동시에, 미성년자

로서의, 행동 규범과, 고등학교 학생

으로서의, 엄격한, 규제를 받어 왔다.

그러므로, 대학의 문턱을, 넘어서

자 마자, 자유를, 피부로, 느끼며,

경함하며, 자유를 무르지으며,

구가 한다. 옳다, 여러분의,

그 두려운, 배신이, 이, 인간 세상의
죄악의 근원이, 되었다고, 믿는
것이, 기독교의, 해석이며, 따라서,
본교의, 시조의 하나이다.
과연, 사도 바울을 선생은

학문을, 감히, 방해하는 자가, 있을수없는,
자유의 사회가, 대 학사회라,
하겠다, 그렇다,
과연, 하느님 께서는, 절대적인
자유를, 인간 에게 주셨다
절대적인 자유란, 무엇인가?
그것은, 선과 동시에만도, 행할수
있는, 자유이다
마치, 인간의조상인, 아담이,
창조주이신, 하느님 과의, 약속도,
배반할수 있는, 자유이다

자유를, 올바르게, 행사할
때에, 창조와 발전 과, 번영
과융함을 구현 할수 있지만,
그 자유를, 악용 할 때에,
그결과는, 파멸 뿐이다.
사람은, 사람을, 죽일수,
있는, 자유를 가지고 있으나,
이미, 죽고사람을, 다시 살리는,
자유는, 없다, 그러므로,
자유도, 쌍수를 들어, 환영 함만한
것이지만, 반면에, 엄청난
책임이 뒤 따른 다는 것을

고린도前 10:23-24
누구나 "나는, 무슨 일이 든지, 할, 자유가
있다"고 말할수, 있읍니다 그러나
무슨 일이 든지, 해서, 다 좋아 한것은
아닙니다. "나는, 무슨 일이 든지,
할, 자유가, 있다"고 말 할수 있지만
모든것이, 다 사람에게, 도움이 되는
것은, 아닙니다
누구든지, 자신의 이익을, 구하지말고
남의 이익을 도모해야 합니다,
라고 말슴 하였다.

명심 하기를 바란다

<대 아침, 국가의 지도자들은,

온 국민의, 주시하는 가운데,

자유와 번영을, 기약하는, 기초 작업

을, ~~자음 세 대의~~ 구인공이 될

밝고 잇다.

여러분의 앞날은, 밝으며,

희망에 차 잇다, 앞으로,

수년 동안에, 성패는, 여러분들의,

진리 탐구와, 여하 에 하며

달려 잇다 건투를 빈다

감사합니다~

〈부록 11〉 김덕준 플로리다 주립대학 석사학위 졸업장

〈부록 12〉 현행 강남대학교 사회복지학부 교육 소개

1. 사회복지학부

1) 교육 목적
강남대학교 사회복지학부는 민족이념인 홍익인간과 본교 창학이념인 경천애인의 정신에 따라 인간의 가치와 존엄성을 바탕으로 21세기 더불어 가는 복지사회를 선도해 나갈 사회복지 전문가를 양성한다.

2) 교육 목표
- 강남대학교의 교육이념인 기독교정신과 홍익인간의 교육가치에 기반하여 사회복지 분야에 대한 전문성과 사회 공헌 인품을 갖춘 인재를 양성한다.
- 사회사업학전공과 사회서비스정책학전공이라는 2개의 전공을 통하여 사회적 변화에 부응하는 복지 인력을 육성·배출한다.
- 현대 사회의 문제를 해결하기 위해 휴먼서비스 제도 및 실천에 관한 선진 기술과 지식을 습득한 사회복지 전문가를 양성한다.
- 타 학부와의 학제 간 공동학위과정을 구축하여 학제 간 연계를 통한 융복합 인재를 양성한다.
- 사회복지에 대한 학문적 관심을 가진 학생들에게 학부와 대학원 과정을 연계적으로 제공하고 대학원 교육의 활성화를 통해 고급사회복지 연구 및 전문 인력을 양성한다.

3) 전공 교과 과정표

학년	학기	과목
1학년	1학기	사회복지개론, 인간행동과사회환경, 사회복지발달사, 사회복지윤리와철학
	2학기	사회복지조사론, 사회문제론, 정신건강론, 자원의이해
2학년	1학기	사회복지실천론, 지역사회복지론, 사회복지정책론, 사회복지자료분석론, 청소년복지론, 집단지도론
	2학기	사회복지실천기술론, 프로그램개발과평가, 사회복지행정론, 노인복지론, 아동복지론, 사회보장론

2. 사회사업학 전공

1) 교육 목적

경천애인의 창학이념을 토대로 인간의 존엄성 및 사회정의에 대한 가치관을 형성하고 현대사회의 다양한 문제를 해결하기 위해 전문적인 개입을 할 수 있는 사회복지실천가를 양성한다.

2) 교육 목표

- 사회복지사로서 갖추어야 할 가치, 지식 및 실천기술을 갖춘 전문인력을 양성한다.
- 국제화 시대에 부응하는 리더십을 강화한다.
- 지식정보화 시대에 부응하는 사회복지 실천기술을 함양한다.

- 사회복지의 다양한 실천분야에서 전문성과 창의력을 발휘할 수 있
  는 인재를 양성한다.
- 현장중심의 맞춤형 실용 교육과정 운영을 통한 실천가를 양성한다.

3) 인재상: 사회복지 임상실천전문가
- 이론과 실무의 접목, 현장중심의 역량 겸비, 자기주도적 창의성 겸
  비, 사회정의와 인권의식을 겸비한 이론을 겸비한 임상 전문가, 연
  구기반 실천이 가능한 임상 전문가, 사회정의를 실천하는 임상 전
  문가

4) 전공 교과 과정표
- 주간

학년	학기	과목
3학년	1학기	사례관리론, 의료사회복지론, 가족복지론, 정신보건사회복지론, 중독과사회복지
	2학기	위기개입론, 학교사회복지, 장애인복지론, 가족치료, 다문화와사회복지
4학년	1학기	사회사업현장실습, 사회복지실천과상담, 사회복지지도감독론, 복지기술의실제
	2학기	영성과사회복지, 호스피스와죽음학, 임상사회복지실천과평가

- 야간

학년	학기	과목
1학년	1학기	사회복지개론, 인간행동과사회환경
	2학기	사회문제론
2학년	1학기	사회복지윤리와철학, 사회복지발달사, 사회복지정책론, 사회복지실천론
	2학기	사회복지실천기술론, 사회복지조사론, 프로그램개발과평가, 사회복지행정론
3학년	1학기	정신보건사회복지론, 지역사회복지론, 의료사회복지론, 청소년복지론, NGO&NPO
	2학기	사회복지현장실습, 아동복지론, 장애인복지론, 노인복지론
4학년	1학기	사회사업현장실습, 사회복지법제론, 가족복지론, 집단지도론, 사례관리론
	2학기	학교사회복지, 사회보장론

3. 사회서비스정책학전공

1) 교육 목적

사회복지학부는 본교 창학이념인 '경천애인'을 실천할 수 있는 이론과 실천능력을 겸비한 유능한 사회복지 전문 인력 양성을 위하여 학생들에게 사회복지에 관한 이론적 지식과 함께 실천 경험을 높일 수 있는 풍부한 기회를 제공하고자 한다.

2) 교육 목표

- 지역사회 복지공동체 활성화를 위한 전문성을 갖추도록 교육한다.
- 공공·민간 영역의 사회서비스를 효과적·효율적으로 기획하고 관리하기 위한 전문성을 갖추도록 교육한다.
- 나눔·상생·공동체 경제를 선도하고 새로운 고용을 창출하기 위한 전문성을 갖추도록 교육한다.

3) 인재상: 사회서비스 행정/정책전문가

지역공동체 활성화 역량 겸비, 지역공동체 경제 선도 역량 겸비, 사회서비스 기획 역량 겸비, 사회공헌 의식을 겸비한 지역사회 복지공동체 활성화를 주도하는 지역사회복지전문가, 사회복지 조직의 기획, 자원개발 및 관리 역량을 갖춘 사회서비스행정전문가, 나눔·상생·공동체 경제를 선도하는 사회적 경제 실천 전문가

4) 전공 교과 과정표

학년	학기	과목
3학년	1학기	사회복지경제론, NGO&NPO, 빈곤론, 케어복지론, 사회서비스와인권
	2학기	사회복지현장실습, 사회서비스론, 비영리조직경영, 사회적기업과협동조합, 지역사회복지실천기술론
4학년	1학기	사회복지법제론, 사회서비스기획의실제, 복지국가론, 통일과 사회복지
	2학기	사회복지정보화론, 사회복지연습, 사회복지동향과이슈

〈부록 13〉 현행 강남대학교 대학원 사회복지 교육 소개

1. 일반대학원 사회복지학과 석사과정, 박사과정

1) 학과 소개

사회복지는 인간의 가치와 존엄성을 전제로 사회정의의 필요성을 옹호하며 개인과 집단의 개별적 차이를 존중하고 보호하는 실천학문이다. 이에 강남대학교 대학원 사회복지학과는 기독교 정신과 홍익인간의 이념을 바탕으로 사회복지의 핵심 가치인 인간 존엄과 사회정의를 실천할 수 있는 사회복지 전문인력 배출에 힘쓰고 있다. 사회복지 전문성에 대한 높은 사회적 기대와 사회복지서비스의 확장과 다양화로 현장과 학계에는 학문적 역량과 실천 역량을 갖춘 전문 인력에 대한 수요가 증가하고 있다. 이를 위하여 학문적 탐구 역량과 실천 역량을 고루 갖춘 사회복지 인재 배출을 위한 질 높은 교육 프로그램을 제공하고자 한다.

2) 교육 목적

사회복지학과에서는 사회복지전문가의 핵심역량으로 (1) 사회복지를 학문적으로 탐구할 수 있는 역량 (2) 사회복지의 가치와 윤리를 내재화할 수 있는 역량 (3) 이론과 실증 연구에 기반을 둔 실천 역량 (4) 사회복지 실천 현장에서 요구되는 실무 역량 등으로 구성된다고 본다. 이에 본학과에서는 실천 현장에서 요구되는 다양한 체계의 서비스 개입을 위해 통합적 방법을 활용할 수 있는 능력 있는 실천가와 사회복지 정책과 행정조직에 대한 계획과 실행은 물론 프로그램 평가와 정책들을 세우기 위한 이론과 기술을 갖춘 전문가 양성을 위한 교과과정과 다양한 연구 활동의 기회를 제공하는데 그 목적이 있다.

3) 교육 목표

- 사회복지학의 이론과 실천에 대한 전문적인 지식과 능력을 갖춘 인력을 양성하기 위해, 사회과학 이론에 기반을 둔 학제간 교육과 훈련을 통해 비판적 사고 역량을 강화시킨다.

- 사회복지 조직의 효율적인 운영 및 관리에 필요한 이론과 실무능력을 육성하고, 사회복지 정책의 분석과 평가에 필요한 전문적인 지식과 기술을 학습하고 연구할 수 있는 환경을 조성하는데 힘쓴다.

4) 전공 교과 과정표

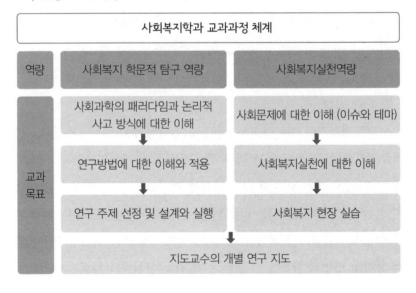

과정	이수 구분	과목명
석사 과정	전공 필수	사회복지조사론, 사회복지현장실습
석·박사 과정	전공 선택	가족복지론, 가족치료, 가족폭력과 사회복지실천 교정복지론 노인건강관리론, 노인복지론, 모금 및 후원개발, 복지국가론, 비교사회복지론, 빈곤론, 사례관리론, 사회보장론, 사회복지경제론, 사회복지사상과 이론, 사회복지실천기술론, 사회복지실천론 사회복지 윤리와 철학, 사회복지자료분석론, 사회복지정책세미나, 사회복지행정론, 사회복지행정세미나, 산업복지론, 실습지도감독론, 아동복지론, 여성복지론, 장애인복지론, 정신보건사회복지론, 집단개입론, 청소년복지론, 프로그램개발및평가, 학교사회사업론, 지역사회복지론, 사회복지법제론, 사회복지 질적방법론, 임상사회사업, 국제사회복지론, 케어복지론, 정신건강론, 사회복지시설관리론, 사회복지 정보론, 여가복지론, 연구보고서, 교회사회복지론, 인간행동과 사회환경분석, 비영리조직론, 중독과 사회복지, 의료사회복지론, 삶과 죽음학, 문화적 다양성과 사회복지, 통일과 사회복지, 노인인권과 복지, 고용과 복지, 생태사회복지
박사 과정	전공 선택	가족복지정책 및 서비스연구, 개별연구지도, 고급가족치료기법, 고급노인복지세미나, 고급사회복지정책 및 서비스 연구, 고급사회복지조사방법론, 고급임상사회사업세미나, 고급지역사회조직론, 고급질적연구방법론, 노인복지정책 및 서비스연구, 논문, 논문세미나, 사회보험제도 비교연구, 사회복지기관 운영 및 행정연구 사회복지정책 및 법제 비교 연구, 산업복지정책 및 서비스연구, 아동청소년 복지정책 및 서비스연구, 연구계획서 및 프로젝트 관리 의료정신보건정책 및 서비스연구, 자원봉사(복지)정책 및 서비스 연구, 장애인 복지 정책 및 서비스연구, 재활상담, 고급양적연구방법론, 자원봉사정책 및 서비스연구, 사회복지 프로그램평가, 고급사회복지실천세미나, 고급사회복지세미나, 주거복지와 환경

2. 융복합대학원 사회복지학과 석사과정

1) 학과 소개

강남대학교는 국내 최초로 1953년 사회사업학과를 신설하여 인간의 가치와 존엄성을 바탕으로 21세기 더불어 사는 복지사회를 선도해 나갈 사회복지전문가 양성에 힘쓰고 있다. 이 같은 전통을 바탕으로 융복합 대학원 사회복지학과는 사회복지사와 사회복지 분야 종사자들의 전문성을 고양하고, 변화하는 사회복지 환경에 부응하는 전문적 실천 역량과 연구 능력을 갖춘 인재를 양성하기 위해 설립된 학과이다.

2) 교육 목적

- 변화하는 사회복지서비스 환경은 지역사회를 중심으로 다양한 사회서비스와 커뮤니티 케어를 강조하고 있다.
- 본 학과에서는 사회서비스 행정 분야와 사례관리 분야를 중심으로 변화하는 지역사회를 이끌어가는 현장의 리더와 높은 역량을 갖춘 사회복지전문 인력을 배출하는데 목적을 두고 있다.

3) 교육 목표

- 사회복지 실천현장의 변화와 수요를 반영하는 교과과정 제공으로 현장전문가 리더를 양성한다.
- 사회복지 실천현장에서 요구되는 과학적인 실천과 윤리적 실천 역량을 갖춘 전문가를 양성한다.
- 사회서비스 행정 분야와 사례관리 분야의 최신 지식과 기술을 갖춘

사회복지전문가를 양성한다.

4) 전공 교과 과정표

	교과목
사회서비스 행정분야	NGO와 NPO, 사회서비스 조직경영, 모금 및 후원개발, 사회복지기관 마케팅, 국제사회복지기관의 이해, 사회복지기관 운영 및 행정연구, 사회복지경제론, 사회서비스 행정론, 사회서비스 기획의 실제, 사회서비스 평가, 지역사회 환경과 비지니스
사례관리분야	사례관리 연구, 인권과 사례관리, 사례관리와 지역사회파트너십, 사례관리 심화실습, 사례관리와 상담기술, 특수세팅에서의 사례관리

〈부록 14〉 강남대학교 위탁 사회복지 기관 소개

1. 강남종합사회복지관

- 강남종합사회복지관은 강남구 내 영구임대아파트 단지가 건립되면서 1991년 SH공사(서울주택도시공사)에서 건축 후 1992년 학교법인 강남학원이 위탁받아 운영하고 있다. 강남종합사회복지관에서는 주민들의 삶의 질 향상과 지역사회 복지발전을 위해 맞춤형 복지서비스를 제공하고 있다.

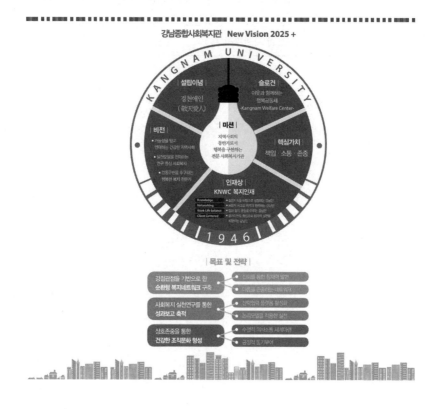

2. 용인시기흥노인복지관

- 용인시기흥노인복지관은 학교법인 강남학원이 2014년 10월 용인시
로부터 위탁받아 2015년 4월 개관하였다. 용인시기흥노인복지관에
서는 취약계층, 소외계층, 사회적 약자 어르신을 비롯하여 모든 60
세 이상 어르신이 함께 즐거워하고, 행복을 만들어 갈 수 있도록 복
지서비스를 제공하고 있다.

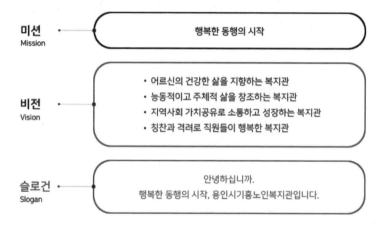

미션
Mission
행복한 동행의 시작

비전
Vision
- 어르신의 건강한 삶을 지향하는 복지관
- 능동적이고 주체적 삶을 창조하는 복지관
- 지역사회 가치공유로 소통하고 성장하는 복지관
- 칭찬과 격려로 직원들이 행복한 복지관

슬로건
Slogan
안녕하십니까.
행복한 동행의 시작, 용인시기흥노인복지관입니다.

3. 하남시건강가정 · 다문화가족지원센터

하남시건강가정·다문화가족지원센터는 여성가족부와 하남시가 설
립하였으며 2021년 강남대학교 산학협력단이 위탁을 받아 운영하고 있
다. 하남시건강가정·다문화가족지원센터는 '시민이 좋아합니다. 하남
이 좋아합니다'라는 하남시 슬로건 아래 지역주민의 삶의 질을 높이고

건강한 가정을 만들기 위한 건강가정지원사업, 아이돌봄지원사업, 다문화가족지원사업 등의 전문적인 가족지원사업을 전개하고 있다.

- 하남시건강가정·다문화가족지원센터 추진전략